JN313417

現代のエスニック社会を探る
理論からフィールドへ

EXPLORING CONTEMPORARY ETHNIC COMMUNITY
Theory and Fieldwork

山下清海 YAMASHITA Kiyomi
編著

飯田耕二郎 IIDA Koujirou
石井久生 ISHII Hisao
大島規江 OSHIMA Norie
加賀美雅弘 KAGAMI Masahiro
澤 宗則 SAWA Munenori
杉浦 直 SUGIURA Tadashi
矢ケ﨑典隆 YAGASAKI Noritaka

学文社

はじめに

　最近の若者は保守的になってきた，と感じることがよくある。私が大学でエスニック社会について講義をし，最後に感想を書かせると，「○○人は嫌いです」「私は日本が大好きなので，はっきり言って，日本にいる外国人は好きではないです」というように答える学生が少なくない。一部の外国人の好ましくない行動・態度を見て，また外国人が犯した犯罪の報道に接し，「外国人は……」，「○○人は……」と決めつけてしまいそうになる。しかし，実際には○○人といっても，もちろんよい人ばかりではなく，悪い人もいる。それは日本人でも同様である。

　外国人，異民族などを理解するのは容易ではない。最もよい方法は，自分自身が海外に出て，「外国人」になってみることである。そうすると，外国人，異民族に対する接し方・考え方も変わってくるはずである。なぜなら，相手の立場になって考えることができるようになるからである。ひとりでも外国の友人ができれば，「○○人は嫌いです」という言い方はしなくなるに違いない。

　最近は，日本国内においても，中国人，コリアン（韓国・朝鮮人），日系ブラジル人をはじめ，海外のさまざまな地域にルーツをもつ人たちが増えた。とはいえ，日本にいては，海外において急速に進む多民族化の実情はなかなか知ることはできない。そこで本書は，グローバルなスケールで人びとが国境を越えて移動し，多様化が進む今日の世界のエスニック社会を理解するために，フィールドワークで得られた生のデータに基づいて描き出すことを試みたものである。

　本書の執筆者8名は，留学や在外研究などの豊富な研究経験をもっており，世界および日本各地の現場（フィールド）を歩き，現場からの発想を重視しながら，エスニック社会の理論的・実証的な研究に取り組んできた。私たちは共同の研究会を重ねるなかで，研究の成果をわかりやすいかたちで，社会に還元し

たいと考えて本書を出版することにした。このため，本書には図（特に地図）や写真を多く挿入し，ビジュアルな構成をこころがけた。また，各所に執筆者の体験に基づいた興味深いトピックを取り上げたコラムを設けた。巻末には，読者の参考になりそうな本のリストを掲げた。

次に，本書の内容を簡単に紹介しよう。本書は，基礎・総論編と事例編の2つの部分から構成されている。

第Ⅰ部「エスニック社会を探る―景観・適応・居住の理論―」は，エスニック社会を理解するための基本的な視点，考え方，方法などについて解説する。

本書では，エスニック集団および彼らが生活の舞台となっている地域との相互関係に着目し，エスニック社会を空間的・生態的・景観的という3つの視点からとらえることを重視する（第1章）。とくにエスニック社会のありかたは，景観に如実に反映されており，エスニック社会の現場（フィールド）を歩く際には，景観の読み方（景観観察）は重要である（第2章，第3章）。エスニック集団の生活様式は，彼らを取り巻くホスト社会へいかに工夫しながら適応しているか，すなわち適応戦略の表れである（第4章）。適応戦略のなかで，どこに居住するかは最も重要な問題のひとつである。エスニック集団はホスト社会や他のエスニック集団とは互いに離れて集中居住地区を形成することがよくみられる（第5章，第6章）。

次に事例編に相当する第Ⅱ部「フィールドからみるエスニック社会の諸相―世界・日本の事例分析―」では，各執筆者が長年，現地に密着し，取り組んできた特定のエスニック集団や地域に関するエスニック社会の諸問題を具体的に論じる。

カリフォルニア大学バークリー校への留学以来，アメリカ合衆国の地誌学的研究や日系人社会の研究に取り組んできた矢ケ﨑典隆は，ハイプレーンズの移民，特に近年のアジア系エスニック集団の適応戦略を描き出す（第7章）。アメリカ合衆国の移民社会に関する多くの研究を発表して来た杉浦直は，シアトルの初期のチャイナタウンの形成と変容について明らかにする（第8章）。ハワイをはじめ海外の日系人社会についての研究に長年従事して来た飯田耕二郎は，

20世紀前半のホノルルにおけるエスニック集団の居住地，職業などの特色について考察する（第9章）。

　次に，ヨーロッパの事例を検討する。ハイデルベルク大学への留学以降，ドイツ語圏のエスニック集団に関する研究に取り組んできた加賀美雅弘は，北イタリアの南ティロール地方に居住するドイツ系エスニック集団の文化と観光地化の問題を取り上げる（第10章）。アムステルダム大学に留学し，オランダ研究の専門家である大島規江は，アムステルダムにおけるエスニック集団の居住・人口移動などについて論じる（第11章）。外務省在パナマ日本国大使館専門調査員の経験をもち，スペイン語圏および言語地理学のエキスパートである石井久生は，スペインとフランスのボーダーランドに位置するバスク地方の言語景観について分析する（第12章）。

　そしてアジアへ目を向けよう。インドで長年，インテンシブなフィールドワークを実施して来た澤宗則は，インド系移民を例に，グローバル化のもとでの移民の空間の再編成について，新しい概念を提唱する（第13章）。最後に，海外在住の華人（華僑）社会やチャイナタウンに関する研究に取り組んできた山下清海は，近年増加している在日中国人を，東京を例にその人口増加と分布の変化の背景について考察する（第14章）。

　本書を手に取られた読者の方々が，エスニック社会にさらなる関心を抱いて，海外および日本の各地のフィールドを歩き，見て，考えていただければ幸いである。

　2011年3月

編　者

目 次

はじめに　　i

I　エスニック社会を探る──景観・適応・居住の理論──

第1章　エスニックという視点 …………………………………………… 2
　1　エスニック集団とは何か　　2
　2　民族とエスニシティ　　3
　3　エスニック社会をとらえる視点　　4
　　（1）空間的視点　5／（2）生態的視点　6／（3）景観的視点　7
　　Column　借り傘戦略──外国人経営のすし店　9

第2章　記憶と戦略としてのエスニック景観 ………………………… 10
　1　エスニック景観の意味　　10
　2　エスニック景観の相克　　12
　3　記憶としてのエスニック景観　　13
　4　戦略としてのエスニック景観　　16
　　Column　異質の記念碑が並ぶ広場　19

第3章　エスニック集団の言語景観 …………………………………… 20
　1　はじめに　　20
　2　テクストとしての言語景観　　21
　3　言語景観とエスニック・アイデンティティ　　22
　4　ボーダーランドの言語景観　　25
　　Column　落書きは語る　29

第4章　移民の適応戦略──南北アメリカのエスニック社会の比較── ……… 30
　1　ジョーダンと前適応　30
　2　移民社会とホスト社会の考察　33
　3　南北アメリカの比較研究の枠組み　35
　　Column　移民の銀行──サンフランシスコの日本人とイタリア人の場合──　38

第5章　移民集団のセグリゲーションとエスニシティ変容 ……………………… 39
　1　セグリゲーションとは──その意味，要因，影響──　39
　2　脱セグリゲーションと空間的同化モデル　42
　　Column　エスニックタウンの魅力　47

第6章　集住するエスニック集団──エスニック・エンクレイブの形成・拡大 …… 48
　1　はじめに　48
　2　エスニック・エンクレイブに関する研究　50
　3　エスニック・エンクレイブの形成・拡大要因1：出生率　53
　4　エスニック・エンクレイブの形成・拡大要因2：都市内居住地移動　53
　5　おわりに　54
　　Column　ダッチとフリージアン　57

Ⅱ　フィールドからみるエスニック社会の諸相──世界・日本の事例分析──

第7章　アメリカ合衆国ハイプレーンズの開発と移民社会・ホスト社会の動態 … 60
　1　アメリカ先住民から白人の世界へ　61
　2　砂糖とボルガジャーマン　62
　3　牛肉とベトナム人　64
　4　移民社会とローカルホスト社会　68
　　（1）移民の適応戦略モデル　68／（2）ベトナム人からビルマ人へ　71
　　Column　モービルホームパークのステレオタイプ　75

第 8 章　シアトルの初期チャイナタウンと中国人移民社会 ………………… 76
　1　はじめに　76
　2　中国人の登場と最初のチャイナタウン　80
　3　反中国人暴動（1886 年）とチャイナタウン　84
　4　大火後の復興と「南ワシントン通りチャイナタウン」の形成　85
　5　中国系施設の移動と「南キング通りチャイナタウン」の形成　89
　6　おわりに　92
　　Column　シアトル・チャイナタウンの中華門　94

第 9 章　ホノルルにおけるエスニック構成とその変容
　　　　―米国国勢調査（1910～40 年）をもとに― ……………………… 96
　1　はじめに　96
　2　米国国勢調査（U.S.Census）における特徴　97
　　（1）エスニックおよび職業における分類　97／（2）全体的なエスニック構成の変容　97
　3　居住地の特色とその変容　98
　4　職業構成の特色　105
　　（1）1910 年度のエスニック別職業構成　105／（2）1920 年度のエスニック別職業構成　105／（3）1930 年度のエスニック別職業構成　107／（4）1940 年度のエスニック別職業構成　109
　5　むすびにかえて　110
　　Column　ホノルル市アアラ地区における戦前の日本人街　112

第 10 章　イタリア・南ティロール地方におけるエスニック文化と観光地化 … 113
　1　地域と結びついたエスニック集団　113
　2　南ティロール地方のエスニック集団　115
　3　エスニック集団の分布と景観　116
　4　エスニック文化の地域的展開　119

5　観光資源としてのエスニック文化　122
　6　EUによる地域統合とエスニック文化　125
　　Column　喪に服す民族衣装　127

第11章　アムステルダムにおける都市内居住地移動 ……………………… 129
　1　はじめに　129
　2　移民に寛容な国家におけるエスニック・エンクレイブ　130
　　(1) 移民に寛容な国家？　130／(2) アムステルダムにおけるエスニック集団　131／(3) アムステルダムにおけるエスニック・エンクレイブ　134
　3　エスニック・エンクレイブと都市内居住地移動　135
　　(1) 都市内居住地移動率　135／(2) 都市内居住地移動の発着地　136／(3) 移動率と発着地による類型化　140
　4　おわりに　142
　　Column　もうひとつの反ナチ（ユダヤ人保護）活動　146

第12章　バスク自治州にみるボーダーランドの言語景観
　　　　　―基礎自治体名称バスク語化の事例から― ……………………… 147
　1　はじめに　147
　2　言語景観としての基礎自治体名称　149
　3　エチェバリの名称変更にみるボーダーランドの多義性　154
　　(1) エチェバリの名称変更　154／(2) エリサテとエチェバリ　157／(3) ローカルなイデオロギーの表象としての地名　159
　4　地名の言語景観にみるボーダーランドの多義性　164
　　Column　バスク文化の復活とオレンツェロ　167

第13章　グローバル化とインド系移民社会
　　　　　―脱領域化と再領域化の概念の提唱― ……………………………… 168
　1　はじめに　168

(1) 問題の所在　168 ／ (2) 脱領域化と再領域化と空間スケール　169
　2　インドの経済成長とグローバリゼーション　173
　　　(1) インドの経済政策とグローバリゼーション　173 ／ (2) IT 産業の成長とグローバリゼーション　173
　3　インド系移民社会の空間的再編成とグローバリゼーション　177
　　　(1) インド系移民社会におけるナショナルスケールでの脱領域化と再領域化　177 ／ (2) インド系移民社会におけるリージョナルスケールでの脱領域化と再領域化　179 ／ (3) インド系移民社会におけるローカルスケールでの脱領域化と再領域化　181
　4　移民社会研究における脱領域化と再領域化の概念の有効性　183
　　Column　東京在住のインド人のアイデンティティ　188

第 14 章　東京都在留中国人の増加と分布の変化　189
　1　はじめに　189
　2　東京都在留中国人の人口増加　190
　　　(1) 第 1 期：停滞期（第二次世界大戦終了〜 1978 年）　190 ／ (2) 第 2 期：急増期（1979 〜 1988 年）　191 ／ (3) 第 3 期：成長期（1989 年〜現在）　192
　3　東京都在留中国人の出身地の変化　192
　4　東京都区部における在留中国人の分布の変化　194
　5　まとめ　198
　　Column　大久保コリアタウン　202

エスニック社会に関する基本的文献　203
おわりに　206
索　引　208

I
エスニック社会を探る
―景観・適応・居住の理論―

第1章
エスニックという視点

山下清海

1　エスニック集団とは何か

「あなたは，エスニック料理が好きですか？」

　このように問われた時，私たちはどのような料理を思い浮かべるだろうか。生春巻きに代表されるベトナム料理，トムヤムクン（辛くて酸っぱい有名なタイ料理のエビ入りスープ）のようにスパイシーなタイ料理，それともインド料理，メキシコ料理……。では，フランス料理やイタリア料理，また，アジアのなかでも，中国料理はどうであろうか。これらの料理は，一般にエスニック料理とはよばれない。そうだとすると，エスニックとは何を意味するのだろうか。

　広辞苑によれば，エスニックとは「民族調，特にアジア・アフリカ・中南米などの民族文化に由来するさま」となっている。確かに日本においては，このような意味で「エスニック」ということばがよく使われている。英語の ethnic という語には，非西洋の文化的伝統に関連したものという意味も含まれる。しかし，学術的な意味での ethnic は，より限定的な意味で使用されている。

　ある国や地域のなかにおいて，人口あるいは地位の面でよりマイナーな（メジャーでない）集団の形容詞として用いられることが多い。アメリカ合衆国の社会においては，ヒスパニック（ラティーノともよばれる），黒人，中国人・韓国人・日本人などのアジア系集団はマイナーな集団であり，エスニック集団に該当する。日本国内においては，アイヌ，韓国・朝鮮人（コリアン），華人（中国人），ブラジル人（日系人が多い）などをエスニック集団とよぶことができる。エスニック料理の話に戻すと，日本においては，フランス，イタリア，中国の料理

はメジャーな料理であり，エスニック料理とはいわないのである。

"ethnic group" という英語を，従来，「民族集団」と訳すことが多かったが，今日では文化地理学や文化人類学などでは，"ethnic group" に対する日本語としては「**エスニック集団**」を用いる。また，エスニック集団は**エスニック・マイノリティ**（ethnic minority）と同義的に使用されることも多い。

あらためて，エスニック集団を定義すると，ある広範囲な社会において，人種，言語，国籍，または文化のうえでの共通の紐帯によって結びついた人類集団であり，他の類似集団とともに，それを包括する上位の社会に含まれている，となる。

エスニック集団とよばれる人びとは，大きく分類すると，**移民**と**先住民**の2つに分けることができよう。日本を例にとれば，アイヌは先住民のエスニック集団であり，在日コリアン（韓国・朝鮮人）は移民のエスニック集団である。同様にアメリカ合衆国では，ネイティブアメリカン（日本ではアメリカインディアンとよばれてきた）やアラスカのイヌイット（エスキモー）などが先住民のエスニック集団であり，ヒスパニックやアジア系アメリカ人は移民のエスニック集団である。

2　民族とエスニシティ

幕末の開港後，欧米から新しい概念が日本へ導入された際，当時の日本人は，漢字を用いて，中国語にもなかった新しい用語を作り出した。このような漢字を使った造語を「和製漢語」とよぶ。これら和製漢語は，日本に来ていた中国人留学生などを通じて，中国に逆輸出されることになった。「中華人民共和国」の「人民」も「共和国」も和製漢語であり，哲学，社会，民主などもそうである。そのような和製漢語のなかに「民族」という語句もあった。福沢諭吉は「種族」の語を用いたが，のちに「民族」という語が定着していった。

「民族」という語句は，伝統的には国家を形成する主力となってきた主要な集団に対して用いられることが多かった。これは英語では "nation" すなわち「国民」に相当する。日本人，フランス人，ドイツ人という言い方は，この「民族」

すなわち「国民」という用い方の典型例である。

　そもそも，人類集団を分類する場合には2つの方法がある。人類集団を文化的特性によって分類したものが民族である。この場合の代表的な文化的特性としては，言語や宗教が指標となることが多い。これに対して，人類集団を身体的特徴によって分類したものが人種である。この場合の代表的な身体的特徴としては，皮膚の色や髪の毛の特徴（直毛，縮れ毛など）が指標として用いられる。しかし，日常会話において，人種や民族という語句は頻繁に使われるが，この2つの語句は，しばしば混同されている。

　さて，最近，**エスニシティ**（ethnicity）という語句がよく使われるようになってきた。エスニシティは1960年代から用いられ始め，*Oxford English Dictionary*，1972年補足版に初めて収録された比較的新しい用語である。しかし，当初，その概念は研究者によって微妙に異なっており，「エスニシティの定義は研究者の数だけある」と揶揄された。一般にエスニシティとは，エスニック集団が表出する性格の総体ということができる（綾部，1993）。

　民族の概念は，これまでどちらかというと固定的，静的にとらえがちであった。しかし，エスニック集団は，ホスト社会や他のエスニック集団との接触により，その性格は変化するものである。このようなエスニック集団を動態的にとらえるためにエスニシティという概念が生まれたのである。

3　エスニック社会をとらえる視点

　エスニック集団によって形成される社会すなわちエスニック社会を，どのようにとらえればよいのだろうか。ここでは，人文地理学的な視点から，エスニック社会を考察する場合を例にみていくことにする。

　エスニック社会を研究対象とする学問は，人文地理学のほかに文化人類学，社会学，経済学，歴史学など多岐に及ぶ。人文地理学のなかでも，特にエスニック社会を研究の対象にする分野を**エスニック地理学**（ethnic geography）とよぶ。では，他の学問分野と比べて，エスニック地理学にはどのような特色があるのだろうか。

エスニック地理学とは，エスニック社会を人文地理学的な視点から考察していくが，ここでいう「人文地理学的な視点」とは何であろうか．筆者は空間的，生態的，景観的という3つの視点を重視するのが人文地理学の学問としての特色であると考えている．これらを順番にみていくことにしよう．

(1) 空間的視点

空間的視点のキーワードは，地域差，分布，起源と伝播(でんぱ)，移動（移住），居住などである．同じエスニック集団でも，地域が異なれば，その生活様式は地域によって異なっている．すなわち地域差が見られる．たとえば，日本に在留する華人（中国人）の経済活動では，中国料理関係が重要な地位を占めている．しかし，東南アジアでは，商業，工業，金融，情報など経済の中枢部門で，華人は重要な役割を果たしている．このような地域差（地域的特色）を明らかにし，なぜそのような地域差が生まれるのか，その要因を考察することが重要である．エスニック集団の人口や関連施設などの分布は，エスニック社会の形成・発展を検討するうえで鍵となる．

エスニック集団が移動する際には，人間が移動（移住）するだけでなく，おのずから彼らの文化を携えて移動する．起源から他の地域へ移動する，すなわち伝播する場合には，エスニック集団の文化は，新しい地域の文化と接触し変容する．異文化との接触により，文化が変容することを「文化変容」とよぶ．

例をあげて示そう．外国からパン食が日本に伝わり，日本の伝統的な饅頭との接触によりあんパンが生まれた．1970年代，シンガポールの日系スーパーマーケットであんパンを売り出したところ，地元の人たちに非常に好評で，たちまちマレーシア，インドネシアなどへ伝播していった．

エスニック集団の移動（移住）を考察する場合には，そのルートやプロセス（過程）を解明することが重要である．エスニック地理学の魅力は，エスニック集団を動態的（ダイナミック）にとらえるところにある．

エスニック集団を空間的視点から考察する場合，非常に重要な課題のひとつは，エスニック集団の居住の問題である．エスニック集団がどこで，どのよう

に居住するか,すなわちエスニック集団の居住パターンを把握し,その要因を考察することに,多くの地理学者が関心をもってきた。たとえば移民のエスニック集団の場合には,移住先において特定の地区に集中して居住する場合が多い。このような**エスニック集団の住み分け**(セグリゲーションともいう)や**集住地区**(エンクレイブともいう)については,第5章,第6章において詳しく解説する。

(2) 生態的視点

　生態的視点とは,環境(自然環境・社会環境)とエスニック社会との相互関係を重視することをさす。

　まず,エスニック集団と自然環境との関係について,例をあげて説明しよう。1859年に横浜が開港され,外国人居留地が形成された。狭かった外国人居留地は拡大されていったが,イギリス人,アメリカ人,フランス人などは,高台で水はけのよい山手の居留地に多く住んだ。現在,外国人墓地や港の見える丘公園となっている一帯である。一方,華人は入り江を埋め立てて形成された水はけの悪い埋立居留地に集中して住むようになり,今日の横浜中華街の原型が形成されていった。すなわち欧米人と華人の土地条件に応じた住み分けが生じたのである(山下,2000:67-69)。

　一般に環境という場合には自然環境をさす場合が多いが,人間を取り巻く社会文化的な諸条件を,ここでは社会環境とよぶことにする。エスニック集団と社会環境との関係について,ひとつ例をあげよう。

　東南アジアのマレーシアやインドネシアは,宗教的にみるとイスラム教が支配的である。このような社会環境では,イスラム教徒が不浄とみなす豚を好んで食する華人の食文化は,イスラム教徒には受け入れられない。豚肉以外の肉でも正規の手順に則って屠殺された「ハラール」でなければ食べることはできない。このため,インドネシアやマレーシアの中国料理店では,イスラム教徒の姿をみることはなく,チャイナタウンにイスラム教徒の観光客が訪れ,中国料理店がにぎわうということはない。日本では,「チャイナタウン＝観光地」と

思っている人が少なくないが，東南アジアのチャイナタウンのなかで観光地となっているところは非常に限定される。観光地化が進んでいるのは，華人や外国人観光客が訪れるバンコク，クアラルンプール，シンガポールなどのチャイナタウンくらいである。

　もうひとつエスニック集団と社会環境との関係に関する例をあげよう。インドの人びとの約8割はヒンドゥー教徒であり，インドは社会環境的には総体としてヒンドゥー文化の世界である。ヒンドゥー教では，牛は神聖なものとみなされている。このような社会環境の中で，インドの華人の代表的な職業は，皮革業と靴製造業である。牛皮のクツ，カバン，ベルトなどの製造販売の多くは，華人（特に客家人）によって営まれてきた（山下，2009）。社会環境に応じたエスニック集団の適応戦略の典型例ということができよう。

(3) 景観的視点

　景観的視点とは，文化景観を重視することをさす。人間の手が加わっていない景観を自然景観あるいは原始景観というが，人間生活が土地へ刻印された景観を文化景観とよぶ。エスニック社会の特色を反映した景観すなわち**エスニック景観**に関する考察は，エスニック地理学の重要な柱となるものである。

　写真1-1は，東京都新宿区のJR新大久保駅前のエスニックタウンで見られるある質店の広告看板である。この周辺には，韓国人をはじめ中国人，東南アジア出身者（タイ人・フィリピン人など）が集住している。この質店の看板から，周辺にアジア系外国人が多いことがわかる。

写真1-1　大久保エスニックタウンの質店の看板
ハングル・英語・タイ語・中国語でも表記されている。（JR新大久保駅付近）　　　　　　（2010年9月，筆者撮影）

8　I　エスニック社会を探る

写真 1-2　ロサンゼルスのコリアタウン
（2003 年 8 月，筆者撮影）

次に**写真 1-2** を見ていただきたい。ロサンゼルスのコリアタウンは，世界最大のコリアタウンである。ここで見られる看板はほとんどがハングル表記のみで，英語の併記は少ない。ハングルが理解できない者には，何の店や事務所なのか全くわからない。このことは，これらの事業所が，もっぱら韓国人同胞を顧客対象にしていることを示している。周辺に住む黒人やメキシコ人たちからは，韓国人は閉鎖的だという批判もある。

　なお，エスニック景観については，つづく第 2 章および第 3 章にて詳しく解説する。

　以上，エスニック社会を人文地理学的な視点からとらえる見方についてみてきたが，貴重なデータは，できるだけ地図に表現することが重要である。たとえば，エスニック集団の分布図を作成する。その際には，現状だけでなく，過去の時点での分布図も作成し，時代的な推移も比較しながら考察するとよい。エスニック集団の施設や店舗などの分布図は，エスニックタウンのさまざまな情報を多く含んでおり利用価値も高い。収集したデータの地図化は，他の学問分野と比較した場合に，人文地理学のきわめて大きな「武器」となるものである。

文　献
綾部恒雄（1993）：『現代世界とエスニシティ』弘文堂．
山下清海（2000）：『チャイナタウン―世界に広がる華人ネットワーク』丸善．
山下清海（2009）：インドの華人社会とチャイナタウン―コルカタを中心に．地理空間，2（1）：32-50．

column　借り傘戦略——外国人経営のすし店

　外国に出かけ，そろそろ日本料理が食べたくなって，すし店や日本料理店に入って，大失敗をしたという日本人は少なくないだろう。料金が高い割に，「えっ，これが日本料理？」と，日本語で叫びたくなる。
　海外では，最近，日本人でなく，外国人が経営しているすし店や日本料理店が急増している。世界的にすし・日本料理ブームであり，日本料理は料金が高く，顧客には富裕層が多いので，利益幅が大きいのも，外国人がこの業界に参入したがる理由のひとつである。
　エスニック集団は，海外の移住地域に適応するために，職業や居住などの面でさまざまな工夫を行う。これをエスニック集団の「適応戦略」とよぶ。遅れて移住してきたエスニック集団は，収入を得るために，経済分野のニッチ（すき間）に入り込んでいくことが多い。
　エスニック集団がすし店・日本料理店を経営するのも，経済的ニッチに進出するという適応戦略である。私はこのような現象を，「借り傘戦略」とよんでいる。すなわち，よりマイナーなエスニック集団が，よりメジャーな集団の姿を借用する適応戦略が「借り傘戦略」である。
　私は，何度もこの「借り傘戦略」を体験させられ，高い授業料を払っているので，海外で"sushi"や"Japanese Restaurant"と書かれた看板をみると，最初から疑って，店に入る前に丹念に「景観観察」をすることにしている。
　数年前のパリでのことである。「日本料理」と書かれたレストランを見つけ，店の外側から看板やポスターなどをていねいにチェックしたが，「借り傘戦略」であるという確証はつかめなかった。悔しい思いをしながら，ドアのなかをのぞくと，華人が好んで信仰する商売繁盛の神様である関羽がまつられていた。　　　　　（山下清海）

パリ13区の日本料理店
（2008年7月，筆者撮影）

第2章
記憶と戦略としてのエスニック景観

加賀美雅弘

1 エスニック景観の意味

　エスニック景観は，エスニック集団特有の生活様式や生業など彼らの文化が表象化したものとして理解できる。それは，エスニック集団の経済活動や社会活動，生活文化によって生み出され，地域のさまざまな事象と関わりながら維持されている（椿, 2007）。エスニック集団の所在はエスニック景観によって明示されているといってもよいだろう。

　エスニック景観は，大きく2つに分けて理解することができる。第一の景観は，彼らが生存するために営んでいる活動や人びとの暮らしによって形成された景観である。これは，農業や製造業などの生業や衣食住などの文化によって生み出されてきたものであり，彼らが長い時間をかけて特定の地域で培ってきた伝統的な生活様式がそのままあらわれた景観である。そのため地域の気候や植生などの自然環境と深く結びついたものも少なくない。地域固有の歴史や伝統工芸品などの生産を担う地場産業，都市や農村の歴史的建造物と景観，伝統的な食や民俗芸能・祭礼など，これに該当するものは枚挙にいとまがない。また，そうした生活様式を他の地域に持ち込んだ移民が集住するところにも，同様の景観が形成される。民家や店舗，宗教施設や墓地などエスニック集団の伝統的な暮らしと関わる施設に特有の景観を見出すことができる。

　しかし，実際の景観の多くは，エスニック社会の動向によって大きく規定されている。つまり第二の景観として，エスニック集団の維持と存続，規模拡大を求めて意図的に形成される景観をあげることができる。これはさらに，①構

成メンバーの集団への帰属意識を強めるためのもの，②集団以外の人びとが集団への関心を高め，政治的，経済的，社会的な利益を集団に提供する機会を得るためのもの，に大別できる。

①については，同じ地域に住む人びと同士が住民としてみなしあうような，共通の帰属意識を育む景観があげられる。博物館や記念館などの施設には歴史や文化がわかりやすく説明され，これによって人びとの間に知識や価値観などが共有できるようになっている。また偉人や英雄，権力者など歴史上の人物像のようなモニュメントも同様の役割を果たしている。その多くは往来の激しい街路や広場，公園などに設置されており，目につくエスニック景観といえる。記念碑をめぐる研究が近年，盛んになっているが，景観が人びとに共通の記憶を植え込む装置であることは明らかである（若尾・羽賀，2005）。

②については，集団以外の人びとに対する自己アピールのための景観であり，エスニック景観を観光資源や商業資源として活用するものとして位置づけられる。特定のエスニック文化に多くの人びとの関心が向くことにより，彼らには多くの権利を主張したり経済的な利益を得たりする可能性が高まる。そのため，エスニック集団特有の料理や伝統文化などを販売する飲食店・伝統工芸品店などの店舗が，エスニック集団が居住する地域や集住する地区に多く立地する傾向がみられる。チャイナタウンに並ぶ中華風の装飾豊かな中華料理店や門（牌楼）は，多くの観光客の眼を引きつける典型的景観といえよう。

もちろん，この第二の景観は，第一の景観と重なり合っている。生活によって形成された景観が次第に自身をアピールするための手段と化してゆく例は，教会や寺院などの宗教施設にみることができる。

なお，この第二の景観においては，集団内外への集団のアピールを目的としていることから，集団の特性を容易に理解できるようないわゆる典型的な文化への単純化がしばしばなされる点に触れておく必要がある。集団が国や地域を代表し，そのために彼らを象徴する文化や歴史としてしばしば集団が本来もってきた文化とは異なる文化を結びつけられる状況が起こっている。たとえばアメリカ合衆国内では近年，ドイツ系移民集団が多く住む地域で南ドイツ・バイエルン

写真2-1　ドイツ系アメリカ人団体主催のビール祭
「オクトーバーフェスト」
ロサンゼルスのドイツ系新聞 *California Staats-Zeitung*
(2003年10月23日)の記事。

地方特有のビアホールとビール祭「オクトーバーフェスト(Oktoberfest)」が好んで開催されている。いずれも北ドイツ出身者にとっては無縁の文化なのだが，ドイツ文化に向けられる周囲からのまなざしに対応して，南ドイツの文化がドイツ文化を代表するエスニック景観として位置づけられているのである(**写真2-1**)。

2　エスニック景観の相克

　エスニック景観はエスニック集団が存在するうえで重要な役割を果たしている。それゆえエスニック景観が，エスニック集団間の力関係によってはさまざまな態度や行為の対象となってきた。とりわけ対立するエスニック集団の間では，ほぼ例外なくエスニック景観が攻撃の対象となってきた。

　そうした動きが最も鮮明にあらわれてきたのがヨーロッパである。世界にさまざまなエスニック集団が居住するが，ヨーロッパほどエスニック集団の文化をめぐって激しい議論や闘争が繰り広げられてきたところは，ほかにない。それは，ヨーロッパが近代化の時代にすでに多くのエスニック集団が存在していた地域であり，エスニック集団としてのまとまりを強め，他集団との差別化など集団を単位にした動きが活発な地域であり続けてきたからである。

　エスニック集団を単位にした対立と共同の動きは，近代以降のヨーロッパの政治・社会をきわめて不安定かつ流動的なものにしてきた。特定のエスニック集団の規模の拡大・領域の拡張は，他の集団の縮小や抑圧を意味していた。エスニック集団は，まさしく生き残り戦略として，領域の確保と集団の規模拡大，そして対立する集団への干渉・圧力を強めた。

とりわけ政治的に不安定だった東ヨーロッパは，この100年余りの間，つねにエスニック集団がしのぎを削る舞台となってきたが，そこではまさしくエスニック集団固有の景観や施設が闘争の手段であり，集団の団結や意識高揚の手段であり，敵愾心(てきがい)や憎悪を煽る道具とみなされてきた。第二次世界大戦においてドイツが占領した地域ではドイツ的な景観がつくられ，占領されたポーランドからポーランド語やカトリック教会など文化を示す景観が抹殺された。大戦後には，東ヨーロッパからのドイツ系住民の追放が一斉に行われ，ドイツ語やドイツ的な文化の撲滅が行われている。

　新しいところでは，ユーゴスラヴィア解体にともなってクロアチアやボスニア・ヘルツェゴヴィナでの紛争においても同様のことが起こっている。クロアチアでは，セルビアに隣接する東部のスラヴォニア地方に多くのセルビア系住民が居住していたが，1991年のクロアチア独立とともに彼らに対する圧力が高まると，ユーゴスラヴィア軍（セルビア軍）が彼らの保護を名目にして介入。一気にクロアチア人とセルビア人の間の民族紛争に発展した。セルビア人への激しい暴力は，彼らの集落を破壊し，殺戮の嵐を生んだ（ドーニャ＆ファイン，1995）。カトリック系のクロアチア人によってセルビア人の正教会と墓地も容赦なく破壊された。セルビア系の学校や集会所も標的から逃れられなかった。戦略的に重要でない文化施設が甚大な被害を受け，エスニック景観が絶滅の対象とされたのは，クロアチア人の間に高まったセルビア人に対する憎しみの感情が，帰属意識を高める機能をもつ景観，集団自身を主張する景観への攻撃を促したからである。

3　記憶としてのエスニック景観

　近代ヨーロッパにおいて，ユダヤ人のエスニック景観ほど激しい憎悪とともに破壊の対象になったものはないだろう。第二次世界大戦に至るまで，彼らの景観や施設は意図的に破壊されてきた。

　ヨーロッパではユダヤ人は1900年頃，きわめて規模の大きな社会をつくっていた。当時，世界のユダヤ人総数は推定1,060万人。そのうち70％以上が中

東欧に集まっていた。特にワルシャワでは総人口の32.5%，ブダペスト23.6%などユダヤ人が市民の多くを占めていた（Magocsi, 1993）。彼らは，ユダヤ教の信仰とともに，儀式や衣装，コーシャで知られる食習慣をもつなど他の集団とは文化的に明らかに異なっていた。

　この異質な文化集団はしばしばヨーロッパで排斥の対象になったが，ナチスによる迫害の激しさは群を抜いていた。いまさら言うまでもないが，ユダヤ人の排斥を目標としたナチスによる暴力はユダヤ人の存在を徹底的に否定した。1938年11月9日に起こった「水晶の夜」とよばれるユダヤ人商店打ちこわし事件は，今日に至るまでユダヤ人社会においてまさにトラウマとして記憶されている。この事件を手始めに，やがてシナゴーグや学校などユダヤ人関連施設の破壊が大規模に行われてゆく。第二次世界大戦期のユダヤ人撲滅の蛮行は，人命の抹殺だけでなく，実はユダヤ人のエスニック景観の撲滅をめざすものでもあった。

　たとえばウィーンでは，「水晶の夜」に先駆けて，ユダヤ人に対する排斥の態度が強まり，市内にあったシナゴーグはすべて1938年以後に破壊された（グルンベルガー，2000）。1920年代にヨーロッパ全土で20万人を超えていたユダヤ人は，1941年末までに3万人以上がアメリカ合衆国に亡命した。しかし，1942年以降，ユダヤ人の絶滅計画が実施されると，6万5千人以上が強制収容所に移送された。そして1951年のユダヤ人人口はわずか9千人に過ぎなかった。

　大戦後もヨーロッパにおけるユダヤ人の失われた景観の回復はきわめてまれでしかなかった。しかし，それが1990年代に起こった戦後体制の転換とともに大きく変わる。ヨーロッパ各地ではユダヤ人のエスニック景観の回復が進められるようになったのである。オーストリアでも1989年に始まる東ヨーロッパ諸国の民主化によりヨーロッパ情勢が大きく変化するなか，1991年にようやく大統領による謝罪がなされた[1]。その一方で，旧ソ連からのユダヤ人の流入が起こり，それとともにウィーンのユダヤ人社会の拡充が急速に進んだ。学校設備の整備とともに，2000年にはホロコースト記念館と博物館が開設された。また1938年に破壊された市内最大のシナゴーグ跡には，1997年11月9日にユ

ダヤセンターが開設され，記憶を残すモニュメントが設置された（**写真 2-2**）。

さらにウィーンでは，2005年に「記憶の石 (Steine der Erinnerung)」の設置が始まっている。これは，ナチスによる蛮行を記憶にとどめるために，収容所に移送され命を落とした人びとの氏名と移送の年月日，死亡年月日などを記した真ちゅう製のパネルを犠牲者の当時の住宅入口付近の路上に埋め込んだものである[2]（**写真 2-3**）。移送時の居住者の確認作業は容易ではないが，今後もさらに多くのパネルの設置作業が計画されている。

景観の修復と記憶の景観化は，ウィーンにおけるユダヤ人人口の増加と連動するばかりでなく，ユダヤ人社会の再構築の可能性を高めている。かつてあったシナゴーグなどの文化施設・景観をアピールすることが，ユダヤ人社会の存在をウィーン社会に位置づけることにつながっているのである。

写真 2-2　ウィーン最大のシナゴーグ跡に立てられたモニュメント
白い3本の塔が建つところにシナゴーグがあった。
（2009年2月，筆者撮影）

写真 2-3　ウィーン市内の路上に埋め込まれた「記憶の石」
「Berta Rappaport（女性）　1864年12月28日生，1942年移送，1942年11月30日テレジエンシュタット（当時のチェコスロヴァキアにあった強制収容所）で死亡」とある。
（2009年2月，筆者撮影）

4 戦略としてのエスニック景観

写真 2-4 ウィーン市内にそびえるモスク
金曜日にはモスク前の広場に大規模な市がたち、国籍を問わず多くの人びとでにぎわう。
（2003年2月，筆者撮影）

　エスニック景観がヨーロッパで重要視されてきたのは，エスニック集団の生存が景観と深く結びついているからである。この点で興味深いのは，近年のヨーロッパの諸都市においてイスラム系の文化景観の存否が大きな話題になっていることである。ヨーロッパではイスラム系住民の数は増加の一途をたどり，彼らとの共存が常に議論の的になっている。イスラム系住民に対してヨーロッパ社会は総じて一定の距離を置いており，経済・社会の動向次第では彼らへの圧力が高まることも十分に予想される状況である。

　たとえばウィーンでは，1979年にサウジアラビア政府の協力によってムーア様式の巨大なモスクが建造された。ひときわ目立つミナレットの尖塔は，ウィーンにイスラム社会が存在することを十分に示している（写真2-4）。このほか市内各地に礼拝施設や学校も開設され，スカーフをまとった女性が出入りしている。イスラム系のエスニック景観は，まだ制限は多いものの着実にウィーン市内に定着し始めている。

　また，彼らが集住する地区には路上での市場の開設が認められ，トルコ語やアラビア語の表示を掲げた露店が並ぶ一画が出現した。香辛料や野菜，トルコなど西南アジアの食材，衣料品が比較的安価で売られ，賑わいをみせている（写真2-5）。こうしたエスニック景観が存在するのは，ウィーンにイスラム社会が着実に根づいていることを示している。

　彼らの居住地区が都心から比較的近く，交通の便もよいことから，イスラム系住民のみならず，ウィーンの一般市民の買い物や飲食の場としても知られる

ようになった。エキゾチックな食文化への関心が高まっていることから、エスニック文化を売り物にし、エスニック景観で客を呼び込む戦略がとられている。

じつは、こうしたエスニック景観を主張できるようになったのには理由がある。これは1990年代からウィーン市が進める市街地整備事業によって、住宅の整備とともに

写真2-5　イスラム系住民が集まるウィーン市内の路上市場
露店名や商品名の多くがトルコ語やアラビア語で記されている。
（2006年9月、筆者撮影）

住民のコミュニティの安定化を図るさまざまな補助がなされている。外国人が多く居住する地区であることから、彼らの生活を継続させるための環境づくりがなされており、路上市場開設許可も、その一環としてなされているのである（山本・加賀美, 2011）。市当局との利害の一致が、彼らのエスニック景観の展開をもたらしたのであり、エスニック文化を活用した彼らの生存戦略といえよう。

エスニック景観は、都市や農村の景観に対する厳しい制限を設けているヨーロッパにおいても着実に存続している。ヨーロッパがきわめて多様なエスニック集団が共存してきた社会であり、対立と闘争を繰り広げてきた歴史があるなかで、エスニック景観は彼らのよりどころとしての意味をもち続けている。この点で、ウィーンの高級住宅街に開設されたセタガヤ公園（Setagaya Park）も、ウィーンに住む日本人社会の景観として興味深い。

その一方で、ウィーンには多くのロマ（古くからジプシーと呼ばれてきた人びとで、差別や迫害の対象になってきた）が居住しているが、彼らは依然として固有の景観を示していない。彼ら自身のエスニック景観が存在しないことは、ウィーンをはじめとするヨーロッパ社会にとってロマ問題がきわめて難しい課題であることを示している。なぜならヨーロッパは、固有のエスニック景観をもたな

い人びとが住み続けるには容易な場所ではないからである。

以上を見る限り，自己主張の手段としてのエスニック景観はある程度のリベラルな社会において可能であるといえよう．人口移動がますます激化し，世界各地にエスニック集団が生まれている昨今，ヨーロッパだけでなく，今後は世界各地で多様なエスニック景観が出現してゆくであろう．

注
1) オーストリア政府は，ナチス時代にユダヤ人に対して行われた蛮行について，戦後一貫して責任を逃れてきた．これは，オーストリアが1938年にドイツに併合されたとの立場を貫いてきたからであり，エスニック集団についての責任を逃れてきた．そのためオーストリア政府は，ナチス時代にロマの強制収容所への移送を積極的に行い，財産の没収など非人道的立場をとったことについても，1990年代まで何ら謝罪を行ってこなかった（金子, 2004）．
2) なお，類似の事業はドイツをはじめポーランドやチェコ，ハンガリーなどナチス時代の犠牲者を生んだ国々にも広がっている．もともとはドイツの芸術家G. Demnigが提唱したシンティとロマ（いずれもドイツに住んできたロマ）やユダヤ人の収容所への移送の記憶をとどめる事業「躓きの石（Stolpersteine）」に始まり，1992年にドイツの都市ケルンに最初の「石」が埋められている．2010年4月現在，530もの都市に約22000個もの「石」が設置されている．

文　献
金子マーティン（2004）：オーストリアにおけるロマ民族の法的地位．加賀美雅弘編『「ジプシー」と呼ばれた人々—東ヨーロッパ・ロマ民族の過去と現在』学文社, 199-236．
グルンベルガー，R. 著，池内光久訳（2000）：『第三帝国の社会史』彩流社．
椿　真智子（2007）：民族・移民の地理．上野和彦・椿　真智子・中村康子編『地理学概論（地理学基礎シリーズ1）』朝倉書店, 115-118.
ドーニャ，R.・ファイン，J. V. A. 著，佐原徹哉ほか訳（1995）：『ボスニア・ヘルツェゴヴィナ史—多民族国家の試練』恒文社．
山本葉月・加賀美雅弘（2011）：都市再生事業による外国人集住地区の変容—ウィーン・ブルネン地区を事例に．学芸地理, 65：1-24.
若尾祐司・羽賀祥二編（2005）：『記録と記憶の比較文化史—史誌・記念碑・郷土』名古屋大学出版会．
Magocsi, P. R. (1993): *Historical Atlas of East Central Europe*. Seattle, The University of Washington Press.

column 異質の記念碑が並ぶ広場

　ヨーロッパの都市には多くの記念碑が建てられている。ウィーンもそのひとつ。この街を歩くと，やたらと記念碑に出会う。フランツ・ヨーゼフ皇帝，モーツァルト，フロイト…。どれもオーストリアを代表する人物ばかりだ。だが，なかには異色の記念碑もある。

　町の中心に近いシュヴァルツェンベルク広場。その中央にはシュヴァルツェンベルク侯の騎馬像が陣取っている。19世紀はじめ，ヨーロッパを席巻したナポレオンの軍勢に対して，中央・東ヨーロッパの諸民族がライプツィヒで戦った「諸国民の戦い」で戦果を挙げた，栄光のオーストリア帝国を象徴する誇りある人物である。広場一帯には瀟洒な建物が建ち並び，この侯爵の功績がウィーンの輝かしい歴史と重なり合う。

　ところが，この騎馬像の遠い先に目をやると，そこには20mもの高さの大理石でできた円柱が建ち，その上に銃を持つロシア兵の立像を置く「解放記念碑」がそびえている。第二次世界大戦によるソ連の戦没者を記念する碑は終戦後まもなく建てられ，以来，戦争の記憶を市民に刻印し続けている。戦勝四カ国による占領の時代を経て1955年に主権を取り戻したオーストリアは，その憲法に，国内にあるソ連の記念碑の整備・保護の義務をうたっている。

　騎馬像の後ろに兵士がそびえ立つ配置は，見る者に強い不調和感をいだかせる。フランス・ナポレオンに勝利したドイツ・オーストリアの栄光に満ちた人物を，ソ連・ロシアが圧するかのようなこの構図に，オーストリア人の自尊心が傷つけられたことは想像に難くない。しかし，1992年に実施されたアンケートによれば，この記念碑を知るウィーン市民のうち，撤去すべきという意見はわずか9％に過ぎなかった。戦争の記憶とその反省を重視するオーストリア人にとって「負の記憶」を語る記念碑も，欠かすことができないものなのである。　　　（加賀美雅弘）

シュヴァルツェンベルク広場の騎馬像と解放記念碑
（2010年9月，筆者撮影）

第3章
エスニック集団の言語景観

石井久生

1 はじめに

　エスニック集団の集住地域に足を踏み入れたと同時に，商店の看板や街路の標識に表示される言語が一変することがある。それは，エスニック集団の使用する言語がホスト社会や周囲の他集団のそれと異なるために生じる現象である。言語はエスニシティの重要な指標である。そのため，特異な言語景観はエスニック集団の存在を私たちに強烈に印象付けることになる。たとえば，ロサンゼルスのチャイナタウン（**写真3-1**）。ここでは華人が同胞を対象としたエスニックビジネスを展開するため，街中の看板には漢字が目立つ。しかしそれと同時に，彼らは現地ホスト社会住民を対象としたビジネスも展開するために，英語も混在するハイブリッドな言語景観が生産される。政治的イデオロギーの表象としての言語景観が登場する場合もある。その一例として，スペインのバスク自治州でしばしばみられる落書きをあげよう（**写真3-2**）。この落書きは，バスク語学習プログラムを企画する組織 Euskal Herrian Euskaraz（バスク地方でバスク語を）のシンボルマークである。eをさら

写真3-1　チャイナタウンのハイブリッドな言語景観
（ロサンゼルス）（2006年9月，筆者撮影）

にもうひとつのeが取り囲んだマークは，「〔バスク地方 Euskal Herria〕で〔バスク語 euskara〕を話そう」を意味し，2つの名詞の頭文字により構成される。バスク自治州ではスペイン語とバスク語が公用語であるが，この組織の目的はバスクの多言語な言語環境をバスク語単言語使用に変えることにある。バス

写真 3-2　グラフィティに込められたイデオロギー
（スペイン・バスク自治州ドゥランゴ）
（2009年12月，筆者撮影）

ク・ナショナリズムによくあるイデオロギーだが，それに賛同する一部の信奉者が組織のシンボルマークを落書きし，彼らの政治的イデオロギーと組織の存在を誇示しているのである。

　これらふたつの事例からも明らかなように，言語景観はエスニック集団の文化的アイデンティティを投影するにとどまらず，彼らの経済的実践，政治的実践の表象でもある。

2　テクストとしての言語景観

　言語景観が注目されるようになったのは比較的最近のことである。これまで言語景観の研究を主導してきたのは社会言語学で，その先駆けとして頻繁に引用されるのがランドリー，R.とボーリス，R.Y.（Landry and Bourhis, 1997）である。彼らは，言語の情報機能と象徴機能を区別し，情報機能は言語集団が占める空間的領域の境界を示す機能を提供するのに対し，象徴機能は自他の言語集団を差異化する際の言語の価値や地位に寄与するとしている。このような考え方は，言語景観を意味のある記号体系としての「テクスト」とみなし，テクスト性と同時に間テクスト性（テクスト相互の関係からみえてくる意味体系）を読み解くことで社会現象を分析しようとする立場と同じである。こうして登場したのが「景観テ

クスト論」である。景観テクスト論をはじめとする近年の文化地理学に関する論争は，今里（2004）や森（2009）に詳しいので議論はそちらに譲るが，ここで注目すべきは，ランドリーとボーリスが領域性に言及しているように，社会言語学において展開された言語景観論が空間的次元と無関係ではないことである。

　言語景観と空間的次元の関連付けは，ルフェーヴル，H.（Lefebvre, 1974）によるところが大きい。ルフェーヴルは，複雑な空間体系におけるシンボルゲームに関与する個人，集団，組織，制度がさまざまな方法で表象するパターンを「空間的実践」と定義した。この考え方は，人文社会諸科学に広く取り込まれ，いわゆる空間論的転回が進行した。そしてさらに1980年代後期にイギリスで興った「新しい文化地理学」は，地理学と周辺諸科学との距離をさらに縮めることに貢献した。新しい文化地理学を主導したコスグローヴ（Cosgrove, D.）は，従来のバークレー学派や人文主義の文化地理学と距離を置き，文化が政治や経済，民族などの社会的プロセス相互の生産関係の反映ととらえる文化唯物論の立場を採用した。そしてこの考えは，ダンカン（Duncan, J.S.）らが唱える新しい景観論と合流し，先に述べた「景観テクスト論」が興ったのである。景観テクスト論では，景観がテクストとみなされ，景観における文化的・社会的プロセスの表象から意味のあるテクストと間テクストの解読が試みられる（Duncan, 1990）。これら一連の再構築運動が，地理学と言語景観を扱う諸学との距離を急速に短縮したことで，エスニック集団の言語景観は地理学の重要課題として俄然注目されるようになったのである。

3　言語景観とエスニック・アイデンティティ

　エスニック集団の言語景観には，彼らの集団的アイデンティティやナショナル・アイデンティティが投影される。したがって言語景観とアイデンティティとの関係を扱った研究は多い。また，新文化地理学や景観テクスト論が批判政治地理学との距離を急速に縮め相互に刺激しあいながら発展したことから，言語景観におけるナショナル・アイデンティティの表象を権力との関係から解読した研究が数多く登場した。

言語景観におけるナショナリズムの表象に関する初期の代表的研究として，コーエン，S.B. とクリオット，N. (Cohen and Kliot, 1992) をあげることができる。彼らは，言語景観としての地名に着目し，1967 年の第三次中東戦争以降にイスラエルが占領した地区の地名変更が，ユダヤ文化の復興を進めるシオニストの2 つのイデオロギーの競合を増幅しているとしている。そのイデオロギーのひとつが，継承性を重視する本質主義である。聖地の唯一の継承者としてのイスラエルという印象を与える旧約聖書やタルムード聖典に登場する地名，あるいはヘブライ語地名への変更がその典型で，宗教系あるいは極右系政党と同盟関係にあるリクード党が政権にある時代には，この傾向が強まる。他方は，変化を求める新時代主義である。その名称変更には，居住区の現代的価値，軍事的英雄，ユダヤ教と自然との関係などが投影され，労働党政権下ではこの傾向が強まる。要するに，地名変更にはその時々の政権政党と住民を支配する政治的イデオロギーが反映され，地名という言語景観が政治的実践により生産されるというものである。

 言語景観とナショナリズムとの地政学的関係が注目を浴びる一方で，衰退しつつあった言語や話者集団の再活性化も，エスニシティに根差した言語景観研究の重要な課題となった。この分野において従来重視されてきたのは，いにしえの言語の正統性 (authenticity) であった。その一方で，近年隆盛したポストコロニアリズムは，従来と異なる傾向を生み出している。ポストコロニアリズムは，植民地支配あるいはそれに類する支配を受けた地域が抱える諸課題を分析するカルチュラル・スタディーズの潮流である。イギリスは，新文化地理学の主要舞台であり，かつ広大な領域をかつて支配した経験があることから，エスニックな言語景観をポストコロニアリズムに立脚して分析する研究を多数排出している。そのひとつが，アイルランドにおけるアイルランド語地名の復権と保存の運動を，ポストコロニアルな文脈から検証したナッシュ，C. (Nash, 1999) の研究である。ナッシュが注目したのは，アイルランドの伝統的な最小自治単位であるタウンランド (townland) の名称変更であった。タウンランドの名称変更は 1970 年代初めから進められているが，変更時に重視されたのは，アング

ロサクソン支配以前のアイルランド語地名への回帰と同時に，日常的使用の範囲を超えないことへの配慮であった。その背景には，現在のタウンランド呼称が，英語や古英語のみでなく，先ケルト語，ゲール語（狭義のケルト語），ノルマン語，フランス語，フラマン語などさまざまな言語の影響を受けているという現実がある。ナッシュのこの考え方の根底には，正統性を重んじる立場よりも，むしろ文化的多様性の表象として地名をとらえようとする姿勢がある。要するに，ポストコロニアルな言語景観研究からみえてきたものは，過去の正統性や純粋性を強調するイデオロギーではなく，アイルランドという場所が経験してきた多元的な歴史を共有するハイブリッドなエスニック・アイデンティティであったのである。

　ナショナリズムやイデオロギーの問題を強調した研究が多い一方で，Alderman (2008) がいうように，人種化，ジェンダー化，あるいは商業化という文脈から言語景観にアプローチする方法も存在する。特に現在のグローバル経済下では，経済的実践の言語景観への関与が重要性を増しつつあり，資本の流動性の高まりと並行して，その行為により生産される言語景観の変質も加速しつつある。リーマン，J. とモダン，G. (Leeman and Modan, 2010) は，ワシントン特別区のチャイナタウンの言語景観が，経済のグローバル化にともないその価値と機能の変質を経験した様子を報告している。現在のワシントンのチャイナタウンのルーツは，1930年代に連邦政府オフィスの建設により現在の位置に移転したことにある。そこではその当時から，中国語の看板や中国風の建築が華人コミュニティの文化的シンボルとして機能してきた。1984年に総合開発計画が持ち上がったが，華人住民は当初それに反対し，政府から華人文化遺産を保護するとの合意を取り付け，同時に地域に利益をもたらす再開発を進めることで合意した。その後チャイナタウンのジェントリフィケーション[1]が進行したが，それがグローバル資本のさらなる流入を誘発した。グローバル資本の流入は漢字中心の言語景観と中華風の建築景観の付加価値を高め，チャイナタウンの景観自体がグローバル・ビジネスや観光を推進するアクタ（行為の主体）として機能するようになった。その結果，漢字の看板は華人系金融機関のみなら

ずスターバックスやマクドナルドにまでもあふれるようになった。再開発による不動産価値の上昇を目論む経済的実践が，エスニックな言語景観の生産ペースを加速したのである。

ワシントンのチャイナタウンにおける言語景観は，華人にとってのエスニシティの象徴資本 (symbolic capital) の表象であった。象徴資本はブルデュー (Bourdieu, P.) が定義した概念である。近年，象徴資本の表象としての言語景観を扱う研究が多数登場しており，その場合の言語景観はエスニック集団の社会的地位を生み出し卓越化を達成するひとつの手段となる (Alderman, 2008; Rose-Redwood, 2008)。さらにチャイナタウンの事例でも明らかなように，象徴資本と経済資本との変換が発生する。特にグローバル化した経済下では，言語景観の生産と消費に関与してくる複数の社会的アクタによる経済的実践をとおして，象徴的資本の経済資本への変換がしばしば起こりうる。

4 ボーダーランドの言語景観

これら3つの事例は，エスニックな言語景観が政治的実践や経済的実践といった社会的行為により生産されることを示唆すると同時に，純粋 (pureness) より混交性 (hybridity)，定着性 (rootedness) より流動性 (fluidity)，立地 (location) より転位 (dislocation) を重視するといった，景観と社会的行為の多義的でフレキシブルな関係を重視することでも共通している。こうした観点から注目される地域は，ひとつが移民の集中する都市であり，もうひとつが昨今の国境の地位低下により領域としての実体化を経験しつつある国境付近の地域，いわゆるボーダーランドである。

EUに代表される超国家機関が登場したヨーロッパでは，住民統合の枠組みとしての国家の役割りは大きく後退し，それに代わり「民族」や「地域」が注目を集めるようになった。特に国境付近の地域，いわゆるボーダーランドでは，国家や国境の役割りが後退したことで，バスクや南ティロールのような地域がエスニック集団の存在する領域として注目されるようになった。ボーダーランドが領域として可視化しつつある現象，すなわちボーダーランドの再領域化に

ついて，示唆に富んだ言及をしているのはパーシ (Paasi, A.) である。パーシは，領域化を社会的行為としての「地域の制度化 (institutionalization of regions)」のひとつの過程として説明し，その行為に関与する複数のアクタと空間の相互作用を検証した (Paasi, 2001)。そのなかでパーシは，地域 (region) 自体が空間に作用し変化をもたらすアクタであるとしている。制度的主体や住民に代表されるアクタは，社会的実践 (social practice)，あるいは日々の実践 (everyday practice) により空間に働きかけ，地域の領域性を強化するが，地域自体も領域性を強化するよう働きかけるようになり，空間の生産に関与するようになるというものである。そのような空間体系において地域が生まれ，存続し，時に消滅する一連の過程を，パーシは4つの局面（領土・シンボル・制度の3つの姿の具現化と，地域システムと社会意識における統一体の構築）から説明している。これらの局面において，言語景観はシンボルの具現化において重要な役割を担う。そもそも領域は，他の領域との間の境界を設定するという行為，いわゆる有界化が，行政などのアクタにより実行されることにより登場する。そして有界化を進めるアクタは，領域内の住民が共有するシンボルの生産を開始する。そのシンボルは，旗，歌，統治組織などの形態をとるが，領域内の住民が同じエスニック集団に属する場合には，彼らの言語は最重要のシンボルとして採用される。シンボルとして採用された言語は，自他の地域を識別するための指標として，地名や組織名として使用されるようになる。そして，名前を付与した土地や組織の地位を高めるために，言語維持のための言語政策が推進される。こうして生産された言語景観は，領域内外を識別するための指標として情報機能を提供すると同時に，領域内の住民がエスニシティを共有しエスニックな地位を確認するための指標としての象徴的機能も提供するようになるのである。

　こうして論じてくると，ボーダーランドでは均質な言語景観が展開するという印象を受けるかもしれない。しかし現実は全く異なる。ボーダーランドの再領域化においては特定のエスニック集団が主役となるが，その過程には既存国家，周辺の複数のエスニック集団などの多数のアクタが関与する。複数のアクタの社会的行為により生産される言語景観はハイブリッドであり，流動性が

高い。また，領域化の中心的アクタである行政主体とエスニック話者集団との間には，しばしば空間的乖離が生じるため，その場合の言語景観は複雑さの程度をさらに増幅する。石井（2003）が指摘したように，バスク自治州において行政空間とバスク語話者集団の地理的分布の間に不一致が生じるため，境界領域付近では言語政策の方針と住民のアイデンティティとが必ずしも一致しなくなるという事例は，ボーダーランドにおける言語景観の複雑さを示す典型である。しかしそれだけでなく，大石（2006）がカナダのハリファックスの事例で示したように，言語維持に関わる制度的主体が，都市と農村というそれぞれのローカルな次元において関与度が異なることによっても複雑な言語景観が生産される。それぞれに独特の言語景観はそれぞれの場所のローカリティの表象であるということになろう。

　これまで述べてきたように，エスニック集団の言語景観に関する研究の方向性は，現在では言語景観を生産するさまざまな社会的実践に焦点をあてたものが主流となっている。かつての言語景観研究の中心が，言語の正統性や由来の究明であったことを考えれば，劇的な変化である。さらに現在の潮流には，地理学，政治学，社会言語学，文化人類学など関連する諸分野が参加し，従来の方法論の枠にとらわれず，相互に刺激しあいながら主張を展開している。今後のさらなる展開が期待される分野である。

注
1) Gentrification：都市内部の衰退地区を再開発し，富裕層用の住宅などを建設することによって，地区の「高級化」をはかり，貧困層の退去，富裕層の流入を促す都市再活性化の方法。

文　献
石井久生（2003）：バスク自治州におけるバスク語人口の地域的動態とその諸要因．地学雑誌，112(1)：73-94．
今里悟之（2004）：景観テクスト論をめぐる英語圏の論争と今後の課題．地理学評論，77(4)：483-502．

大石太郎（2006）：カナダの英語圏都市におけるフランス語系住民の言語維持とフランス語系コミュニティの発展——ノヴァスコシア州ハリファックスの事例．地学雑誌，115（4）：431-447．
森正人（2009）：言葉と物——英語圏人文地理学における文化論的転回以後の展開．人文地理学，61（1）：1-22．
Alderman, D.H. (2008): Place, naming and the interpretation of cultural landscapes. *In* B. J. Graham and P. Howard eds., *The Ashgate Research Companion to Heritage and Identity*, Aldershot: Ashgate, 195-213.
Bourdieu, P. (1979): *La distinction: Critique sociale du jugement*, Paris: Éditions de Minuit.（ピエール・ブルデュー著，石井洋二郎訳（1990）：『ディスタンクシオン：社会的判断力批判』藤原書店．）
Cohen, S.B. and N. Kliot (1992): Place-names in Israel's ideological struggle over the administered territories. *Annals of Association of American Geographers*, 82: 653-680.
Duncan, J.S. (1990): *The City as Text: The Politics of Landscape Interpretation in the Kandyan Kingdom*. Cambridge: Cambridge Univ. Press.
Landry, R. and R.Y. Bourhis (1997): Linguistic landscape and ethnolinguistic vitality: An empirical study. *Journal of Language and Social Psychology*, 16: 23-49.
Leeman, J. and G. Modan (2010): Orders of indexical meaning in Washington, DC's Chinatown. *In* M. Guggenheim and O. Söderström eds., *Re-shaping Cities: How Global Mobility Transforms Architecture and Urban Form*, New York: Routledge, 167-188.
Lefebvre, H. (1974): *La production de l'espace*. Paris: Éditions Anthropos.（アンリ・ルフェーヴル著，斎藤日出治訳（2000）：『空間の生産』青木書店．）
Nash, C. (1999): Irish placenames: Post-colonial locations. *Transactions of the Institute of British Geographers*, 24: 457-80.
Paasi, A. (2001): Europe as a social process and discourse. *European Urban and Regional Studies*, 8: 7-28.
Rose-Redwood, R. (2008): From number to name: Symbolic capital, place of memory, and the politics of street renaming in New York City. *Social and Cultural Geography*, 27: 875-94.

column 落書きは語る

　街中でみかける落書き（Graffiti）も言語景観研究の重要な素材である。**写真1**は，スペイン・バスク地方のゲルニカで見かけた落書きであるが，「ゲルニカはスペインではない」と主張するこの落書きから何を読み解くことができるであろうか。

　この落書きは，スペインからの分離独立を主張するバスク・ナショナリズムによくみられるイデオロギーの表象であるといえる。ただしバスク地方では，英語で書かれた落書き自体きわめて珍しい。ナショナリズムを鼓舞するような落書きは，**写真2**のように現地の言葉で書かれる場合が多いのである。ゲルニカから10キロ

写真1　英語の落書き
（ゲルニカ）（2010年9月，筆者撮影）

写真2　バスク語の落書き
（ドゥランゴ）（2009年12月，筆者撮影）

ほど南のドゥランゴでみかけたこの落書きは，バスク語で「バスク語を話してバスク人のバスク地方を創造しよう」と書かれている。現地の言葉による内向きのメッセージは，ナショナリズムを鼓舞してエスニック・コミュニティへの帰属意識を高めるには非常に効果的な手段である。

　それでは英語で書かれたゲルニカの落書きは何を物語るのであろうか。ゲルニカは，バスク自治州ビスカヤ県の地方都市であり，バスク・ナショナリズムの強い土地柄だ。ゲルニカは，中世以来ビスカヤ最高評議会（第12章参照）の本部が置かれたことから，バスク・ナショナリズムの政治的シンボルとしての場所でもある。スペイン内戦時の1936年に，フランコ率いる国民戦線がナチスと手を組んでゲルニカを空爆したのは，人民戦線側の一大拠点であったバスクを叩くと同時に，バスク・ナショナリズムの政治的・精神的シンボルに打撃を与えるという意味もあった。爆撃の様子を描いたピカソの壁画により，ゲルニカの名がグローバルなレベルで有名になったのは周知のとおりである。そのような意味で，英語の落書きが外の世界を意識しているのは明らかである。この落書きは，ピカソの壁画に代表される世界平和へ向けたメッセージを発するグローバルな場所，バスク地方の政治的シンボルとしてのローカルな場所，このように多重的でハイブリッドな文脈におかれた場所としてのゲルニカを表象するメッセージと読み取ることができるのである。

　ちなみに，この落書きを書いたのはバスク人のはずである。なぜなら落書き中のGernikaという表記はバスク語であり，英語話者やスペイン語話者ならGuernicaと書くのが普通である。たかが落書きなれども，物語るところは奥深い。

（石井久生）

第4章
移民の適応戦略
―南北アメリカのエスニック社会の比較―

矢ケ﨑典隆

1 ジョーダンと前適応

　アメリカ合衆国の文化地理学者ジョーダン（Jordan, T. G., 1938-2003）は，ヨーロッパ系移民の植民や文化を中心的な課題として，精力的に研究を行ったことで知られる。初期にはテキサスにおけるドイツ系農民を研究し，さらにテキサスの墓地，北アメリカの丸太小屋へと歴史・文化地理学の研究を展開した。晩年には，アメリカ東部の森林地帯の開拓やアメリカ西部の放牧業の形成についても考察した。

　ジョーダンは，1989年に行ったアメリカ地理学会の会長講演「北アメリカ農村部における前適応とヨーロッパ系移民の植民」において，ヨーロッパ人の植民活動に関する従来の研究を展望するとともに，前適応の考え方を導入することによって，記述的な研究から論理的説明の可能な研究へ発展が期待できると論じた（Jordan, 1989）。以下にジョーダンの議論を要約してみよう。

　ヨーロッパ人による北アメリカへの移住と植民は，北アメリカの歴史・文化地理学の研究者にとって重要な研究課題であり，多数の研究が蓄積されてきた。そうした研究は記述的な7つの概念にまとめることができる。すなわち，地域に関する研究，伝播に関する研究，景観に関する研究，成功した最初の集落に関する研究，ヨーロッパ文化の単純化に関する研究，環境認知に関する研究，そして地表の改変者としての人間に関する研究である。

　このような地理学研究の蓄積によって，ヨーロッパから移住した人びとが北アメリカの農村部において経験したことを知ることができるようになった。し

かし，これらの研究は記述的であるため，どうしてそのような事象が起きたのか，また，どうしてそのような文化が展開したのかについて，十分に説明するものではない。たとえば，地域に関する研究は，地理的空間と特定の文化要素が関連していることを示すものでしかない。また，文化を説明する際に伝播の役割は過大に評価されてきた。たしかに文化的遺物としての景観を観察することによって特定の文化が移動したことは理解できるが，景観から移動を説明できるわけではない。ヨーロッパ文化の単純化，成功した最初の集落，環境の改変に関する研究の場合も，ヨーロッパ人による植民活動が行われた地域で実際に起こった現象は明らかになっても，その理由まで説明してはくれない。すなわち，地理的現象を説明するためには，モデルや概念を因果関係のメカニズムに関連付ける必要がある。もっとも，ヨーロッパ人の植民や集落を研究した研究者のなかには，因果関係を説明するモデルを提示した人びともいたが，彼らは環境決定論，経済決定論，文化決定論に陥った。

海外におけるヨーロッパ人の植民を研究するために，文化生態学の概念，特に適応の考え方を導入することが有効である。文化生態学では，文化を適応システムとして理解する。文化とは，自然や環境の変化に対して長期的な適応を可能にする，非遺伝的なものである。すなわち，北アメリカに移植されたヨーロッパ文化は植民活動を行うための適応戦略となり，それが新しい土地で利用可能かどうか実験された。

前適応(preadaptation)とは，もともと生物学の用語であるが，エスニック地理学では，人間社会が移住に先だって所有する特性の複合体であるとする。そして，人びとが移住する前にもっていた諸特性が，新しい環境のもとで植民活動を行うときに競争力となり，植民の成功や失敗を決定する。言い換えれば，特定の環境において植民に従事するために，あるヨーロッパの地域の文化は他の地域の文化よりも，より前適応していた。ヨーロッパから導入された文化が北アメリカで存続する可能性は，前適応の水準と連動していたといえるのである。

北アメリカにおけるヨーロッパ系移民の歴史・文化地理学の研究には7つの

記述的な概念が存在することを指摘したが，それらに前適応の考え方を適用すれば説得力が増大する。ヨーロッパ文化の単純化と伝播は，植民地域に適応の難しいヨーロッパ的文化特性を排除するプロセスであり，前適応していたといえる有利な特性のみが存続するプロセスにほかならない。北アメリカに定着した文化特性と消滅した文化特性をみれば，適応の実態を理解することができる。単純化は植民地で発生したが，適応の必要があったことがその根本的な理由であった。成功した最初の集落というのは，新しい環境への適応に成功した証である。そして後からやってきた人びとは，最初の成功例を見習った。文化景観は前適応能力をもったヨーロッパ的文化特性から構成されている。丸太小屋やペンシルヴェニアのドイツ様式の納屋がそうした事例である。文化地域は住民の適応力をまさに証明するものである。環境認知は人間が以前に経験した適応と深く関係するし，人間による環境の改変は適応戦略が成功した結果として生じた。

　前適応の成功例をあげてみよう。ヨーロッパの出身地と環境が類似した場所を選んで入植することによって，前適応した定住が成功した事例が存在する。グレートプレーンズに入植したロシア系ドイツ人や北部森林地帯に入植したフィンランド人は，文化と道具をそっくりそのまま北アメリカに導入し，わずかな調整を加えるだけで利用することができた。ゲルマン系を中心としたヨーロッパで普及していた作物や家畜はいずれも北アメリカの環境にうまく定着し，農業国家としてのアメリカ合衆国が形成される基盤となった。

　また，大西洋岸の中部植民地で発生し，アメリカ東部の森林地帯に広がった森林開拓文化の起源について研究した結果，1640年代からニュースウェーデンのデラウェアバレー植民地にやってきた農村出身のフィンランド人が，前適応した森林開拓方式を導入したことが明らかになった (Jordan and Kaups, 1989)。この森林開拓方式は，先住民の文化を取り入れることにより，アメリカの森林開拓文化の原型となった。こうして1660年代までにはデラウェア川の下流部に最初に成功した集落が形成された。後からやってきた多数のスコットランド系北アイルランド人がこの森林開拓方式を採用することによって，森林の開拓

が飛躍的に進んだ。また，イベリア半島で行われた低地と高地という2つの牧畜文化の伝統が，イベリア半島におけるそれぞれの生態的ニッチから南北アメリカにおける類似の環境のもとに導入され，成功をおさめた。これらの牧畜文化を導入したスペイン人は前適応していたわけである（Jordan, 1993）。

一方，前適応していなかったために開拓に失敗した人びともいた。南カリフォルニアのアナハイムに入植したドイツ人や，ユタに入植したスカンジナビア系のモルモン教徒がそうした例である。このような集団は前適応していなかったために，新たな適応戦略を模索するか，あるいは入植をあきらめざるをえなかった。以上がジョーダンの議論の要約である。

2　移民社会とホスト社会の考察

ジョーダンは，ヨーロッパ系移民が北アメリカの自然環境のもとで植民に従事するという枠組みにおいて，前適応の考え方を使用した。すなわち，ヨーロッパ系移民が持ち込んだヨーロッパ文化のなかには，新しい自然環境のもとで植民にあたる際に，適応戦略として有効なものとそうでないものがあった。同じ移民集団が異なる自然環境のもとで植民を行ったとすると，ある自然環境には前適応できていたために植民に成功し，他の自然環境には前適応できていなかったために植民に失敗した場合があった，というわけである。また，異なる移民集団が同じ自然環境に入植した場合に，ある集団は前適応できていたために植民に成功し，他の集団は前適応できていなかったために植民に失敗した。すなわち，ある地域の自然環境のもとで植民活動を行う場合に，ヨーロッパ系移民が本国からアメリカに持ち込んだ文化が適応戦略として有効に機能するかどうかがポイントとなるわけである。

もちろん北アメリカには先住民が住んでいたが，ヨーロッパ系移民と先住民との接触の当然の帰結として，病気が大流行し，先住民人口は大幅に減少した。先住民がほとんど消滅してしまった後の，より原始的な環境に近い条件の下でヨーロッパ系移民による植民が行われたわけである。つまり，ジョーダンは，ヨーロッパ文化と北アメリカの自然環境という枠組みにおいて前適応の考え方

の有効性を論じた。

　ジョーダンが提唱する前適応の考え方は，アジア系移民，南・東ヨーロッパ系移民，そしてラテンアメリカ系移民などのように，19世紀後半以降に流入した新移民がアメリカ社会に適応するプロセスを説明するためにも適用することができる。彼らは，先着のヨーロッパ系移民とその子孫によって形成されていたアメリカのホスト社会において，居住空間を確保し，生存のための経済的基盤を確立しなければならなかった。すなわち，ジョーダンが議論した北アメリカの自然環境をアメリカというホスト社会に置き換えることによって，新着の移民集団がホスト社会に適応するプロセスを検討するために，前適応の考え方を適用することができる（矢ケ﨑，2004）。

　19世紀末からカリフォルニアに流入した日系移民は，1941年12月の日米戦争の勃発までには，ホスト社会から制度的圧力や非制度的圧力を受けながらも，特に集約的農業において成功をおさめた（矢ケ﨑，1993）。彼らは生活空間と経済基盤を確立するためにさまざまな適応戦略を用いたが，それらは民族組織，就業選択，居住空間に分類される（矢ケ﨑，2003）。そうした適応戦略の基盤となったのは，日本から持ち込まれた文化であった。農業生産者によって構成された農業協同組合（日本での呼称に習って産業組合とよばれた），花卉や蔬菜類の集約的栽培，非制度的な金融組織としての頼母子講（参加者が定期的に集まって一定の掛け金を出し，互いに融通しあう庶民の互助組織）などは，日系移民社会の発展を促した適応戦略の例であり，それらは日本から導入された文化を基盤とした。もっとも，ローカルホスト社会の状況を反映して，また，より広域なホスト社会の特徴を反映して，適応戦略の選択と適用および移民社会の特徴は地域によって異なっていた。日本から持ち込まれた文化が適応戦略として有効に機能するかどうかは，ホスト社会の特徴によって異なっていた（Yagasaki, 1995）。

　新移民がアメリカ社会に適応する過程を研究することは，ジョーダンが提示した自然環境とヨーロッパ移民の研究よりも複雑である。ホスト社会はそれぞれの移民集団に対して一様ではない圧力を加える。すなわち，ホスト社会の社会環境はそれぞれの移民集団にとって均一ではない。したがって，それぞれの

移民集団に対してどのような社会環境が形成されたのかという，ホスト社会の動向を詳細に検討する必要がある。

3 南北アメリカの比較研究の枠組み

　南北アメリカにおける日系社会を比較してみよう。文化地理学の観点からみると，ヨーロッパ人の移住と植民の結果，南北アメリカには北西ヨーロッパ系小農経済文化地域，プランテーション経済文化地域，イベリア系牧畜経済文化地域が形成された。これらを基盤としてホスト社会が形成され，19世紀末から流入した新移民を受け入れた。アメリカ合衆国は，北西ヨーロッパ系小農経済文化地域を基盤とした社会であり，ブラジルはプランテーション経済文化地域とイベリア系牧畜経済文化地域を基盤とした社会であった（矢ケ﨑，2008）。

　アメリカ合衆国のカリフォルニアとブラジルのサンパウロには，第二次世界大戦前に多数の日系移民が流入し，集約的農業を基盤とした日系移民社会を形成した。戦前のカリフォルニアでは，日系移民が設立・運営した日系農業協同組合が，日系農業地域において経済的にも社会的文化的にも重要な役割を演じた。このエスニック組織は日系移民が採用した適応戦略のひとつであった。しかし，第二次世界大戦後，日系農業協同組合のほとんどが消滅し，農業に復帰した日系農業生産者は白人系の農業協同組合に吸収された。一方，第二次世界大戦前のサンパウロでは，日系移民はコーヒー農園における契約農業労働の時代を経て，奥地に農地を獲得して集団的な入植事業を行ったり，サンパウロ市の近郊で集約的野菜栽培に従事した。奥地開発においても大都市近郊においても，共同購入や共同出荷などの経済的目的のために，また日系社会の維持のために，日系農業協同組合が重要な役割を演じた。第二次世界大戦後も日系農業協同組合は存続したが，コチア産業組合のような有力な組織には非日系人も多数加入して大規模化し，ブラジルの農業発展に重要な役割を果たした。すなわち，戦前のエスニックな農業協同組合はブラジル的組織へと変化・発展したわけである。

　カリフォルニアとサンパウロに流入した日系移民は前適応しており，彼らが

採用した適応戦略のひとつが農業協同組合の導入であった。適応戦略の成功によって集約的農業を基盤とした日系社会が形成されたが，両地域における展開には著しい地域差が存在したことに注目する必要がある。これは，日系移民と農業協同組合を受け入れた2つのホスト社会の構造の差異に起因する。カリフォルニアはもともとイベリア系牧畜経済文化地域に属していたが，日系移民が流入し始め19世紀末には，北西ヨーロッパ系小農経済文化地域への地域変化を達成していた。一方，サンパウロはイベリア系牧畜経済文化地域とプランテーション経済文化地域に属していた。南北アメリカの異なるホスト社会が日系移民を受け入れ，その結果，異なる日系社会が展開したわけである。

　サンパウロに流入した日系移民は，小規模農場における野菜・果物の集約的栽培に経済的ニッチをみつけ，ブラジル人と競合することなく経済的基盤を築くことができた。この過程で採用された適応戦略である日系農業協同組合は，粗放的牧畜とプランテーションが支配的であったブラジルでは未発達の方式であったため，戦前の農業発展において日系人は中心的な役割を演じることが可能であった。一方，アメリカ合衆国には北西ヨーロッパから小農民の伝統が導入され，小規模家族農場から構成される農業地域では農業協同組合の活動が活発であった。すなわち，北西ヨーロッパ系小農経済文化地域では，農業形態においても農業協同組合の組織においても，日系移民はアメリカ人と競合せざるを得なかった。第二次世界大戦前の日系移民は，アメリカ人が組織した農業協同組合から排除されたため，自己防衛と相互扶助を目的として日本人のみの農業協同組合を組織した。しかし，戦後，アメリカ社会が人種民族の多様性に寛容になると，日系農業協同組合の存在理由が薄れた。このようなホスト社会の変化がカリフォルニアにおける日系エスニック組織の衰退をもたらす要因となった。

　以上は，移民の前適応と適応戦略に着目した比較研究の一例である。このような研究の枠組みを用いることによって，南北アメリカのエスニック社会とホスト社会の動態を地域に即して理解することが可能である。

文　献

矢ケ﨑典隆 (1993):『移民農業―カリフォルニアの日本人移民社会―』古今書院.
矢ケ﨑典隆 (2003): カリフォルニアにおける日系移民の適応戦略と居住空間. 歴史地理学, 45 (1): 57-71.
矢ケ﨑典隆 (2004): 移民現象の地理学的研究における「前適応」概念の適用. 東京学芸大学紀要第3部門社会科学, 55: 49-53.
矢ケ﨑典隆 (2008): 南北アメリカ研究と文化地理学―3つの経済文化地域の設定と地域変化に関する試論. 地理空間, 1 (1): 1-31.
Jordan, T. G. (1989): Preadaptation and European colonization in rural North America. *Annals of the Association of American Geographers*, 79: 489-500.
Jordan, T. G. (1993): *North American cattle ranching frontiers: Origins, diffusion, and differentiation*. Albuquerque: University of New Mexico Press.
Jordan, T. G. and Kaups, M. (1989): *The American backwoods frontier: An ethnic and ecological interpretation*. Baltimore: Johns Hopkins University Press.
Yagasaki, N. (1995): Ethnic agricultural cooperatives as adaptive strategies in Japanese overseas communities: Diffusion, development and adaptation in contextual perspective. *Geographical Review of Japan*, 68B: 119-136.

column 移民の銀行
―サンフランシスコの日本人とイタリア人の場合―

　アメリカ合衆国に渡った移民は経済的な問題に直面した。ひとつは，独立して事業を始めようとした場合に，資金をどのようにして調達するかという問題である。もうひとつは，本国へ安全に送金するための手段の確保である。このような問題を解決するために，移民は自ら銀行を開設した。

　サンフランシスコの日本人の場合，日本の外国為替銀行として設立された横浜正金銀行が同市に支店を置き，これが日本への送金業務を担った。しかし，この銀行は日本人に事業資金を提供することはほとんどなかった。そこで，20世紀初頭に日本人によって銀行が相次いで設立された。日米銀行，日本銀行，金門銀行，帝国銀行である。しかし，これらの銀行はいずれも不況の影響を受けて倒産した。結局，日本人が頼りにしたのは，頼母子講や無尽とよばれた日本の伝統的な庶民金融の方法であり，これが適応戦略としてうまく機能した。

　サンフランシスコのイタリア人も同じ頃に銀行を設立した。イタリアへの送金がこれらの銀行の重要な業務であった。イタリア系銀行のなかで最も成功したのは，著名な銀行家ジアニーニ (Giannini, A. P.) のイタリア銀行 (Bank of Italy) である。1906年にサンフランシスコ大地震が起きて都心部が火災で壊滅すると，ジアニーニはすぐに郊外に仮店舗を開設して銀行業務を再開し，経済界で信用を確立した。また，集約的農業が発展しつつあった農業地域に支店網を開設し，資金を有効に移動させながら農業生産者に融資を行うという新しい形態の銀行業務を展開した。イタリア銀行はカリフォルニアの農業発展とともに成長し，今日のアメリカ銀行 (Bank of America) となった。

（矢ケ﨑典隆）

第5章
移民集団のセグリゲーションとエスニシティ変容

杉浦　直

　移民集団は，移住地で新たな集団的性格を生成するが，その後も居住時間の経過や世代の交代とともにその文化的・社会的性格を大きく変化させる。その過程は，エスニシティの生成・変容過程として基本的に社会学者や文化人類学者の研究対象となってきたが，そこに必然的に地理的・空間的次元が絡むため，地理学者もまた強い関心を示してきた。移民集団が示すエスニシティは，集団のメンバーがホスト社会のマジョリティや他の移民集団のメンバーと居住地において相互接触するなかで生成し変容するので，そこに絡む空間的次元として最も重要な属性は，どの程度他の集団のメンバーと混合して，あるいは分離して居住しているかということである。この問題は，「エスニック集団による居住のセグリゲーション（ethnic residential segregation）」（以下，セグリゲーション）として定式化され，特に都市地域におけるそれが都市社会学者と都市地理学者の共通の興味の対象となってきた。セグリゲーションについてはすでにきわめて多くの理論的・実証的研究があるが，近年アメリカ合衆国の地理学界において再検討の機運が高まってきているように思われる。本章は，それらの議論のいくつかを紹介しつつ，移民集団のエスニシティ変容においてセグリゲーションのもつ意味を再考しようとした研究メモである。

1　セグリゲーションとは ―その意味，要因，影響―

　居住のセグリゲーションは，人びとが集団的にどのように住み分けているかという問題であるので，"完全な"住み分けから"完全な"混合居住までその程

度が問題となる。しかし，どの集団がどの程度住み分けているかは，どの空間スケールで測定するかということによって異なってくる。すなわち，単位地域が大きければ測定されるセグリゲーションの程度は低くなり，小さくすればするほど多くの集団がセグリゲートされていることになる。このようにセグリゲーションは空間スケールに依存する現象であり，スケールの議論を絡めてはじめてその意味を語ることができる。アメリカ合衆国の都市におけるセグリゲーション測定の議論は，センサスの調査区のレベルで問題とされることが多いが，これは街区（ブロック）のレベルや建物レベルでの実質的な住み分けを覆い隠す結果となることにも留意しなければならない（Allen and Turner, 1995）。

　次に考えなければならない問題は，セグリゲーションのもつ空間的な内容である。セグリゲーション研究に携わる地理学者たちは，その程度を測定し，その経年的な変化を追究することに傾倒して，その複雑な意味を切り捨ててしまうことが多い。この点，セグリゲーション現象のもつ次元を問題としたマッセイ（Massey, D.S.）とデントン（Denton, N.A.）の議論は注目に値する（Massey and Denton, 1988）。彼らによれば，エスニック集団はさまざまな様式において相互に分離して居住するのであり，そこにセグリゲーションという現象を構成する次元を論ずることが可能になる。マイノリティの成員は，ある地域において平均より比率が高く，別の地域で平均より比率が低くなるような様式で分布するかもしれないが，これが均等性（evenness）の次元である。また，彼らはマジョリティの成員とネイバーフッドをあまり共有しないために，後者に対しての露出（接触）が限定される様式で分布するかもしれない。彼らは，マジョリティのメンバーより物理的に少ない空間しか占拠せず，ひとつの非常に狭い地域に空間的に集中（concentrated）するかもしれない。彼らは，都市の中心部（urban core）の周辺に集積し，マジョリティより中心的な立地を占めて空間的に中心化（centralized）するかもしれない。また，マイノリティが定住するエリアは，ひとつの大きな連続的領域を形成するよう密に集塊するかもしれないし，また都市地域中に広く分散するかもしれない。このようにマッセイらは，マイノリティ成員の居住分布における上述の様式，すなわち均等性（evenness），露出

(exposure)，集中 (concentration)，中心化 (centralization)，集塊性 (clustering) の5つをセグリゲーションの次元として区別し，それぞれは異なる指標でもって測定されなければならないと主張したのである。

　何故，このようなエスニック集団による居住のセグリゲーションが生ずるのであろうか。もとよりセグリゲーションは，個人の居住地の選択傾向や社会構造の制約が複雑に絡む現象であり，単純に1，2の要因に帰結することはできない。ジェイクブス (Jakubs, J. F.) は，アメリカの大都市圏におけるセグリゲーションの動向を論じた論文 (Jakubs, 1986) の序文において，セグリゲーションを引き起こす要因は初期の制度的なものを除けば間接的で微妙なもので，それらは，①差別的な機関，特に住宅市場における不動産業者，金融機関，政府，②特定の「人種」的構成をもつネイバーフッドへの好み，③特に「黒人」を低コスト住宅地域に集中させる経済的階層の差異，④特定の住居，ネイバーフッド，立地特性の好みの「人種」的違いに導く社会的階層，などが含まれることを指摘した。その後もこの問題に関して多くの議論があったが，それらは概して3つの説明様式，「社会経済的モデル」「選好モデル」「差別（レイシズム）モデル」のどれかに分類されるとみられる (Boswell et al., 1998, 参照)。これらのうち，最近ではクラーク (Clark, W.A.V.) がレイシズムのみを強調する考えは明らかに単純すぎるとして都市構造における分離をつくり出す個人や集団の居住地の好みの重要さを再強調している (Clark, 2002) ことにみられるように，選好モデルが有力になってきているように思える。しかし，トルドー (Trudeau, D.) がバッファロで行った詳細な聞き取り調査の結果では，住宅の選択，居住地移動の選択は社会関係に埋め込まれており，また過去のセグリゲーションと差別の遺産が人びとの現在の住宅選択に影響していることが明らかになった (Trudeau, 2006)。また近年，チュン (Chung, S.-Y.) らが同化，成層化（階層分化），再帰エスニシティ（エスニックな好みの復活），市場主導多元主義（住宅市場関係者の多元的な力）の4つの主要なセグリゲーションの説明枠組みがあることを指摘し，コロンバス大都市圏において検証した結果，成層化仮説を除いてそれぞれにある程度の支持証拠が得られたという (Chung and Brown, 2007)。このようにいずれ

の要因や説明も単独では説明力が低いことは明らかであり，またそれらは相互に独立したものではなく，現実においては密接に絡み合って弁証法的に進展しひとつの大きな歴史的・空間的プロセスを構成すると見るべきであろう。

しかし次の問題は，こうした居住のセグリゲーションの形成と維持という空間的プロセスが，どのようなメカニズムでエスニシティの生成，維持・強化，あるいは再生産につながるのかという点である（以下，杉浦，1999：28）。この点に関し明確に指摘した文献はあまりないように思われるが，管見の限りではジェイクブスのアメリカの経験を整理した論文（Jakubs, 1986：146-147）が明らかにこの問題に一定の照射を当てている。すなわち彼は，①セグリゲーションの継続がエスニック集団ないし「人種」集団間の相互接触の機会を減少させ，同化理論に代わり得るべきものとしての多元主義を出現させたこと，②セグリゲーションは，機会の平等，すなわち公的，私的な良好なサービスへの（平等な）アクセシビリティ，犯罪が少なく過密の度の低い質の高い居住地区へのアクセシビリティ，現在および未来における雇用機会へのアクセシビリティなどと矛盾すること，③セグリゲーションのパターンは住宅価格の「人種」別差異とリンクし，また公立学校における「人種」間の平等の達成を抑制することなどを指摘した。ジェイクブスは必ずしもこれらをエスニシティの維持，再生産の要因として位置づけたわけではないが，こうした（主として空間的な）条件の継続と共有が，セグリゲートされた集団にとってその内部の結合を促進し，自らのエスニックな背景と特性についての意識と自覚，すなわちエスニック・アイデンティティを高揚させ，またそれを再生産していくメカニズムの一部となってきたことは，十分想定される。

2　脱セグリゲーションと空間的同化モデル

セグリゲーションに関係する上述の問題は，セグリゲーションそれ自体の要因や影響を探るという姿勢より，脱セグリゲーションを含めてより大きな都市居住地域構造の展開の文脈において検討する方がより深い認識をもたらすように思われる。この点に関し，マッセイが，シカゴ学派社会学に基づきつつ，よ

り正確に定式化されたひとつの近代的理論を提示することを試みた (Massey, 1985) ことがまず注目される。ここでやや単純化して彼の理論を要約すると，次のようになる。19世紀後半からの産業拡大時期に東欧や南欧から到着した初期の移民たちは貧しく鉄道通勤もできないため，仕事場に近い都市内の一定地域，特に都心業務地区の周辺に居住せざるをえない。一定の集住地域が形成されると，そこにある種の制度化が生じ，連鎖的な移住と相俟って引き続く移民人口を吸引する。しかし，ホスト社会住民との構造的および文化的距離があるため，もとからの住民は大量の移民定住に耐えられずより郊外のより良好な住宅地に脱出する。すなわち，住民の交代（サクセッション，succession）が起こる。このサクセッションとその他の集中のメカニズムによってセグリゲーションが生まれ強化されるのである。しかし，発展した都市社会においてはそれに対抗する力，すなわち居住分散のプロセスが働く。分散を可能にする要因は，ホスト社会住民との接触による文化変容 (acculturation)，すなわち教育・メディアなどによるホスト社会の言語や価値観，マナーの習得，および社会的に上昇しようとするモビリティである。こうして，居住分離への圧力が減じ移民人口の居住の分散，すなわち脱セグリゲーションが始まる。この過程をマッセイは空間的同化とよび，この空間的同化と居住地域の交代（サクセッション）のバランスがある時点での移民人口の居住パターン，すなわちセグリゲーションの程度を決定するとした。

　このマッセイのモデルはシカゴ学派社会学の理論を直接引き継いでいる議論ではあるが，十分に地理学的でもあるのでその後アメリカの地理学者たちがセグリゲーションや脱セグリゲーションを論ずるとき，もっとも基礎的な理論として引用されることが多い。そのなかで，アレン (Allen, J. P.) とターナー (Turner, E.) は，マッセイの議論のうち特に空間的同化の部分（これを都市空間的同化モデル urban spatial assimilation model とよぶ）に焦点をあて，それに，①居住分散後も諸組織や必要なサービスがもとのエスニック集中域に残るため，そこへのアクセスがほとんどの移民集団にとって重要なものであり続けること，②エスニック人口がすでに分散した後では，多くの新しく到着する移民は集中地域に

は定住せず，直接友人や親類のいる居住地域に向かう，という2つの修正を付け加えた (Allen and Turner, 1996)。そして，南カリフォルニアの5つの郡（カウンティ）における PUMS (Public Use Microdata Sample) のデータを使用して検証した結果，マッセイの議論の基本とこれらの修正が有効であると結論している。

　この空間的同化モデルは，マッセイにしてもアレン/ターナーにしても，基本的に居住の分散と文化的，社会的，さらには経済的同化とが結びついているということを前提にしている。しかし，こうしたシカゴ学派からの延長線上にある議論の前提が，20世紀後半以降の現代アメリカのエスニック集団の居住状況の説明に十分有効であるかどうかについてはさまざまな議論がある。そのなかで，あらたなモデル概念を提出したことで注目されるのは，ゼリンスキー (Zelinsky, W.) とリー (Lee, B.A.) の論考 (Zelinsky and Lee, 1998) であろう。ここで，彼らは近年の北アメリカにおける移民集団やマイノリティ集団の社会空間的行動を説明するためには従来からの同化論や多元論の適用のみでは不十分であるとし，「ヘテロローカリズム」と名付けた新たなモデルを提案した。彼らによれば，近年の移民集団は流入後ただちに，あるいは急速に居住を分散させる。そのとき，住居と働く場所，買い物の場所，社会的活動の場所とは分離されているが，エスニック・コミュニティとしての結合は失われず，さまざまな通信や移動手段によってメトロポリタン，リージョナル，ナショナルなスケールで（ときにインターナショナルなスケールにおいてさえも）それが保たれているという。この状況が「ヘテロローカル」な状況である。こうした現象は，早い段階においていくつかの部分的現れを探すことはできても，そのフルな展開は20世紀後半の社会経済的，技術的条件下でのみ可能であった。こうした彼らの議論は，モデルとよぶには論理的構成と予測力を欠いているが，近年の移民集団の社会空間的状況を描写するとき有効な視点というべきであろう。このようなヘテロローカルな状況下で，移民集団がどのような居住パターンとセグリゲーションを示すのか，またそれがエスニシティの生産とその変容にどのように結びつくのかが，実証的研究においてさらに検証されなければならない。

　そうした状況下で，エスニック・マイノリティが居住・活動するひとつの空

間的形態として注目されるのがエスノバーブの議論である。この議論はリ（Li, W.）がロサンゼルス大都市圏の中国系人の居住と経済を論じた学位論文（未出版）（Li, 1997）のなかで提唱したもので，大都市圏内における居住とビジネスの郊外集積として認識されている（以下，Li, 1998）。エスノバーブはエスニックな集中居住地域ではあるが，基本的に多元的な（マルチエスニックな）コミュニティで，当該集団がそこでマジョリティを占めるとは限らない。また，その形成は近年のグローバルな地政的・経済的な再編，国家の移民・貿易政策の変化およびローカルな人口学的，経済的，政治的文脈の下で進行した。そこでは経済の国際化が進むと同時に，エスニックな住民の需要に対応したサービス活動も行われる。このような形態は一種のセグリゲーションではあるが，明らかに旧来のセグリゲーション過程による都市中心部のゲットーとは特性も生成要因も質的に異なり，新たな現象として注目していく必要がある。また，こうした形態は上述のヘテロローカリズムの議論とも重なってくる現象であるが，両者を結びつけて統合的にセグリゲーションとエスニシティ生成・変容の新たな展開を理解しようとする試みはまだ十分ではないように思われる。

　以上，本章では移民集団のエスニシティ生成・変容に関わる最も枢要な空間的次元である居住のセグリゲーションに焦点をあて，近年のアメリカ合衆国におけるいくつかの地理学的論議，特にその新しい側面に関するものを紹介・検討した。セグリゲーションはアメリカのエスニック地理的状況において依然として最重要な次元のひとつであり，その動態と意義には引き続き着目していく必要がある。

　注
1) マッセイ理論からアレン／ターナーを経て「ヘテロローカリズム」にいたる議論の流れに関しては，拙著においてもやや詳しく紹介した（杉浦, 2011：63-65）。

文 献

杉浦　直 (1999)：エスニシティの本質と空間的次元——概念的検討覚え書き．アルテス・リベラレス（岩手大学人文社会科学部紀要），65: 17-34.

Allen, J. P. and E. Turner (1995): Ethnic differentiation by blocks within Census tracts. *Urban Geography*, 16 (4): 344-364.

Allen, J.P. and E. Turner (1996): Spatial patterns of immigrant assimilation. *Professional Geographer*, 48 (2): 140-155.

Boswell, T.D., A.D. Cruz-Báez, and P. Zijlstra (1998): Housing preferences and attitudes of Blacks toward housing discrimination in Metropolitan Miami. *Urban Geography*, 19 (3): 189-210.

Clark, W.A.V. (2002): Ethnic preferences and ethnic perceptions in multi-ethnic settings. *Urban Geography*, 23 (3): 237-256.

Chung, S.-Y. and L.A. Brown (2007): Racial/ethnic residential sorting in spatial context: testing the explanatory frameworks. *Urban Geography*, 28 (4): 312-339.

Jakubs, J.F. (1986): Recent racial segregation in U.S. SMSAs. *Urban Geography*, 7: 146-163.

Li, W. (1997): Spatial Transformation of an Urban Ethnic Community from Chinatown to Chinese Ethnoburb in Los Angeles. PhD Dissertation, Univ. of Southern California (unpublished).

Li, W. (1998): Los Angeles's Chinese ethnoburb: from ethnic service center to global economy outpost. *Urban Geography*, 19 (6): 502-517.

Massey, D.S. (1985): Ethnic residential segregation: a theoretical synthesis and empirical review. *Sociology and Social Research*, 69 (3): 315-350.

Massey, D.S. and N.A. Denton (1988): The dimensions of residential segregation. *Social Forces*, 67 (1): 281-315.

Trudeau, D. (2006): The persistence of segregation in Buffalo, New York: Comer vs. Cisneros and geographies of relocation decisions among low-income Black households. *Urban Geography*, 27 (1): 20-44.

Zelinsky, W. and B.A. Lee (1998): Heterolocalism: an alternative model of the sociospatial behavior of immigrant ethnic communities. *International Journal of Population Geography*, 4: 281-298.

column エスニックタウンの魅力

　セグリゲーションの結果生ずるエスニックな特性をもった都市の部分空間の特性や形成過程を検討することは，地理学の重要な課題であろう。こうした地区の一部には，その集団のエスニシティを背景とした商業施設やコミュニティ施設が立ち並び，盛り場化していることがよく見られる。こうした空間を一般的に何と言ってよいかはあまり自明ではないが，日本の地理学界では「エスニックタウン」という名称が定着しつつあるように思われる。しかし，一般には，当該エスニック集団あるいはその故国の名を冠したチャイナタウン，ジャパンタウン，イタリアンタウンなどがよく使われる。ジャパンタウンは日本人街，日本町などともよばれ，アメリカ日系人は Nihonmachi という語をそのまま英語としても使う。移民の故国の首都や主要な都市に「小さい (little)」をつける言い方もよく耳にする。ロサンゼルスのリトルトーキョーは日本人によく知られている。近年アメリカ西海岸の主要都市に目立ち始めたベトナム系の商業地区はリトルサイゴンとよばれることが多い。シアトルのベトナム系商業地区はダウンタウンの南東縁，いわゆるインターナショナル地区の東部を占めるが，この地区は1980年代後半からベトナム（華人系ベトナム）系の商業ビルがいくつか建設され，急速にベトナムタウン的な様相を呈し始めたところである。最初特に名称はなかったが，1995年ごろから「リトルサイゴン」という呼び名が使われ始め，やがて公式の文書などでも使われるようになった。

　筆者はアメリカのエスニックタウンをよく訪問する。そのとき何と言っても楽しみなのは，多彩なエスニック料理を賞味できることである。上記シアトルのリトルサイゴンでは，行く度に必ず何回かベトナムの米うどん（フォー）を食する。日本町では，もちろん日本食がある。エスニックタウンの景観そのものも楽しい。サンノゼ日本町では，日本的なテーマを染め抜いた大きな旗（バナー）が街中を飾り，その中心部では近年のプロジェクトによる多くの記念碑やランドマークが立ち並ぶ。もちろん，こうした現状の背景に多かれ少なかれその集団の苦難の歴史があることを忘れてはならないが，読者諸氏にはまず気軽にエスニックタウンを訪問し，その魅力を味わってほしい。

（杉浦　直）

第6章
集住するエスニック集団
——エスニック・エンクレイブの形成・拡大

大島規江

1 はじめに

　グローバリゼーションの進展とともに母国を離れて暮らす人びとの数は増加の一途をたどっており，それらの人びとは時としてエスニック・エンクレイブを形成する。「エンクレイブ (enclave)」とは「ホスト社会からみて異質な人びとの居住地」のことである。適当な日本語訳は出されておらず，エンクレイブとカタカナで表記される。類似用語として，「コンセントレイテッド・エリア (concentrated area)」，「セグリゲイテッド・エリア (segregated area)」，「ゲットー (ghetto)」などがある。「コンセントレイテッド・エリア」は，特定のエスニック集団が自発的に集住する傾向にある地区を意味する。たとえば，日本人駐在員が子どもの通学先や勤務先への近接性，そして居住地区の安全性を考慮して居住地を選択した結果として形成された集住地区である。「セグリゲイテッド・エリア」は，特定のエスニック集団が非自発的に集住する傾向にある地区を意味する。たとえば，2005年にアメリカ合衆国のメキシコ湾岸を襲ったハリケーン・カトリーナは，港湾都市ニューオーリンズのなかでも，蛇行するミシシッピー川沿いの低地に甚大な被害を与えた。河川沿いの低地に居住していたのは，ほかに居住地を求めることが難しい低所得者層で，なかでもやっと手に入れたマイホームを失った黒人のインタビューが連日報道されたことは記憶に新しい。「ゲットー」は，元来，約束の地イスラエルを追われてさまざまな土地に居住せざるをえないディアスポラ（離散の意。転じて帰還の意志をもつ避難民をさす）であるユダヤ人に与えられた強制的居住地である。民主主義社会では，強制的居

住地は見られないため，現在では経済的理由などにより他所に居住地を求めることがきわめて困難な人びとの集住地区をさす。集住の度合いが「セグリゲイテッド・エリア」よりも高い時に用いられる。

　「エンクレイブ」に最もニュアンスの近い日本語は「集住地区」である。しかしながら，第5章で杉浦が指摘するように，集住の程度は空間スケールに依存するためにスケール次第でその集住現象の意味するところ，あるいは集住地区を形成する要因が異なる。「エンクレイブ」という用語がホスト社会のなかに塊状に形成された自発的集住地を最も想像しやすいため，本稿では「エンクレイブ」を用いる。

　エスニック研究は社会学や人類学から始まったが，1960年代当初，社会学者や人類学者は人種あるいはエスニシティがイデオロギーや社会階級と同様に社会を読み解く重要なキーワードとなることを予見した（Glazer and Moynihan, 1963）。一般にエスニシティとは，エスニック集団が表出する性格の総体と理解されているが，エスニシティという概念は本質的に重層的構造をとっていることと，集団または個人レベルにおいて大きな差異がみられることに注意する必要がある。地理学もまたエスニシティに対して注意を払ってきた。エスニシティに関連する古典的研究はバージェス（Burgess, E.）の同心円モデルやホイト（Hoyt, H.）の扇形モデルなどであり，地理学者たちは都市構造として異なる人びとの居住傾向を理解しようとした。1960年代以降のコンピューターの発達は計量的手法による分析を後押しし，セグリゲーションに関する数多くの研究，そしてセグリゲーションの測定方法に関する研究の蓄積を促した。ボール，F.W.（Boal, 1976），ロビンソン，V.とスミス，S.J.（Robinson and Smith eds., 1981），グルーベ，G.とオローリン，J.（Glebe and O'Loughlin eds., 1986）の研究などはこうした研究の集大成である。

　一般に，人びとの特定集団への帰属意識は，工業化・近代化の過程で衰退すると考えられていた。しかしながら，人種・民族に基づく「我々意識」（we-feeling, we-consciousness）[1]は政治・経済をも左右する強大な力を持ち得るという事実がしだいに明確になり，この点が広く議論されている。冷戦の終焉によっ

て，アメリカ合衆国においてはイスラム教が共産主義に取って代わる脅威として警戒されるに至り，「文明の衝突」論までもが持ち出された (Huntington, 1996)。ハンチントン，S.P. が描き出した「オリエント」対「オチデント」という構図は，1989 年の社会主義国家の崩壊・解体によって「社会主義」対「資本主義」という対立構図に取って代わる解りやすい図であった。「オリエント (イスラム教圏/徒)」対「オチデント (キリスト教圏/徒)」という構図は，エスニック集団を個人としてではなく異質な集団として認識する傾向にあり，異質に対する不安感・恐怖感が高揚した結果，ヘイト・クライム (憎悪犯罪) が発生することすらある。ヨーロッパにおいても 2001 年の 9.11 同時多発テロ以降，イスラム系住民に対する偏見・嫌悪が助長される傾向にある。こうした社会的背景の影響を受けて，1990 年代以降のエスニック研究は今までにない隆盛を誇っている。

2　エスニック・エンクレイブに関する研究

　エスニック・エンクレイブが形成される場所は，村落よりも都市，とりわけ大都市内部に点在する傾向にある。エスニック・エンクレイブに関する研究は，下記の 4 つのテーマに収斂されよう。①人口的側面 (社会的人口動態および自然的人口動態)，②空間的側面 (セグリゲーション・パターン)，③政治・経済的側面 (政治・経済的地位)，④文化的側面 (文化・アイデンティティの継承あるいは同化) である。

　第 1 部第 1 章で山下が説明するエスニック社会の人文地理学的な視点のうち，空間的視点は②の空間的側面，生態的視点は③の政治・経済的側面，景観的視点は④の文化的側面を分析する際に重要であるほか，それぞれの分析に①の人口的側面が密接に関わっている。

　ヨーロッパ諸国におけるエスニック集団に対する最大の関心事は，彼らにマジョリティと同様の権利を付与するか否かという政治的問題と絡んでいる。福祉の充実するヨーロッパ諸国における都市においては，社会住宅 (日本でいう市営/県営住宅に相当する) への入居に関する権利・条件・制度的差別が議論されている。たとえば，ドーメルニク，J. (Doomernik, 1995) はドイツとオランダの

政治文化に焦点を当てながらトルコ系住民に対する制度的差異を明らかにしたのに対して、ファイスト、T. とホイサーマン、H.（Faist and Häußermann, 1996）はドイツの住宅供給制度に着目しながら移民の社会的権利を論じ、移民のホスト社会における法的地位によって社会的権利と福祉へのアクセスが異なることを検証した。

　政治的問題と同様にホスト社会の高い関心を集めているもうひとつの事象は、労働移民として来欧しながら定住化した人びとの経済状況である。ヨーロッパ諸国で出生し、各国の教育を受けた二世・三世たちであるが、マジョリティに比して高い失業率を示しており、労働市場における移民の統合・同化がうまく進んでいるとは言い難い。レッサーゲ、R. とスルキン、J. (Lesthaeghe and Surkyn, 1995) は、ベルギーにおけるトルコ系とモロッコ系女性の社会進出が異なることを明らかにし、第一世代と第二世代という世代間の差、および第二世代と呼び寄せ花嫁の間の大きな差を指摘した。ヒルマン、F. とクリングス、T. (Hillmann and Krings, 1996) はイタリアにおける非正規なルートを介した発展途上国からのコンスタントな移民流入に言及し、それらの移民がインフォーマルな労働市場で働かざるをえない現実を描き出すとともに、統合以前の問題を指摘した。

　労働市場における移民の不統合は、彼らに出自を強く認識させるきっかけとなり、結果としてアイデンティティの模索、マイノリティ・コミュニティの強化を促すという報告が多数提出されている。たとえば、ドーメルニク (Doomernik, 1997) は、ソビエト連邦からベルリンへのユダヤ人移民の移住理由には積極的動機と保守的動機の2つがあることを指摘し、ユダヤ人移民の移住動機は彼らのソビエト連邦での社会的地位と関わること、新たな生活に対する期待感、ホスト社会への適応戦略が異なると論じた。ホスト社会への適応は、従前の居住地における社会的地位よりも、一般的には世代間ギャップが大きいことが指摘されており、ストレイフ-フェナルト、J. (Streiff-Fénart, 1999) はフランスにおける北アフリカ系住民のエスニック・アイデンティティに明らかな世代間のギャップを見出した。第一世代、第二世代、第三世代と世代を重ねるごとに出自に対する意思が薄くなることは想像に難くないが、マイノリティ・コ

ミュニティと強いかかわりをもつ者は世代を重ねてもなお出自から逃れ得ないことを検証したのがマルセイユ，C.(Marseille, 1999) である。彼女は結婚式がモロッコ系オランダ人女性に「己は何者か」を認識させる大きな契機となっていることを指摘している。

　近代に成立した「国民国家(Nation-State)」に国家の存立基盤を求める傾向の強いヨーロッパ諸国は，国籍の保持いかんによらず国民を純粋な国民と移民とに区別しがちである。グローバリゼーションの進展によりその枠組みに疑問が投げかけられるようになった「国民国家」を是認するヨーロッパ諸国は，崩れかけそうな枠組みに依拠しながらも新たな「国民」を受け入れるべく苦慮している。しかしながら，エスニック集団は，政治・経済・文化的にも，また空間的にもホスト社会から距離をおいて存在しがちである。セグリゲーションという現象はおそらくエスニシティが最初に顕在化する場所であるため，多くの研究者がエスニック・エンクレイブに注意を払ってきた。山本(1997)や大島(2000)のように都市計画あるいは住宅供給とセグリゲーションというように，セグリゲーションのパターン解明にとどまらず，都市の居住環境と強く関わる計画や制度とセグリゲーションの関連を探るものが多く見受けられる。

　エスニック・コミュニティ形成の基盤となるエスニック・エンクレイブの形成にはある一定以上のコミュニティ・メンバーが必要であり，セグリゲーションとエスニック人口は切っても切り離せないテーマである。このため，①人口的側面と②空間的側面は同時に論じられることが多く，相互に補完しあいながらセグリゲーション問題を掘り下げてきた。しかしながら，これまで人口的側面で取り上げられてきたのは，そのエスニック集団の母数が主であった。ヨーロッパ諸国と一括りにできない状況にあるが，各国に共通する現象がマジョリティ人口の停滞・減少の一方で，エスニック人口の漸増である。このような人口構成の変化にともなってエスニック・エンクレイブは形成・拡大するものと考えられる。エスニック・エンクレイブの形成・拡大は，国外あるいは市外からのエスニック人口の流入に起因するものではなく，マジョリティに比べて高い出生率を保持するエスニック集団の都市内居住地移動により生じている。

3　エスニック・エンクレイブの形成・拡大要因1：出生率

　一般に先進諸国では晩婚化・未婚化・晩産化が著しく進んでおり，それにともなう影響は出生率の低下という形で現れている。かつて少産少死は人口が安定した好ましい状況と考えられていたが，少産は市場縮小や税収減少，少死は高齢化にともなう財政支出増加などと密接に関連することが明らかとなり，将来の人口減少が問題視されるようになった。WHO（世界保健機関）の報告によれば，2008年の主要国の合計特殊出生率は，日本1.3，韓国1.2，アメリカ2.1，フランス1.9，スウェーデン1.8，イギリス1.8，オランダ1.7，ドイツ1.4，となっており，先進国といえども大きなばらつきがある（WHO, 2010：131-141）。各国の合計特殊出生率の推移は1970年代の出生率急落を受けてとられた各国の少子化対策とある程度連動している。1980年代後半からは，福祉国家的な託児所の整備，企業の支援制度や男女の育児分担，子育て世代への財政的支援・税制優遇政策がとられ，また婚姻と出産との分離（嫡子・非嫡子の法的平等保障）の社会認知も進んだ国もある。しかしながら，財政的な制約を背景とした福祉国家的政策の見直しなどによって，2008年の各国の合計特殊出生率は人口維持に必要な2.1を大きく下回る状況にある。

　上記は国別出生率を示したものであるが，国内のマジョリティとエスニック人口に焦点を当てると，その出生率には大きな差異が見られる。つまり，マジョリティの出生率は相対的に低く，エスニック集団のそれは相対的にも絶対的にも高いのである。こうした理由により，ヨーロッパ諸国，特にいわゆる西ヨーロッパ諸国ではマジョリティとエスニック人口の人口構成が大きく変わりつつある。

4　エスニック・エンクレイブの形成・拡大要因2
　：都市内居住地移動

　国内人口移動は経済変動の影響を強く受け，好況期に活発で，不況期に不活発であることが知られている。都市内居住地移動についても同様であることはいうまでもない。1990年代におけるオランダ経済は堅調な成長を示し，1996

年以降においては国民総生産に占める財政赤字は 3% 以下を保っている。アムステルダムにおける移動率の変化は経済好況よって促進される移動率の上昇が，「ポルダー・モデル」とよばれるオランダの経済改革の下では発生し得なかったことを示している。「ポルダー・モデル」(長坂，2000)の下では，労使は協調して賃金抑制に努め，さらにフル・タイム労働とパート・タイム労働の賃金・昇給格差をなくすことで，パート・タイム労働者比率を 40% 弱にまで上昇させた。これによって各人の価値観・ライフサイクルに応じた労働形態が可能となり，家族は共働きによって 2 人分の所得を得るのではなく，1.5 倍の所得によって生活を最優先させながら労働できる環境を創出した。

　このような政策によって経済構造の強化と雇用拡大が図られたが，雇用拡大の恩恵にあずかったのは主に女性層や新卒者であった。彼らの労働市場への新たな参入によりエスニック・マイノリティの雇用機会は以前にも増して縮小した。つまり 1990 年代の経済好況は，エスニック・マイノリティにとってはむしろ経済不況ともいうべき状況を生じせしめ，移動率を低下させる原因となった。一方，マジョリティであるオランダ人にとっては移動率を上昇させる要因となり得た。しかしながら，先に述べたようにこの経済好況によって労働市場に参入したのは主に子どもをもつ女性層や新卒者であったために大幅な移動率の上昇には直結していない。つまり，子どもをもつ女性層は家族という拘束によって移動をともなわない就業先を選択し，新卒者の多くは独身の青年層であるがために，従前からの居住地である中心市街地区と中心市街地周辺地区に滞留したためである。前述のように，アムステルダムにおけるマジョリティとマイノリティの移動率は若干の上昇と大幅な低下という異なる傾向を示すものの，両者とも経済好況の影響を受けている。

5　おわりに

　ヨーロッパ諸国では将来のマジョリティ人口の減少に加えてエスニック集団の自然および社会増加による人口構成の変容が問題視されるようになった。少子・高齢化が同時進行する社会においては，その地域の社会・経済的レベルを

維持する対応策が必要となってくる。オランダでは私生活の充実と仕事を通した社会参加の両立を促すため，政府が積極的政策を打ち出した。これによって，以前よりも出生率が上昇したが，エスニック集団のそれと比較すると未だ低い状態にある。エスニック集団のなかでもムスリム系住民の出生率は徐々に低下してきてはいるものの，オランダ人と比較すると非常に高い数字である。この状況が続けば，そう遠くない将来，マジョリティであるオランダ人がマイノリティとなり，エスニック・マイノリティがマジョリティとなる可能性もあり，さらなるエンクレイブの拡大あるいはエンクレイブの増加につながることは必至である。都市内居住地移動は都市居住地の変容ばかりでなく詳細な変容過程をも示し得る有効なアプローチのひとつである。またマクロ，メソ，ミクロスケールでの分析による差異等の検証など，人口学的側面からエスニック・エンクレイブを考察するにあたって多くの可能性を秘めている。

注
1)「我々意識」は，社会的自意識の一形式とされ，単に集団へ参与する成員が共通の利害を有するのみならず，成員が自己を集団の主体として意識するところに生じる共有感覚であると説明される（濱嶋　朗・竹内郁郎・石川晃弘編 (1997)：『社会学小辞典』有斐閣）。

文　献
大島規江 (2000)：ムスリム系住民の社会空間の拡大——福祉国家オランダ・アムステルダムの事例．地学雑誌，109：661-679．
長坂寿久 (2000)：『オランダモデル——制度疲労なき成熟社会』日本経済新聞社．
山本健兒 (1997)：ドイツ・デュースブルクにおける外国人ゲットー化と都市計画——ブルックハウゼンの事例．地理学評論，70：775-797．
Boal, F. W. (1976): Ethnic Residential Segregation. In Herbert, D. T. and Johnston, R. J. eds., *Social Areas in Cities vol 1*, Wiley.
Doomernik, J. (1995): The Institutionalisation of Turkish Islam in Germany and the Netherlands: A Comparison. *Ethnic and Racial Studies,* 18: 46-63.
Doomernik, J. (1997): *Going West: Soviet Jewish Immigrants in Berlin since 1990.* Avebury.
Faist, T. and Häußermann, H. (1996): Immigration, Social Citizenship and Housing in

Germany. *International Journal of Urban and Regional Research*, 20: 83-98.
Geertz, C. ed. (1963): *Old Societies and New States: The Quest for Modernity in Asia and Africa*. Free Press of Glencoe.
Glazer, N. and Moynihan, D. P. (1963): *Beyond the Melting Pot: The Negroes, Puerto Ricans, Jews, Italians, and Irish of New York City*. MIT Press.
Glebe, G and O'Loughlin, J. eds. (1986): *Foreign Minorities in Continental European Cities*. Steiner Verlag Wiesbaden.
Hillmann, F. and Krings, T. (1996): Einwanderer aus Entwicklungslandern nach Italien und Ihre Integration in den Informellen Arbeitsmarkt am Beispiel der 'Domestica' und 'vu Cumpra'. *Die Erde*, 127: 127-143. (in German with English abstract)
Huntington, S. P. (1996): *The clash of civilizations and the remaking of the world order*. New York: Simon and Schuster.
Lesthaeghe, R. and Surkyn, J. (1995): Heterogeneity in social change: Turkish and Moroccan Women in Belgium. *European Journal of Population*, 11: 1-29.
Marseille, C. (1999): Traditionalism, Gender and Social Change: Wedding-Symbolism among Moroccans in the Netherlands. In Crul, M., Lindo, F. and Pang, C.-L. eds., *Culture, Structure and Beyond: Changing Identities and Social Positions of Immigrants and their Children*. Het Spinhuis, 12-27.
Oshima, N. (2007): *Changes of Ethnic Enclaves in Amsterdam*. Digitalized Proceeding of EUGEO2007 in Amsterdam.
Robinson, V. and Smith, S. J. eds. (1981): *Ethnic Segregation in Cities*. Croom Helm.
Streiff-Fénart, J. (1999): Negotiations on Culture in Immigrant Families. In Crul, M., Lindo, F. and Pang, C.-L. eds., *Culture, Structure and Beyond: Changing Identities and Social Positions of Immigrants and their Children*. Het Spinhuis, 3-11.
WHO (2010): *World Health Statistics 2009*, Geneva, WHO.

column ダッチとフリージアン

　インターネットの検索エンジンで「フリージアン」を検索すると，ウマ，ウマ，ウマの情報である。ウマ好きにはよく知られている「フリージアン」の故郷は，何を隠そうオランダのフリースラント州である。しかし，このコラムはウマの話ではない。ウマのほかに「フリージアン」の意味するところは，オランダからドイツを経てデンマークに至る北海沿いに居住した民族をも指す。現在，オランダ国内では大堤防を越えてアイセル湖の北部から北海沿岸にかけてフリースラント人が多く居住するフリースラント州がある。

　オランダの英語の国名表記は The Netherlands である。Nether はドイツ語の Nieder に相当し，標高の低い土地を指す。オランダ語とドイツ語は，ポルトガル語とスペイン語の関係に似ているといわれ，ポルトガル人がスペイン語を理解しやすいのに対して，その逆は難しいといわれている。オランダ語とドイツ語の関係性も同様であり，オランダ人はドイツ語を理解できるものの，ドイツ人がオランダ語を理解するのは困難とされている。

　いずれにしても，言語学上の分類では，インド・ヨーロッパ言語のなかの西ゲルマン言語に英語，オランダ語，ドイツ語，そしてフリース語が属する。それぞれの相違は下記のとおりである。日にちを表す名詞である英語の day は，フリース語 dei，オランダ語 dag，ドイツ語 tag である。このようにフリース語は，他の西ゲルマン言語に類似した語彙・文法をもつものの，オランダ語の一方言ではなく，民族フリージアンの文化とアイデンティティを保持する重要な要素となっている。

　このため，フリースラント州では義務教育課程においてフリース語が教えられており，オランダ語とともに州の公用語となっている。しかしながら，州内に主たる産業がないフリースラント州を離れるものが多く，人口の社会減少とともにその話者は年々減少している。それでもフリース語話者はおよそ 50 万人といわれており，その多くはフリースラント州に居住している。

（大島規江）

II

フィールドからみる
エスニック社会の諸相
― 世界・日本の事例分析 ―

第7章
アメリカ合衆国ハイプレーンズの開発と移民社会・ホスト社会の動態

矢ケ﨑典隆

　エスニック地理学のひとつの課題は，移民社会とホスト社会の関係をローカルな地域の枠組みで考察することである。アメリカ合衆国の場合，先着の北西ヨーロッパ出身の移民とその子孫がホスト社会を形成した。19世紀末以降，南・東ヨーロッパ，アジア，ラテンアメリカからの移民が流入して，多民族多文化社会が展開した。このような移民の流入と受容の過程で生まれた移民社会とホスト社会の関係には，アメリカ的な一般的特徴がみられると同時に，かなりの地域差が存在する。それは，流入した移民の属性とローカルホスト社会の属性が地域によって異なるためである。エスニック地理学は，移民社会とホスト社会の動態的関係を地域の枠組みにおいて把握することによって，エスニック現象の解明に寄与することができるし，それぞれの地域の地誌学的な理解を深めることができる。

　本章が事例として取り上げるのは，アメリカ合衆国ハイプレーンズである。ロッキー山脈の東側に広がる緩やかに起伏した半乾燥の草原地域は，グレートプレーンズと総称される。ハイプレーンズはテキサス州からネブラスカ州にいたる草原で，19世紀後半から顕著な地域変化を経験してきた。すなわち，ハイプレーンズは時代によって異なる人びとによって占拠され，異なる社会や経済

が展開し,異なる文化景観が形成された。ハイプレーンズのなかで,今日,最も経済活動が活発なカンザス州南西部は,社会や経済の変化とエスニック社会の動向を検討するための格好の事例を提供してくれる。

1 アメリカ先住民から白人の世界へ

　ハイプレーンズを最初に占拠したのはアメリカ先住民であった。彼らは豊富な野生動物を狩猟する生活様式を確立した。ここにはバッファロー,野ウサギ,エダツノレイヨウ,プレーリードッグ,コヨーテをはじめ多様な野生動物が存在した。なかでもバッファローは最も重要で,肉のほか,内臓,脳,骨髄,血液などは食料となったし,皮革は住居,衣類,寝具,ボートなど多目的に利用された。アメリカ先住民はバッファローという資源を持続的に利用し,自然と共生する生活様式を確立した。

　ハイプレーンズを舞台にヨーロッパ系の人びと(白人)によって最初に形成された産業は牧畜業であった。1860年代以降,アメリカ東部から西に向かって建設が進んでいた鉄道がハイプレーンズに到達した。これにともなって,ヨーロッパ系の人びとによる放牧業が展開した。鉄道路線の最西端にある鉄道駅は牛の町(キャトルタウン)として繁栄するようになった。カンザス州南西部のダッジシティもそのひとつであった。気候に恵まれたテキサスの中部や南部はテキサスロングホーン牛の繁殖にとって適地であり,テキサスの牧場主はカウボーイを雇い,600～3,000頭の牛を仕立てて,天然の牧野で飼育しながら,北のキャトルタウンをめざした。テキサスの繁殖地からキャトルタウンまで牛を連れて移動するルートは,キャトルトレイルとよばれた。アメリカ東部の大都市では牛肉の需要が増大しており,テキサスでの牛の価格に比べて高価格で取引されていた。こうしてテキサスの牧場と東部の食肉市場がキャトルトレイルと鉄道によって結び付けられ,牛を供給するビジネスが誕生した。鉄道が西に延びるにつれてキャトルタウンは西へ移動したが,このような牛の経済は1880年代後半まで続いた。ハイプレーンズに牧畜経済が形成された結果,ハイプレーンズは白人の世界に変わった(矢ケ﨑・斎藤・菅野,2006)。

しかし，1880年代からは白人農民のハイプレーンズへの進出が盛んになった。もともと大西洋岸の中部植民地には北西ヨーロッパの農業技術・作物・家畜が導入され，トウモロコシの栽培と利用が加わって，家族農場を単位としたアメリカ式の混合農業が形成された。この農業様式は開拓の進行とともに西へ移動し，森林地帯から草原地帯に開拓が進むと新たな技術革新が展開した。半乾燥の草原では，草本を除去して耕地化するために鋼鉄製の犂が普及し，地下水を利用するために風車が建てられ，カウボーイが管理する牛の群れから農場を保護するために有刺鉄線を用いた牧柵が建設された。少雨のため，農場では乾燥に強い小麦が栽培された。こうした農業開拓の進行によって牧畜経済は衰退し，ハイプレーンズは白人農民の世界へと変化した(矢ケ﨑，2010)。

しかし，厳しい自然条件のため，白人農民による穀物農業は不安定であった。ハイプレーンズでは降水量が500mm以下と少ないことに加えて，干ばつが周期的に訪れた。さらに，乾燥農法が普及した結果として畑の土壌が細かく耕されたが，ひとたび干ばつが長期化すると，この土壌は強風によって多量に吹き飛ばされ，ダストストームとよばれる砂塵あらしが頻発した。1930年代の大干ばつによって農地は荒廃し，生活の基盤を失った白人農民は新たな生活を夢見てカリフォルニアへと旅立った。スタインベックの『怒りの葡萄』(1939年刊)はそうした農民と社会を描いた作品である。すなわち，ハイプレーンズは白人移住者を西へと送り出す地域でもあった。

2　砂糖とボルガジャーマン

半乾燥のハイプレーンズのなかで，ロッキー山脈に水源をもつ河川の流域では，19世紀末から灌漑事業が展開して土地利用が集約化した。カンザス州南西部を流れるアーカンザス川流域では，1900年から1907年にかけて7か所の製糖工場が建設され，灌漑によるテンサイ栽培が盛んになった。6か所の製糖工場はコロラド州内に存在したが，カンザス州南西部のガーデンシティには，1906年にコロラド資本によってユナイテッドステーツシュガーアンドランドカンパニー（後にガーデンシティカンパニーに社名変更）が設立された。この会社

は52,000エーカー (21,000ha) を所有し，貯水池と灌漑水路を建設した。自社農場でテンサイ栽培を行って製糖原料を確保するとともに，テンサイ運搬用の鉄道や発電所を建設し，カンザス州南西部の経済発展に貢献した (矢ケ﨑, 2000)。

　新しい砂糖経済の進展は住民構成に変化をもたらした。それは，テンサイ栽培が多量の労働力を必要としたためであった。自動収穫機の発明・普及と種子の改良が行われる以前の時代には，春から夏にかけては手作業による間引きと除草が必要であったし，秋の収穫期には，テンサイを手作業で引き抜き，フックのついた専用ナイフで葉を切り落として山のように積み上げる作業を迅速に行わなければならなかった。このようにテンサイは多量の労働力を必要とするため，また，腰をかがめた作業が重労働であるため，アメリカ人の農民はテンサイ栽培に消極的であった。そこで製糖工場は原料を確保するために移民労働力に依存した。アメリカ西部では一般にロシア系ドイツ人，日本人，メキシコ人が主な労働力となったが，アーカンザス川流域ではロシア系ドイツ人が特に重要な役割を演じた。ロシア系ドイツ人のハイプレーンズへの流入は第一次世界大戦の勃発時まで続いた。

　カンザス州とネブラスカ州に流入したロシア系ドイツ人はボルガジャーマンとよばれる。七年戦争によって故郷を追われたドイツ人はロシアのボルガ地域に移住したが，1870年代に少数派に対する迫害が始まると，彼らは南北アメリカに移住した (Kloberdanz, 1980)。ハイプレーンズにボルガジャーマンが導入された理由として，彼らが勤勉な農民でありテンサイ栽培に習熟していたこと，一般に大家族で子どもの数が多いので，家族労働力を使って広い土地を契約栽培することができたためであった。こうして，ガーデンシティの製糖工場の周辺にはボルガジャーマンの社会が形成され，ドイツ語とドイツ系の生活文化が維持された (写真7-1)。

　しかし，1950年代にはアーカンザス川流域のテンサイ糖産業は衰退した。ガーデンシティカンパニーの製糖工場は1955年に閉鎖された。テンサイ栽培はその後も継続し，操業を続けるアーカンザス川上流の製糖工場に鉄道を利用

写真7-1 カンザス州ガーデンシティにおける
テンサイとボルガジャーマン
(1910年頃,フィニー郡歴史協会所蔵)

して送られたが,最後まで生き残ったコロラド州ロッキーフォードのアメリカンビートシュガーカンパニーも1978年に操業を終了した。アメリカ連邦議会は1974年に砂糖法を更新せず,政府による砂糖統制の時代が幕を閉じたことが大きく影響していた。砂糖産業の崩壊にともなってテンサイ栽培は消滅し,ボルガジャーマンは相次いで他地域に転出したり他業種に転職した。こうしてボルガジャーマンのエスニック社会は姿を消した(矢ケ﨑,2000)。

3 牛肉とベトナム人

1980年代に入ると新しい経済が展開した。それはビート(テンサイ)からビーフ(牛肉)への移行であり,このような地域経済の転換を促進したのは大規模灌漑農業であった。ハイプレーンズはオガララ帯水層とよばれる世界最大の地下水資源に恵まれている。深井戸を掘ってこの地下水を揚水し,センターピボット灌漑装置を稼動することにより,トウモロコシの大規模栽培が可能になった(Kromm and White 1992;矢ケ﨑・斎藤,1999)。地元産のトウモロコシを利用して大規模な商業的フィードロットが増加し,牛の肥育業が発展した。さらに,大規模食肉工場が進出して,肥育された肉牛は牛肉に加工された。ハイプレーンズはアメリカ合衆国最大の牛肉生産地域に発展した。このような牛肉産業を支えるのは,大規模食肉工場で肉牛の解体処理に従事する東南アジア系の人びとである(スタル&ブロードウェイ,2004)。

ハイプレーンズのなかでもカンザス州南西部には大規模食肉工場が集積した。ガーデンシティにはモンフォート社,その西に隣接するホルコムにはアイビー

ピー社，ダッジシティにはエクセル社とナショナルビーフ社，リベラルにはナショナルビーフ社の大規模牛肉工場が立地した（斎藤・矢ケ﨑，1998）。これらの食肉工場が大きな労働力需要を生み出し，経済的吸引力として働いた結果，それまで東南アジア系人口がほとんど存在しなかったハイプレーンズに東南アジア系社会が形成された。

合衆国厚生省難民転住局が1984年6月にガーデンシティで行った調査によると，ガーデンシティには942人の東南アジア系難民が居住し，そのうちの854人がベトナム人，45人がカンボジア人，43人がラオス人であった。彼らがガーデンシティに到着した年をみると，1975年から1980年までが29人，1981年が86人，1982年が308人，1983年が166人であり，1980年代に入って急速に増加したことがわかる。18歳以上の483人の就業状況をみると，352人（73％）が食肉工場で就労していた。回答しなかった104人（その多くは女性の非就労者）を除くと，就業者382人の92％が食肉工場で就労していたことになる（Broadway, 1985）。

食肉加工大手のアイビーピー社がガーデンシティの西のホルコムに1日に6,000頭の処理能力をもつ世界最大の牛肉加工工場を建設したのは，1980年の年末のことであった。また，ガーデンシティ市街地の南東端には，ファームランド社が所有していた食肉工場が一時休止していたが，それを1982年にヴァルアグリ社が買収し，改修して操業を再開した。それはさらにモンフォート社に譲渡された（斎藤・矢ケ﨑，1998）。こうした大規模食肉工場の開業はガーデンシティに経済ブームを引き起こし，同市の人口は1980年の18,256人から，1990年の24,097人，2000年の28,451人へと増加した。グレートプレーンズの都市が一般に人口の停滞あるいは衰退の傾向を示すことを考えると，人口増加が続くガーデンシティは特異な事例である。

アイビーピー社の新しい食肉工場では，難民収容所から多数の東南アジア系の人びとが雇用されるようになった。この工場では，1990年代末には2,800人の労働者が雇用されたが，そのうちの約1,300人が東南アジア系であった。後述する東南アジア互助協会の推計によると，1999年8月にはガーデンシティ地

域にベトナム人 2,500 人，ラオス人 700 人が住んでいた。ベトナム人・ラオス人にとってはアイビーピー社が最大の雇用主であり，彼らの就業人口の 9 割は同社で働いていた。当時，牛の解体作業に従事する労働者の時給は 8 ドル 50 セントから 11 ドルであり，標準的な労働者の年収は 23,000 ドル程度であった（矢ケ﨑・二村，2005）。

　東南アジア系難民がアメリカ合衆国に定住する過程で教会は重要な役割を演じた。難民がアメリカ合衆国に定住するためにはスポンサーが必要であり，スポンサーとなる家族がいない場合には教会が受け皿となった。ガーデンシティでは，カトリック教会とファーストサザンバプテスト教会が難民スポンサー事業を行った。住宅の確保や食料や衣料などの生活必需品の支給に加えて，社会保障番号の取得，保健医療関係の手続き，運転免許証の取得など，新しい生活を始めるための支援がなされた。当初の住宅として，モービルホームパークのイーストガーデンヴィレジに住居が確保された（矢ケ﨑・二村，2005）。

　低家賃の住宅がまとまって供給されるのがモービルホームパークである（矢ケ﨑，2001）。前述の合衆国厚生省難民転住局による 1984 年の調査の結果では，東南アジア系難民人口の54％はモービルホームパークに居住していた。ベトナム人の 55％，ラオス人の 86％がモービルホームパークの居住者であった（Broadway, 1987）。ガーデンシティ市街地の縁辺部には 8 か所のモービルホームパークがあり，規模が最も大きく東南アジア系人口が最も多いのは，ガーデンシティ市街地の南東部に位置するイーストガーデンヴィレジである。東南アジア系難民の流入のピークであった 1984 年頃には，全区画の 60％を東南アジア系が，30％をヒスパニックが占めた。その後，東南アジア系の比率が低下し，ヒスパニックの比率が増加した。後述する東南アジア互助協会の 1997 年の調査によれば，ガーデンシティの東南アジア系はベトナム人 249 世帯，ラオス人 75 世帯で，イーストガーデンヴィレジの約 600 区画のうち 169 区画がベトナム人・ラオス人によって占められた。ベトナム人・ラオス人は，家族全員が食肉工場で働いて貯金し，十分な資金がたまるとイーストガーデンヴィレジを出て戸建住宅を現金で購入する。それまで住んでいたモービルホームはヒスパニッ

第7章　アメリカ合衆国ハイプレーンズの開発と移民社会・ホスト社会の動態　67

クに転売する。こうしてイーストガーデンヴィレジの住民は，ベトナム人・ラオス人からヒスパニックに入れ替わった（矢ケ﨑・二村，2005）。

なお，イーストガーデンヴィレジには東南アジア互助協会が事務所を構え，ベトナム人・ラオス人社会において中核的役割を演じた。東南アジア互助協会は，アメリカ合衆国厚生省難民転住局とカンザス州政府のカンザス難民プログラムから補助金を受けて運営された。1990年代末には，この組織は5人のスタッフ（常勤2人，非常勤3人）により運営された。

ベトナム人・ラオス人の流入にともなって，地方都市に新しい要素が加わった。東南アジア系の商品を扱う食料品雑貨店，レンタルビデオ店，靴店などのように，東南アジア系の人びとにサービスを提供するエスニック集団型業種のスモールビジネスが登場した。また，レストランのように，東南アジア系以外の地域住民にサービスを提供するホスト社会型業種のスモールビジネスも存在するようになった。ガーデンシティには地方中心都市としての商業機能の集積がみられるが（菅野・平井，2000），東南アジア系店舗はガーデンシティに新しいエスニック景観を生み出した（**写真7-2**）。

1990年代以降，ガーデンシティに登場した新しい動きは多言語表記である。郵便局，病院，学校などでは，英語に加えて，スペイン語，ベトナム語などによる表記がなされるようになった（**写真7-3**）。こうした多言語表記から，ラテンアメリカや東南アジアからの人びとを受け入れるというホスト社会の意志を読み取ることができる。また，ガーデンシティ教育委員会は，多民族多文化社会への取り組みを積極的に行ってきた。公立学校ではヒスパニックや東南アジア

写真7-2　カンザス州ガーデンシティのアジアプラザ
（2009年9月，筆者撮影）

写真7-3 カンザス州ガーデンシティ郵便局の多言語標記
（2009年9月，筆者撮影）

系の児童生徒が多いので，彼らの適応を援助するための多言語教育プログラムに力が注がれた。多言語教育を実施するための教員研修や，保護者等へ説明や連絡のために3種類の言語による書類が用意された。フィニー郡歴史協会博物館では，多民族多文化社会への対応のひとつとして，アジア系やメキシコ系の文化に関する展示も行われ，教育的な効果を及ぼした。

以上のように，1980年代に入ってアイビーピー社の食肉工場が操業を開始し，ガーデンシティは経済ブームを経験したが，同時に，労働者として新たに流入した東南アジア系の人びとは伝統的な地方都市の社会，経済，文化景観を改変することになった。ただし，文化人類学者のベンソン，J.E.（Benson, 2001）によれば，ローカルホスト社会は新しい住民をおおむね肯定的に受容し，社会と経済の変化は大きな障害や問題もなく進行したが，これはそれぞれの集団が自己の利益を追求した行動の結果であり，「一緒ではあるが別々に暮らす」ことが成功したためでもあった。

4 移民社会とローカルホスト社会

(1) 移民の適応戦略モデル

アメリカ合衆国のローカルホスト社会において移民社会が形成・維持される過程を地域的枠組みにおいて検討するために，移民の適応戦略モデルが有効である。すなわち，移民集団はローカルホスト社会からさまざまな圧力を受けた結果，生活空間を確保し経済的基盤を確立するために適応戦略を用いる。さまざまな民族組織が設立され，それが移民集団の利益を保護したり，ローカルホ

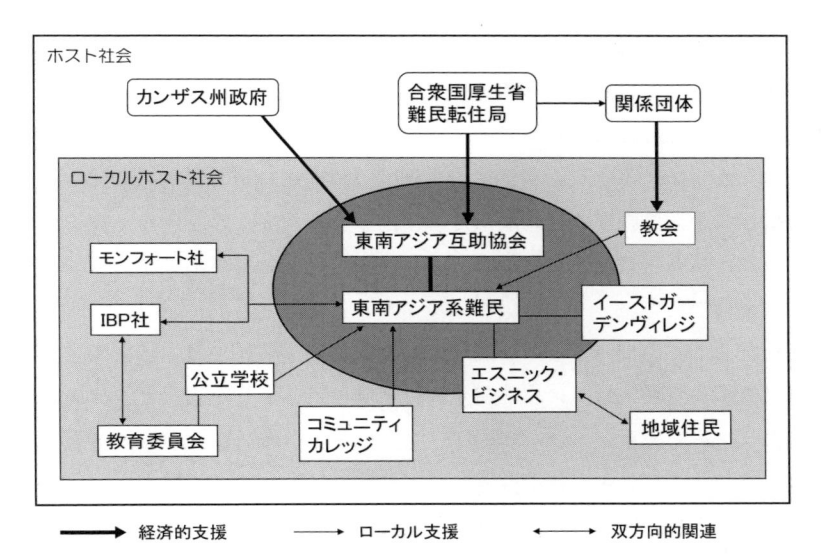

第7章 アメリカ合衆国ハイプレーンズの開発と移民社会・ホスト社会の動態　69

図7-1　1990年代のガーデンシティにおける移民社会とローカルホスト社会

スト社会との交渉にあたり，文化的・社会的な絆を維持する機能を果たす。また，移民集団が特定の場所を占拠して居住空間を確保し，エスニックタウンを形成することもある。さらに，ローカルホスト社会に存在する経済の隙間に進出し，その結果として特定の移民集団が特定の業種・職業に独占的に就業するようになる場合もある。したがって，適応戦略としての民族組織，居住空間，就業選択について，ローカルホスト社会の地域的枠組みで検討することがエスニック地理学の研究には必要である（矢ケ﨑, 2003; Yagasaki 2002; Yagasaki 2003）。このような考察の枠組みを念頭において，1990年代末のガーデンシティに関して，ホスト社会と東南アジア系難民の社会の関係を示したのが図7-1である。

　ベトナム人・ラオス人の民族組織は東南アジア互助協会であった。一般に移民集団の民族組織は移民のさまざまな必要性に応じて内発的に発生するもので，その組織と運営は移民によって行われ，ホスト社会からの公的な認知や援助を期待するものではない。東南アジア互助協会が通常の民族組織と異なるのは，これが合衆国厚生省難民転住局やカンザス州難民プログラムから資金援助を受

けて運営された点であった。

　就業選択としては，ベトナム人・ラオス人の最大の雇用主はアイビーピー社であり，食肉工場での労働を目的としてガーデンシティへの人口移動が発生した。したがって，ガーデンシティの事例は，移民がローカルホスト社会に存在する経済の隙間を探すことによって経済的基盤を確立するという一般的な経済的ニッチモデルとは異なる。ただし，時間の経過とともに多様なエスニックビジネスが展開した。

　居住空間についてみると，一般的な傾向として，移民の集中居住地区は都市内部の低所得者住宅地区に自然発生的に形成される。しかし，ガーデンシティの場合，モービルホームパークのイーストガーデンヴィレジが当初からベトナム人・ラオス人の集中居住地区として存在した。これは，このモービルホームパークが，当初，アイビーピー社の従業員を収容することを目的として建設され，ベトナム人・ラオス人はこの食肉工場での就労を目的として流入したことに起因する。さらに，親戚や知人の存在はこのモービルホームパークへの難民の流入を持続させた。難民のスポンサーとなった教会団体，そして東南アジア互助協会による組織的な誘導もその要因であった。意図的に形成されたこのエスニックタウンには，東南アジア的な装飾など，エスニック景観は認められない。経済的に安定した生活を手に入れた人びとはイーストガーデンヴィレジから転出するため，このエスニックタウンは新しい環境のもとで生活を始めるための漸移的な居住空間であった。

　以上のように，ガーデンシティのベトナム・ラオス系社会は，適応戦略の点において，他地域の中国人，日本人，韓国人のようなアジア系社会とは異なった展開をみせた。ベトナム人・ラオス人が難民としてアメリカ合衆国に受け入れられ，難民支援事業の対象となったことは，エスニック社会の形成と展開を方向付けたし，牛肉産業が発展したハイプレーンズでは低賃金単純労働に対する需要が拡大した。その結果，難民はローカルホスト社会と表立った摩擦や対立を経験することなく，空間的ニッチと経済的ニッチを占拠することができた。

(2) ベトナム人からビルマ人へ

　移民社会とホスト社会の関係は変化を続けている。ベトナム人・ラオス人難民の経済的社会的地位が向上し，世代交代が進むにつれて，ローカルホスト社会における彼らの存在に変化が生じた。ガーデンシティのベトナム人は最盛期の1990年代末には5,000人に達したが，10年間で数百人に減少してしまった。それは，食肉工場において労働時間の制限が厳しくなったため収入が減り，ベトナム人がよりよい仕事と収入を求めて他州へ転居したためである。一方，新たに流入するベトナム人は皆無である。すなわち，ガーデンシティはベトナム難民の転住拠点としての役割を終えた。また，ベトナム人のアメリカ社会への同化が進行したことも一因である。子どもが大きくなって高等教育を受け，就業機会が拡大すると，過酷な低賃金労働を厭わないベトナム系の人びとはいなくなった（ガーデンシティ教育委員会のダン・リー氏へのインタビュー，2009年9月24日）。

　ベトナム人・ラオス人を支援した東南アジア互助協会は，2003年頃に補助金がほとんど打ち切られて財政的に厳しくなり，所長は職を辞してテキサス州に転居した。現在は，新しい所長とパート女性の2人体制で細々と運営が行われている。一方，ベトナム系人口の減少を背景として，また，1975年に最初のベトナム難民がガーデンシティに到来してから30年が経過したことを背景として，東南アジア系社会の存在と，特にベトナム系の人びととの経験を地域の歴史として記録に残すことへの関心が高まりをみせた。フィニー郡歴史協会博物館では，2005年にカンザス州政府の補助金を獲得して，ガーデンシティの東南アジア系の人びとに関するオーラルヒストリーのプロジェクトが実施された。ローカルホスト社会におけるこのような認識と事業は，まさにベトナム系社会の縮小を示唆するものである。

　1980年代からガーデンシティの経済の基盤をなしてきた食肉産業自体も変化している。アイビーピー社は2001年にタイソンフーズ社に買収され，鶏肉・豚肉・牛肉を生産する世界最大の企業，タイソンフレッシュミーツ社の一部となった。一方，モンフォート社の食肉工場は，2000年の火災で大きな被害を受

け，閉鎖されたままである。ガーデンシティ市は会社側に工場の再開を働きかけたが，実現されないまま現在に至っている。2つあった食肉工場のひとつが閉鎖され，約2,000人が職を失ったことは，地域経済に大きな打撃となった。

食肉工場の労働者を収容して発展したモービルホームパークのイーストガーデンヴィレジは，このような地域経済の停滞を象徴している。総画数は668であるが，入居区画は435のみである。また，ガーデンシティの条例によって古いモービルホームは使用できなくなったため，使われずに放置されたモービルホームも少なくない。モンフォート社の食肉工場が稼動していた時代には，250人程度の労働者がイーストガーデンヴィレジに居住していた。失業した人びとが転出したので，その区画は埋まらないままである。なお，435区画のうち，85％がヒスパニック，15％が東南アジア系（ほとんどがベトナム人で，ラオス人は2〜3％程度）である（経営者のロバート・マーティン氏へのインタビュー，2009年9月25日）。

ベトナム人が減少する一方で，エスニック社会の新たな主役になりつつあるのはビルマ（ミャンマー）人である。ビルマ人は難民としてアメリカ合衆国に入国したが，2007年に数家族のビルマ人がガーデンシティに定住した。ビルマ人の人口は急増し，2009年9月の時点で約700人を数えた。ビルマ人は夫婦でタイソンフレッシュミーツ社に雇用される。ベトナム人がモービルホームパークに集中したのに対して，ビルマ人のほとんどがガーデンスポットアパートに居住する（**写真7-4**）。なお，ビルマ人の多くがキリスト教徒であり，ムスリムと仏教徒は少数派である（ガーデンシティ教育委員会のアルバート・キャウ氏へのイン

写真7-4　カンザス州ガーデンシティの
　　　　　ビルマ人居住アパート
（2009年9月，筆者撮影）

タビュー，2009年9月24日）。

　以上のように，新しい人びとの流入にともなって，ローカルホスト社会と移民社会は新たな展開をみせている．安定した就業機会を求めて移動する移民（難民）と，低賃金労働力を必要とする食肉工場の利害が合致することにより，ベトナム人からビルマ人への移民社会の移行が加速的に進行しつつある．かつてアメリカの歴史地理学では，異なる移民集団が都市内部の同じ地区を異なる時代に占拠するという展開について，連続占拠（sequent occupance）の概念を用いて検討された．同時に，ある移民集団が特定の業種に集中的に就業する現象がみられたり，同じ業種が異なる時代に異なる移民集団によって占拠されるという現象も認識された．連続占拠の概念を移民の就業構造に適用して経済的ニッチの変遷を検討することは，移民社会の地理学研究の課題であることが指摘されている（矢ケ﨑，2003）．こうした視点を踏まえて，ガーデンシティの事例を継続的に検討することは，エスニック地理学にとって魅力的な研究課題である．

文　献

菅野峰明・平井　誠（2000）：ハイプレーンズの中心都市ガーデンシティの機能と商業的土地利用．経済地理学年報，46（3）：295-310．

斎藤　功・矢ケ﨑典隆（1998）：ハイプレーンズにおけるフィードロットの展開と牛肉加工業の垂直的統合．地学雑誌，107：674-694．

スタル，D.・ブロードウェイ，M.（2004）：『だから，アメリカの牛肉は危ない！――北米精肉産業　恐怖の実態』河出書房新社．

矢ケ﨑典隆・斎藤　功（1999）：アメリカ合衆国ハイプレーンズにおける灌漑化と農業地域の変化．新地理，46（4）：14-31．

矢ケ﨑典隆（2000）：アメリカ合衆国アーカンザス川流域の甜菜糖産業．歴史地理学，42（4）：1-22．

矢ケ﨑典隆（2001）：アメリカ合衆国のモービルホーム．新地理，48：19-28．

矢ケ﨑典隆（2003）：カリフォルニアにおける日系移民の適応戦略と居住空間．歴史地理学，45（1）：57-71．

矢ケ﨑典隆（2010）：『食と農のアメリカ地誌』東京学芸大学出版会．

矢ケ﨑典隆・二村太郎（2005）：アメリカ大平原ガーデンシティにおける東南アジア系社会とローカルホスト社会．新地理，53（2）：33-51．

矢ケ﨑典隆・斎藤　功・菅野峰明編（2006）：『アメリカ大平原——食糧基地の形成と持続性 増補版』古今書院.

Benson, J. E. (2001): Garden City, Kansas: Vietnamese refugees, Mexican immigrants, and the changing character of a community. In D. W. Haines and C. A. Mortland eds., *Manifest destinies: Americanizing immigrants and internationalizing Americans*, Westport: Praeger, 39-54.

Broadway, M. J. (1985): The characteristics of Southeast Asian refugees residing in Garden City. *The Kansas Geographer*, 19: 5-18.

Broadway, M. J. (1987): Indochinese refugee settlement patterns in Garden City, Kansas. *Transactions of the Kansas Academy of Science*, 90 (3-4): 127-137.

Kloberdanz, T. J. (1980): Plainsmen of three continents: Volga German adaptation to steppe, prairie, and pampa. In F. C. Luebke ed., *Ethnicity on the Great Plains*, University of Nebraska Press, 54-72.

Kromm, D. E. and White, S. F. (1992): *Groundwater exploitation in the High Plains*. Lawrence: University Press of Kansas.

Yagasaki, N. (2002): Spatial organization of Japanese immigrant communities: Spontaneous settlements and planned colonies in the northern San Joaquin valley, California. *The Japanese Journal of American Studies*, 13: 45-62.

Yagasaki, N. (2003): Adaptive strategies of Japanese immigrants and occupational sequent occupance in the development of fresh produce marketing in Los Angeles. *Geographical Review of Japan*, 76: 894-909.

column　モービルホームパークのステレオタイプ

　食肉工場で働くベトナム人が暮らしたガーデンシティのイーストガーデンヴィレジは，アメリカ合衆国で一般にみられるモービルホームパークのひとつである。難民としてアメリカ合衆国にやってきたベトナム人にとって，モービルホームはアメリカンドリームをかなえるための出発点となった。なお，モービルホームはかなり広く，シングルワイドと呼ばれる通常のタイプは 90m^2 程度の床面積をもつ。

　モービルホームが誕生したのは 20 世紀はじめのことである。モータリゼーションの初期には自動車旅行者用の宿泊施設がなかったため，旅行用トレーラーが生まれた。これはしだいに大型化して通常の住宅に似せて作られるようになり，移動の手段から恒久的住宅へと変化した。現在でもモービルホームは値段が安いので人気がある。その分布は大きく 3 つに分類できる。すなわち，都市縁辺部のモービルホームパーク，サンベルトのリゾート・退職者住宅地域にみられる大規模なモービルホームパーク，そして農業地域に単体で分布するモービルホームである。

　実は，アメリカ社会では，モービルホームとモービルホームパークに対して独特のステレオタイプが形成された。すなわち，モービルホームに暮らすのは貧しく無能な人びとであり，モービルホームパークは排他的で，犯罪，暴力，生活保護の悪用といった社会問題の温床だというイメージである。このようなイメージが生まれたのは大恐慌の時代であり，当時，低所得者がモービルホームパークに避難して，その劣悪な生活環境が問題となった。今日でも，都市縁辺部のモービルホームパークは低所得者層に安い家賃の住宅を供給しており，ステレオタイプは払拭されてはいない。

（矢ケ﨑典隆）

第8章
シアトルの初期チャイナタウンと中国人移民社会

杉浦　直

1　はじめに

　チャイナタウンは，海外の都市において中国人（海外在住中国人，華人）が形成したエスニックタウンである。チャイナタウンを厳密に定義することは難しいが，本章では，中国系の商業・業務施設（店舗，オフィス）の一定地区への集積を第一要件としてチャイナタウンを考える。海外への中国人移民の大量流出はアヘン戦争以降の19世紀中葉から始まったため，チャイナタウンの歴史は古く，エスニック集団の活動空間として多くの国で注目される特色のある存在であった。チャイナタウンを知ることは海外における中国系移民社会を知るためのみならず，エスニックタウンの形成と変容を考えるための貴重な手掛かりを提供する。本章では，そのひとつの例としてアメリカ北西部海岸の都市シアトルにおける初期チャイナタウンの形成と変容を中国人移民社会の変容と絡めて歴史地理学的な視点から検討する。

　シアトルのチャイナタウンは，都心地区（ダウンタウン）の東南縁に位置するいわゆる「インターナショナル地区（International District）」（以下，ID）に在り，特にインターステート・ハイウェイ5号線（I-5）の西側地区，南キング通り（South King Street）や南ウェラー通り（S. Weller St.）を軸とする地域には中国系営業施設が密集している（**図8-1**，参照）。サンフランシスコやニューヨークにおけるものほど大規模ではないが，アメリカのなかでも強い持続性をもって今日

第 8 章　シアトルの初期チャイナタウンと中国人移民社会　77

1：研究対象地域（下の拡大図の範囲）
2：シアトル市境界
3：ダウンタウンの範囲（概略）
I-5：インターステート・ハイウェイ 5 号線
I-90：インターステート・ハイウェイ 90 号線
S-520：ステート・ハイウェイ 520 号線
街路の S. は South（以下の図，同）

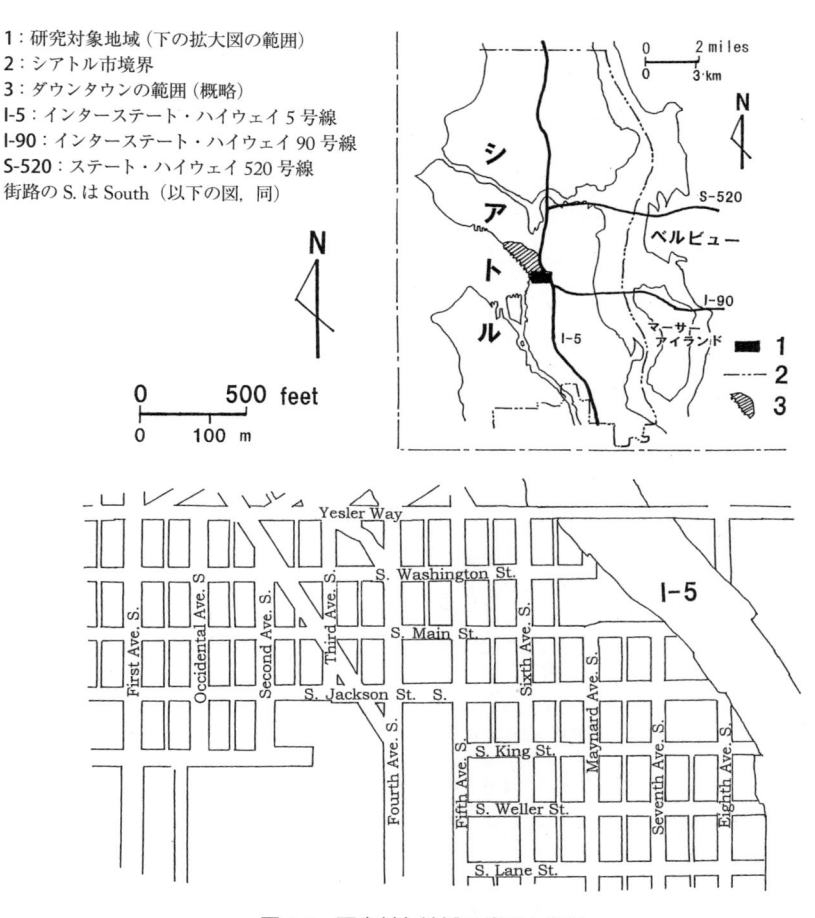

図 8-1　研究対象地域の位置と概況

まで存続してきたチャイナタウンのひとつといえよう。しかし，このシアトルのチャイナタウンは形成の初期からこの位置にあったわけではない。19世紀末ごろから 20 世紀初頭にかけてのチャイナタウンあるいは中国人居住地区は今の ID より西側の海岸寄り，現在のパイオニア・スクエア（Pioneer Square）内に位置していたことが従来の研究によって知られている。この初期のチャイナタ

ウンとそこからの移動について記述した比較的早い時期の論考としてはチンらの著作（Chin and Chin, 1973）があり，「最初の集落としての中国人居住区（Chinese sector）」が現在パイオニア・スクエアと称されているシアトルでもっとも早く市街地化した海岸近くの一区域に発達したこと，1890年代から南ワシントン通り（S. Washington St.）沿いに「最初のチャイナタウン」が形成されたこと，1910年前後から主要な中国系商店が現ID内に移動し「二番目のチャイナタウン」が形成されていったことなどを明らかにした。この見解は，後の関連諸著作（Chin and Bacho, 1984a; b; Chin, 1984; Chin, 2001; Hildebrand, 1977; Takami, 1989）においても基本的に受け継がれ，シアトル初期チャイナタウンについての定説となってきた。しかしながら，それらはいずれも歴史叙述を主眼としたものであり，歴史地理学的な見地からはチャイナタウンの正確な位置，その商店数から見た規模や内部構成，その詳しい移動過程や時期などについて不明確な点も多い。なお，初期チャイナタウンの位置を地図で表現した文献として上記Chin and Chin（1973：6）とワシントン大学都市計画科の1987年修士論文（Hsu, 1987：29）があるが，いずれも略図の域を出ないきわめて概略的なものである。

　そこで，本章では上記先行研究の記述を参照しつつ，このシアトルのチャイナタウンに関し，移住初期から20世紀初頭におけるその位置と構成をより詳しく検討し，その形成と成長・変容を中国人社会の展開・変容と絡めつつ改めて考察することを試みた。その際，商業・業務施設やコミュニティ施設の所在を個別に示す資料（市民住所録類）を使用して従来の知見より精密に施設の分布を復原し，初期チャイナタウンの正確な位置と構造を実証的に明らかにした。いわば，チャイナタウンの生成の歴史を地理学的視点からたどろうとするものであり，従来の歴史叙述を中心とした諸研究により具体的な空間的情報を付加して，シアトル・チャイナタウンの歴史を再構成しようとした試みである。

　エスニックビジネスの立地を実証的に明らかにし地図化することを可能にする資料としては，一般に当該エスニック集団のコミュニティ団体やエスニック系新聞社などが発刊するエスニック・コミュニティ名簿（住所録，電話帳）が使

われる。しかし，アメリカにおける中国人の場合，第二次世界大戦前は人口が少なかったせいもあり，こうした住所録類の整備は一般にきわめて不十分である。早い時期のものとして，ウォン・キン（Wong Kin）が編纂した『国際中国人ビジネス住所録1913年（*International Chinese Business Directory of the World for the Year 1913*）』があるが，網羅度のうえで不十分であると判断されるほか，シアトルの初期チャイナタウンの状況を知るには年次がやや新しく，また単年度なので年次間の比較もできない。そこで，本研究では1889年から毎年出版されているシアトルのもっとも基本的で詳細な市民名簿である『ポーク社シアトル市民住所録（*Polk's Seattle City Directory*）』を使用することにした。しかし，これのみでは19世紀後半，特に後述する反中国人暴動（1886年）の前の状況を復原することはできない。幸い，ワシントン大学の文書館（「北西部特別コレクションズ」）には，ポーク社のもの以外にいくつかのより古い単発的な市民住所録ないし営業者住所録が残されている。ここでは，そのなかから年次と精度を考慮して目的に適合した5時点の住所録を前記ポーク社の市民住所録に加えて使用することにした。[1]

　問題は，どのように中国人による営業施設を的確に抽出するかということである。使用した住所録類は個人のほかに各種営業施設やコミュニティ施設を含み，その網羅度は後者の方でより高いと思われる。営業施設には，多くの場合カンパニー名に人名が冠され，またほとんどの場合にマネージャー名が記載されている。そこで，中国人の姓（surname）を指標として中国系営業・コミュニティ施設を抽出することが可能である。しかしながら，日本人・日系人の場合と違い，中国人の姓をその英語表記（アルファベット表記）から判別することは日本人研究者にとってかなり難しい。しかし，幸いなことにルーイーによる中国人のアメリカにおける姓の表記の仕方をまとめた著作（Louie, 1998）があり，その末尾の付録にアメリカにおける中国人の通常の英語表記姓のほぼ包括的と思われるリストが記載されている。そこで，このリストを基本とし，それにシアトルの中国人についての文献から得た姓をいくつか追加して，あり得るアルファベット表記の中国人姓の一覧（以下，「一覧」）を作成し，中国系の姓である

かどうかの判断基準とした。しかし，さらに問題もある。それは，同じアルファベット表記の姓で，中国系人の姓にもヨーロッパ系人の姓にも共通して見られるものが少なからずある（たとえば Lee）ことで，そのことを意識し市民住所録類から中国人および中国系施設として抽出する際の原則を次のように定めた。すなわち，①カンパニー名に冠された人名の姓が「一覧」に含まれ，名 (first name) も中国系と判断されたもの，②カンパニー名に冠された人名のうち姓が「一覧」に含まれ，名が欧米系の場合，マネージャーの姓名が中国系と判断されるもの，③ China, Chinese, Shanghai, Canton, Mandarin などがつくカンパニー名で，マネージャーまたは従業員が中国人であると判断されるもの，④中国人と判断される個人が働いている雇用先で，カンパニー名にアメリカの地名などがついているが，マネージャーの姓名が中国系で，扱う業種などからも中国系であると判断されるもの，の4通りを中国系施設と判断した。

具体的な作業としては，このような方法で判断して抽出した中国系営業施設・コミュニティ施設の住所リストを作り，さらに 1905 年及び 1920 年の大縮尺不動産地図 (Baist's Real Estate Atlas of Survey of Seattle, 1905, Kroll's Atlas of Seattle, 1920) 記載の番地を参照して，個々の施設の位置を示す地図を可能かつ必要と思われる年次につき作成した。以下，市民名簿の分析結果や作成した分布図を解釈しつつ，文献からの情報をまじえてシアトルにおける中国人社会の変容とチャイナタウンの生成・変容過程を見ていこう。

2　中国人の登場と最初のチャイナタウン

アメリカ太平洋岸北西部 (Pacific Northwest) に中国人移民が最初に登場したのは，1850 年代後半のこととされており，彼らはカリフォルニアでの鉱山ブームが一段落した後，北西部やブリティッシュ・コロンビアの新しい鉱山開発の可能性に賭けて移動してきた人びとであった (Chin and Chin, 1973：2)。シアトルにおける最初の中国人の記録はやや不確実ではあるが，1860 年にシアトルに着き，その後ワ・チョン商会 (The Wa Chong Company, 華昌) を興したチン・チュン・ホック (Chin Chun Hock) であるとされる (Chin and Chin, 1973：5)。1870 年

第 8 章　シアトルの初期チャイナタウンと中国人移民社会　81

までには，北西部における中国人人口は 234 人を数えるにいたったが，シアトルにはわずかしか居住していなかった。しかし，シアトルの中国人人口はすぐ増加し始め，1873 年には 2,000 人の市人口中，約 100 人が中国人であったという（Chin and Bacho, 1984a：8）。1876 年までには市人口 3,400 人に対して中国人約 250 人となり，さらに 300 人ほどの中国人がシアトルを出たり入ったりしていた模様である。

　シアトルの中国人社会は後述するように 1886 年 2 月の反中国人暴動（Anti-Chinese riots）から 1889 年のシアトル大火の後まで著しくその機能を低下させたが，この暴動前の 1870 年代から 1880 年代前半にかけての時期がシアトルにおける中国人コミュニティの生成時期といえる。この初期の定住期において彼らは市内のどこに住んでいたのであろうか。諸文献によれば，当時の中国人居住区（Chinese quarters）が現在の ID の西側，後にパイオニア・スクエアとよばれる地域にあったことは間違いない。チンらによれば，南北に走る街路のコマーシャル通り（Commercial St., 後の First Ave. S.）とオクシデンタル街南（Occidental Ave. S.），東西に走る街路の南ワシントン通りと南メイン通り（S. Main St.）が交差するあたり，特に商店の裏通りが，居住地の中心であったという（Chin and Chin, 1973：5）。

　この集中居住区界隈には，中国系の営業施設も立地した。シアトルにおける最初の中国系ビジネスは，チェン・チョン（Chen Cheong, 陳昌）（劉，1984：181）が 1867 年に創設した葉巻製造工場で，これはワシントン準州における葉巻ビジネスの嚆矢となったという（以下，Chin and Bacho, 1984a：7）。また，その 1 年後の 1868 年には，前述したチン・チュン・ホックがイェスラー製材所のすぐ南，ミル通り（Mill St., 後のイェスラー道 Yesler Way）の麓（海岸沿い）にワ・チョン（華昌）商会を開いた。この店はいわば雑貨店ないし総合商会（general merchandise store）で，茶などの中国食品，タバコ製造・販売，阿片も扱い，労働斡旋を兼ねて，後にはシアトルでも最大の中国系ビジネスに成長することになる（Chin, 2001：17）。なお，利用し得るもっとも古い営業者住所録である『ピュージェット・サウンド営業者住所録 1872 年版』（注 1，①）にはシアトル市内で 152 のビジネスがリストアップされ，そのうちの 2 軒が中国系営業施設で

あったことが判明する。1876年の営業者住所録（注1，②）では，中国系商店が11軒に増え，そのうち3軒は食品店（グロサリー），9軒は洗濯屋であり，1879年住所録（注1，③）では，総数22軒とさらに増加，うちレストラン3，食品店2，洗濯屋13であった。特に洗濯屋の数の多さは，この頃急速に中国系の洗濯業が展開・定着したことを物語っている。これら営業施設の位置を見ると，ほとんどが南ワシントン通り，南メイン通りの三番街南（Third Ave.S.）より海岸寄りの区域にあり，1860年代よりやや東に拡大したが，なお狭い範囲に集中していたことが判明する。なお，ワ・チョン商会は，1876年の少し前には三番街南と南ワシントン通りのコーナーにレンガ造りのビルを建てて移動してきた。これをきっかけに中国人居住地区は，コマーシャル通り - ミル通り地区から南ワシントン通り（二番街南 Second Ave.S.～三番街南）に移動してきたとチンらは見ている（Chin and Bacho, 1984a：8 および Chin, 2001：17）。

　先行研究の諸文献の記述から判断する限り，このシアトルにおける反中国人暴動（1886年）前の中国人居住区がチャイナタウンとよべるかどうかは微妙である。初期定住期のシアトル中国人社会を詳しく検討したチンらは，この初期のコミュニティを「居住―商業コミュニティ」と表現し（Chin and Chin, 1973：7，および Chin, 2001：17），「シアトルの最初のチャイナタウンの誕生」は1889年大火後であったとしている（Chin and Chin, 1973：17）。リーもシアトルにおける中国人の歴史を，1860～1870年「中国人の登場期」，1870～1889年「滞留者の時代」，1889～1925年「チャイナタウンの生成（の時代）」として概括している（Lee, 1984）。しかし，暴動前において，この中国系人の集中居住区がどの程度商業・業務地区としての実質を有していたのか，あるいはいなかったのかという点については，これらの文献は資料を提示して実証的に明らかにはしていない。そこで，1885年の状況を示す住所録から中国系施設を抽出した結果を見てみよう。

　図8-2は，マッキザーク社の『シアトル市・キング郡住所録』の1885-86年版（注1，④）を基礎資料として筆者が作成した中国系営業施設の分布を示す地図である。反中国人暴動以前の1885年における中国系人集中地区の状況を示

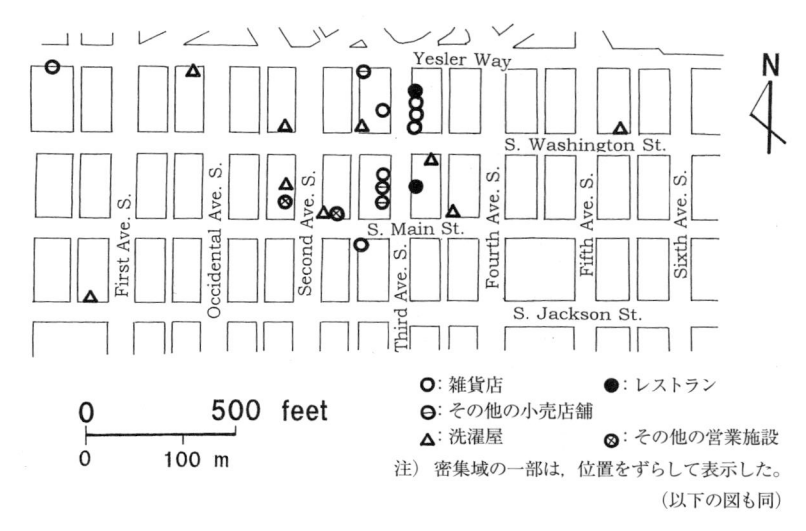

第 8 章　シアトルの初期チャイナタウンと中国人移民社会　83

図 8-2　中国系施設の分布（1885 年）

しているものと解される。図に見るように，中国系営業施設は，二番街南～四番街南（Fourth Ave. S.），イェスラー道～南メイン通りの地域に少なくとも 20 ほどの施設がある程度集中して立地していたことが窺われる。その中心は一般的に想定されている南ワシントン通りというより，むしろ三番街南に面した施設が多かったことも注目される。業種構成を見ると，洗濯屋と雑貨店（general merchandise store）が多く，レストランや食品店もそれぞれ 2 軒ずつ在った（**表 8-1**）。このうち三番街南に面している施設は雑貨店，レストラン，食品店であり，洗濯屋は周辺部に立地していた。この状況から見て，全体にやや分散気味ではあるが，反中国人暴動前の 1880 年代前半のシアトルにおいて，「最初のチャイナタウン」といってよい地区が小規模ながらすでに形成されていたと判断してよいのではなかろうか。そのチャイナタウンは三番街南を軸としたものであり，後に述べる南ワシントン通り中心のチャイナタウンとはやや立地傾向が異なっていた。なお，この時点ではチャイナタウン域の外（**図 8-1** の範囲外）には，ほとんど中国系営業施設の立地は見られなかった（**表 8-1**）。

3 反中国人暴動（1886年）とチャイナタウン

表8-1　シアトルにおける中国系施設の構成とその変化　　（施設数）

	1885年		1893年		1900年		1910年		1916年	
	内	外	内	外	内	外	内	外	内	外
雑貨店 [1]	6		3	2	5	2	15	4	35	4
食品店（グロサリー）	2		2		4			1	3	
レストラン・カフェ	2		1				5	10	8	4
薬（漢方薬）					1				5	
その他の小売り	2		2			1	2	2	3	1
洗濯屋	9	2	5	12	7	7	2	12		15
風呂屋・理髪					1		1			
医者	2									
保険							1	1	1	2
運輸・自動車関連									1	1
ホテル									1	
その他のサービス			2			1		3		3
テーラー・製造業			2		4	4	3	1	3	2
内容不明営業			2					1		1
コミュニティ施設					1		3		2	2
合計	23	2	19	15	23	16	32	35	61	35

内：チャイナタウン域内，外：チャイナタウン域外
1）いわゆる general merchandise store（輸出入商を含む）
資料）Seattle City and King County Directory, 1885-86（McIsaac & Co.）
　　　Polk's Seattle City Directory, 1893, 1900, 1910, 1916

　前述したように，シアトルの中国人社会とその居住地域に大きな影響を与えたのは1886年のいわゆる「シアトル反中国人暴動」である。暴動は，同年2月7日に勃発し，数日で300名余の中国人が蒸気船に乗せられシアトルから強制的に退去させられた[2]。

　この暴動の直後，どの位の中国人がシアトルに残ったかははっきりしないが，洗濯屋を営む人びとや家内労働者など少数の人びとは残ったという（Chin and Bacho, 1984a：10）。この時期のチャイナタウンがどのような状況であったのか，どの程度の中国系ビジネスが活動を保っていたのかなどの点について，管見の限り文献記載はほとんどない。そこで，暴動後1年を経た1887年発行の住所録（注1，⑤）から中国系営業施設を抽出して見ると，施設数が計16，うち15が南ワシントン通りや南メイン通りと三番街南の交差するあたりの以前のチャ

イナタウン域に立地していることが判明する。すなわち，暴動後チャイナタウンがすぐ消失してしまったわけではないことが示される。ただ，こうした施設の多くが，強い反中国人的雰囲気のなかで活発に営業していたかどうかは疑わしい。いずれにしても，暴動前よりかなり中国人の営業活動が低下し，チャイナタウンが深刻な危機に直面したことは間違いないものと思われる。

4　大火後の復興と「南ワシントン通りチャイナタウン」の形成

　1889年6月6日，マディソン通り近くの一番街（First Ave.）にあるひとつの商店の地下で火事が発生し，またたくまにダウンタウンに広まった。火災は一晩中続き，30ブロック以上，約60エーカーを焼き尽くし，シアトルのダウンタウンのかなりの部分は灰塵に帰した（Sale, 1976：50）。これが，いわゆる「シアトル大火」である。

　しかし，このシアトル大火は皮肉にもチャイナタウン再建の大きなきっかけとなった（Chin and Chin, 1973：17）。復興のための建物再建や道路の舗装などに多くの労働力が必要となったことが中国人労働者をシアトルに再び惹きつける要因となったのである。1890年センサスを見ると，シアトル市人口43,387人のうち，中国人は359人となり，反中国人暴動前の水準を回復したことがわかる。この市内中国人人口は1900年には438人にまで増えたが，シアトル市の人口と経済の急速な増大に比すれば，中国系コミュニティの成長は遅々としていたといえよう。

　回復した中国人人口の主な居住地域は二番街南と南ワシントン通りあたり，暴動前とほぼ同じ界隈であり，ここがシアトルの「最初のチャイナタウン」になったとチンらの著作では認識している（Chin and Bacho, 1984b：7）。しかし，営業施設の数やその詳細な分布はこれまでの文献で明らかにされていない。チンらの記載では，大火後すぐに富裕な中国人商人チン・ギー・ヒー（Chin Gee Hee, 陳宣禧）が二番街南とメイン通りの北東のコーナーに煉瓦造りのビルを建てたという（Chin and Chin, 1973：19；可児ほか編, 2002：322）。その他の中国系営業施設の多くは南ワシントン通りにあったようで，著作にはいつの年次の状

態を示すかはっきりしないが「シアトルのオリジナル・チャイナタウンの地図」と題して，同通りの二番街南から三番街南の間に北側 8，南側 4，計 12 の商店（そのほとんどが中国系と推察される）が立地している様子を示した地図が掲載されている（Chin and Chin, 1973：20）。しかし，この地図は南ワシントン通りのみの描示なので，チャイナタウンの空間的構造の全容はわからない。そこで，ここでは前述したように『ポーク社シアトル市民住所録』からいくつかの年次について中国系営業施設を抽出した結果を見てみよう。

　まず，1890 年発行のポーク社住所録においては，中国系と目される施設は 13 であり，そのうち洗濯屋 9，日本雑貨（Japanese Bazaar）3，葉巻・タバコ製造・販売 1 となる。その立地を見ると多くがダウンタウンの海岸沿い北部であり，暴動前に成立していた「最初のチャイナタウン」域またはその近傍には 2 軒しかない。このことは，暴動後ある程度時間がたった段階でチャイナタウンはほとんど消失し，大火後 1 年のこの時期においてまだ復興していなかったことを示している。一方，1893 年の住所録からは，計 34 の中国系施設が抽出される。このうち，19 軒がもとのチャイナタウン域か，その近くに立地し，業種も雑貨店，食品店，レストラン，テーラーなどを含んでいる（表 8-1）。このことから，チャイナタウンがある程度もとに近い水準で復興したといえよう。しかし，その立地を地図化して見ると五番街南（Fifth Avenue S.）沿い，南ワシントン通りと南メイン通り近くが多く，暴動前のチャイナタウンとは少しずれた地域に再形成されたこと，また，チンらのいう南ワシントン通り中心の「オリジナル・チャイナタウン」ともやや立地傾向が異なっていたことが判明する。

　しかし，1897 年発行のポーク社住所録から抽出した結果を見ると，中国系営業施設計 34，このうち 21 がチャイナタウン域かその近傍に立地し，しかも少なくとも 12 が南ワシントン通りに面していたと推察される。すなわち，「南ワシントン通りチャイナタウン」は，大火後すぐにではなく 1890 年代の後半になって形成されてきたと見てよいであろう。1900 年の住所録からの結果においても立地傾向はほぼ同じで，南ワシントン通りに少なくとも 13 軒の中国系営業施設が集中立地していた（図 8-3）。しかし，両年次ともその立地は通りの北

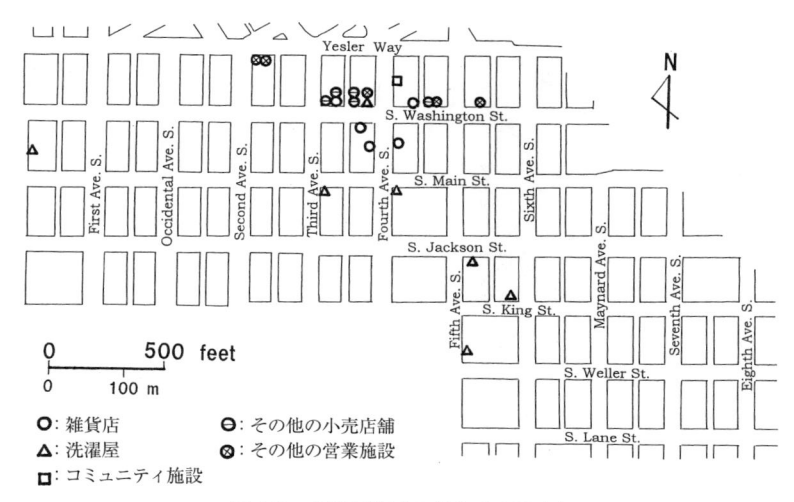

第 8 章　シアトルの初期チャイナタウンと中国人移民社会　87

図 8-3　中国系施設の分布（1900 年）

凡例：
- ○：雑貨店
- △：洗濯屋
- □：コミュニティ施設
- ⊖：その他の小売店舗
- ⊗：その他の営業施設

側に著しく偏っており，やや変則的な片側商店街であったことが窺われる。また，このワシントン通りで最も集中しているのは三番街南から四番街南の間であり，チンらの地図で示された集中地区である二番街南から三番街南の間にはほとんど立地していない。なお，中国系施設の数はチャイナタウン域（地図範囲内）で 1897 年 21，1900 年 23 と暴動前の数とほぼ同じであるが，域外（地図範囲外）に 1897 年 13，1900 年 16 の施設があり，中国系施設全体としては数も増え，かつ地域的に分散していったことが判明する（**表 8-1**）。

図 8-4 は，1910 年の『ポーク社市民住所録』からの作業を地図化したものである。図を見るに，中国系施設の南ワシントン通りへの集中は変わらないとしても，分布の細部は 1900 年からかなりの変化が見える。施設が最も集中して立地しているのは二番街南から三番街南の間であり，北側に 9 施設，南側にも 4 施設立地している。この状態は，前述したチンらの地図に示された状態に近い。また，ワシントン通り北側には四番街南と五番街南の間にも小クラスターが見られる。一方，三番街南と四番街南の間の南ワシントン通りには中国系施設は見当たらず，このことは 1900 年から 1910 年の間に変化があったことを意

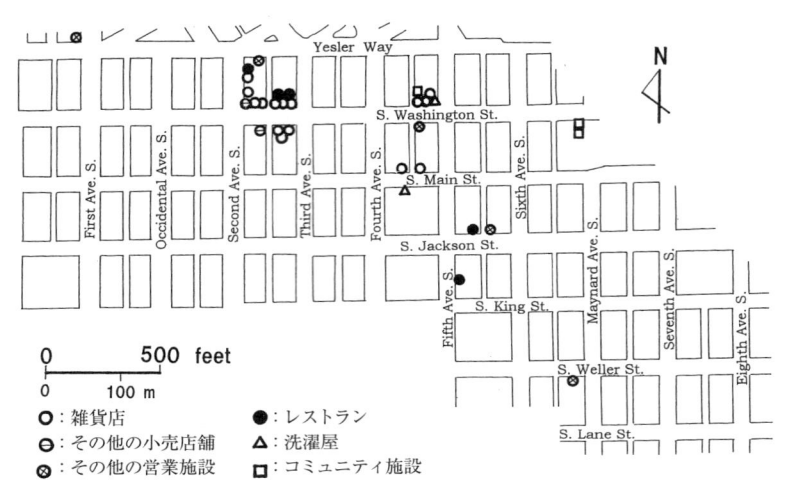

図8-4　中国系施設の分布（1910年）

凡例：
○：雑貨店　●：レストラン
⊖：その他の小売店舗　△：洗濯屋
⊗：その他の営業施設　□：コミュニティ施設

味するが，その詳細はいまのところ不明である．施設数を見るとチャイナタウン域には32施設が立地し，チャイナタウンの機能がより強化されたことが窺われる．また，このなかには3つのコミュニティ施設（バプティスト教会，英語学校，廟）が含まれることも，中国系コミュニティが成長し，組織化が進んだ証といえよう．この時期，特筆すべきはチャイナタウンの外の施設数が35とチャイナタウン域を上回っていることで，シアトル市全体としては施設立地の分散がより進んだことを示している．

　この南ワシントン通り中心のチャイナタウンは，どのような機能を発揮していたのであろうか．チャイナタウン域で最も主要な業種類型は，本章で「雑貨店」と記述したもので，これは住所録で general merchandise store と表現されたものを中心に中国輸出入商などを加えたものである．この「雑貨店」は，中国人が経営するいわば総合商会で，雑貨，食品，中国等東洋輸入品など中国人の移民労働者が必要とする品を雑多に扱う他，下宿屋，金融，労働斡旋などの機能を兼ねるものもあり，また中国系人の相互のコミュニケーションに欠かせない空間を提供していた（Chin and Chin, 1973：21-24）．この雑貨店の具体的な

店舗構造や形態について記述した資料は少ないが，1902年に建築許可を申請した南メイン通り416番地のワ・チョン商会の例では，3階建て煉瓦造りビルで，1階は店舗，2，3階は下宿部屋，地下に倉庫を有していた模様である（*Seattle Daily Times*, 1902年6月1日記事）。他には，レストランを除くと専門化された商店やサービス業オフィスがほとんどないのも特色で，これはこれらの機能をこの雑貨店が代替していたためであろう。なお，チャイナタウン域外ではレストランと洗濯屋が圧倒的に多い（**表8-1**）。これらの業種の顧客は主としてホスト社会の人びとと思われ，ホスト社会が中国人に期待する機能を提供していたと見ることができる。このうち，レストランは中国人のもつ文化的資源をホスト社会のなかで最も有効に利用できるものであり，洗濯業はその労働集約的な性格と初期投資の低さが新来の移民である中国人にも数少ないホスト社会志向の起業機会のひとつを与えたといえよう（Ong, 1983：68）。

5　中国系施設の移動と「南キング通りチャイナタウン」の形成

　D.チンとA.チンによる著作では，南キング通り中心のチャイナタウン（現在までのチャイナタウン）の形成は，1909年のグーン・ディップ（Goon Dip）によるミルウォーキー・ホテルの建設から始まったとされている（Chin and Chin, 1973：27-28）。しかし，D.チン単著の新しい著作では，この南キング通り界隈における最初の中国人所有の建物は1910年建築のヒップ・シン・トン（Hip Sing Ton）ビルであり，同じ年に南キング通り（七番街南 Seventh Ave. S.～八番街南 Eighth Ave. S.）におけるさらに2つのビル建設がグーン・ディップ率いるコン・イック（Kong Yick）投資会社によって進められ，ここに進出した2つの有力な中国系商会が南キング通りにおける最初の中国系ビジネスであったという（Chin, 2001：39）。同書によれば，ミルウォーキー・ホテルの建設は1911年であり，当時の粋を凝らした建物であった。チンはこうした記述の根拠（資料）を示していないが，『ポーク社市民住所録』ではミルウォーキー・ホテルが1912年版から（Hotel Milwaukee の名で）登場していることから見て，新しい著作の記述の信用性が高いと判断される。なお，筆者の市民住所録からの作業結果にお

いても，1910 年段階では五番街南にレストランが，また南ウェラー通りにテーラーがそれぞれ 1 軒ずつ立地しているのみで，南キング通りにはまだ中国系施設の進出は見られない (**図 8-4**)。

このように 1911 年以降，南キング通りへの中国系施設の進出が始まり，チャイナタウンの移動と新しいチャイナタウンの形成が促進されていったと解釈されるが，この移動にはどのような要因と背景があったのであろうか。この点に関して先行文献では必ずしもはっきりした指摘がないが，ひとつ考えられることは古いチャイナタウン域である南ワシントン通りの海岸寄りの地区の過密化と建物の老朽化である。この区域はシアトルでもっとも開発が古い地区で，商業・業務地区が北方向に拡大するなかで移動労働者の滞留地としての性格が強くなり，後にドヤ街の代名詞となった「スキッドロード」の名でよばれるようになった。ところでこの地域からの移動の方向性となると限定されている。北は新しい都心域であり，南は鉄道用地，西はすぐウォーターフロントで，唯一可能な方向は東寄りの山の手に向かうことであった (*Seattle Daily Times*, 1906 年 3 月 2 日記事，参照)。また，この東への移動を可能にしたフィジカルな条件として，ファーストヒルの削平 (regrade) がある。すなわち，移動先となった南キング通りの現チャイナタウン域は 19 世紀には急傾斜のファーストヒルから南の潮間帯低地へと移行するところにあり，20 世紀初めの「ジャクソン通り削平プロジェクト」により傾斜が減じ，かつ埋め立てにより南方面の土地が開けた。このことが，有力な中国人商人をして，彼らの新たな活動場所としてこの地を選ばせたのではなかろうか。

当時のシアトルにおける中国人社会は，やや年齢の高い独身男性中心に構成される孤立した小さなコミュニティであった (以下，Chin, 2001：43)。1910 年には，932 人の中国人のうち 860 人が男性で，年齢の中央値は 45 歳前後と推定されている。彼らはアメリカにかなり長く暮らしており，中国に戻るにしても晩年になって余生を過ごすためのみと考え始めていたという。

図 8-5 は，1916 年の『ポーク社市民住所録』から中国系施設を抽出した結果である。南キング通り沿いを中心に，西は六番街南 (Sixth Ave. S.)，東は八番街

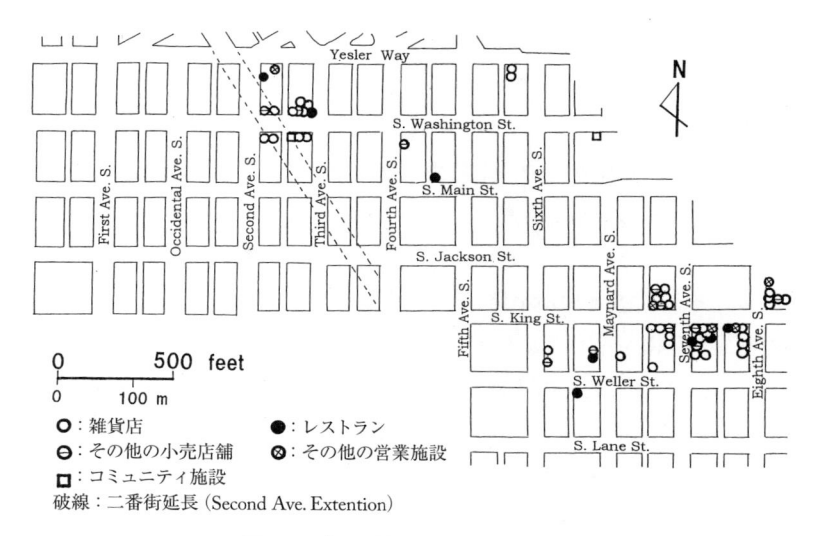

図8-5　中国系施設の分布（1916年）

南までの区域に40ほどの中国系営業施設の集積が形成され，「南キング通りチャイナタウン」が成立した状況が示される。しかし，この段階では古い南ワシントン通りのチャイナタウンも完全に消滅したわけではなく，まだ15軒ほどの営業施設が立地しており，新旧のチャイナタウンが競合していたことも判明する。この点に関し，チンらは1920年までに旧チャイナタウンのほとんどすべての商店が新しいチャイナタウンに移動したと述べている（Chin and Bacho, 1984b：8）。しかし，1930年のポーク社住所録から抽出した筆者の作業結果では，1920年代貫通の二番街延長（Second Avenue Extension）部分（図8-5で示した破線部分）に立地していた施設は消失したものの，なお11軒ほどの中国系商店が古いチャイナタウン域に残存していることが示された。このことから，チンらの記述とは違い，新旧チャイナタウンの競合は戦前期においてかなり遅くまで残ったのではないかと推定される。なお，シアトル居住の中国人は，1930年約1,350人，うち男性は約1,000人，1940年には約1,800人，うち男性約1,350人で，性比はやや均衡化したものの戦前期においてはなお圧倒的に男

性が多い社会であった (Chin, 2001：43)。

6　おわりに

　筆者が市民住所録類から中国系施設を抽出して地図化した結果から得た知見のうち，特に従来の見解と異なる点，あるいは新たに浮かび上がってきた点をまとめると次のようになる。①1885年段階において現在のパイオニアスクエア域に少なくとも23軒の中国系営業施設が立地し，全体としてやや分散気味ながらも三番街南を中心とした集積を形成していた。すなわち，反中国人暴動（1886年2月）以前に最初のチャイナタウン的形態がすでに形成されていたといってよいのではなかろうか。②反中国人暴動を経てシアトル大火（1889年）後の「南ワシントン通りチャイナタウン」の形成は，大火後すぐというより1890年代後半になってからであり，その形態は通りの北側に著しく偏したものであった。③1910年段階では南ワシントン通り沿い二番街南〜三番街南，四番街南〜五番街南の間に施設が集中して，このワシントン通りチャイナタウンが2つに分裂した形になったことが窺えるほか，この段階では現在のチャイナタウン域である南キング通り域における施設立地はほとんどなかった。④南キング通りへの中国系施設の進出は1911年以降であり，チャイナタウンの中心は1910年代後半には南キング通りへ移ったが，旧チャイナタウン域にもかなりの中国系施設が残り，新旧チャイナタウンの競合が戦前期遅くまで，少なくとも1930年の後までは続いた。⑤チャイナタウン域外の中国系施設の立地を見ると，1886年以前は僅少であったが，1900年段階ではイェスラー道以北のダウンタウン域にも進出し，1910年段階ではチャイナタウン域外にチャイナタウン域にも比肩する数の中国系施設が立地していたことが判明する。なお，中国系営業施設の構成を見ると，チャイナタウン域では中国輸入雑貨・食品販売，労働斡旋など中国系社会に向けて多様な機能を果たす「雑貨店」が中心であり，域外ではホスト社会志向型と思われる中国食レストランと洗濯屋が多かった。チャイナタウン域内・域外をあわせて中国系エスニック都市経済としてとらえていく視点が今後は必要となろう。

[付記] 本章は，杉浦　直（2007）：シアトルにおける初期チャイナタウンの形成とその変容．歴史地理学，49-4：1-17，を省略・修正したものである．

注
1) ①*Puget Sound Business Directory and Guide to Washington Territory, 1872*, Murphy & Harned, Olympia, 1872, ② Ward, K.C., *Business Directory of the City of Seattle for the Year 1876*, B.L. Northup, Seattle, 1876, ③ Pitt, R. D., *Directory of the City of Seattle and Vicinity − 1879*, Hanford & McClaire, Seattle, 1879, ④ *Seattle City and King County Directory, 1885-86*, C. H. McIsaac & Co., Portland, 1885, ⑤ *R. L. Polk & Co.'s Puget Sound Directory, 1887*, R. L. Polk & Co., Seattle, 1887.
2) この暴動は，決して偶発的な出来事ではなく，中国人移民の登場以来19世紀のアメリカ西海岸，特に北西部に底流として醸成されてきた中国人への偏見と敵意が集約して表れた現象であった．1883年ごろから反中国人デモや鉱山・農園の中国人労働者が暴徒に襲われる事件が頻発し，その動きが頂点に達したのがシアトルにおけるこの大規模な暴動であったといえよう．

文　献
可児弘明・斯波義信・游仲勲編（2002）：『華僑・華人事典』弘文堂．
劉伯驥（1984）：『美国華僑逸史』黎明文化事業股份有限公司，台北．
Chin, D. (1984): The emergence of a unique Asian American community. *The International Examiner*, Dec.19: 7-12.
Chin, D. (2001): *Seattle's International District: The Making of a Pan-Asian American Community*, International Examiner Press, Seattle.
Chin, D. and A.Chin (1973): *Up Hill: The Settlement and Diffusion of the Chinese in Seattle, Washington*, Shorey Books, Seattle.
Chin, D. and P.Bacho (1984a): The history of the International District: early Chinese immigration, *The International Examiner*, Oct. 17: 7-10.
Chin, D. and P.Bacho (1984b): The origins of the International District. *ibid.*, Nov.21: 5-8.
Hildebrand, L.B. (1977): *Straw Huts, Sandals, and Steel: The Chinese in Washington State*. The Washington State American Revolution Bicentennial Commission, Tacoma.
Hsu, H.-H. (1987): Passage to Chinatown, Managing the Sense of a Place — Chinatown — International District, Seattle. MA Thesis (Urban Planning), Univ. of Washington (unpublished), Figure 5.
Lee, D.W. (1984): Sojourners, immigrants, and ethnics: The SAGA of the Chinese in Seattle. *Annals of the Chinese Historical Society of the Pacific Northwest*, Bellingham, WA:

51-58.
Louie, E.W. (1998): *Chinese American Names: Tradition and Transition*. McFarland & Co., Jefferson, NC, and London.
Ong, P. (1983): Chinese laundries as an urban occupation in nineteenth century California. *Annals of the Chinese Historical Society of the Pacific Northwest*, Seattle: 68-85.
Sale, R. (1976): *Seattle: Past and Present*. Univ. of Washington Press, Seattle and London.
Takami, D. (1989): *Shared Dreams: a History of Asians and Pacific Americans in Washington State*. Washington Centennial Commission, Seattle.

column **シアトル・チャイナタウンの中華門**

　チャイナタウンといえば，入口付近に建つ大きく華やかな中国式の楼門（牌楼^{パイロウ}）がすぐ目に浮かぶ。世界各地のチャイナタウンでこの種の門を有するところは，アメリカではサンフランシスコ，ロサンゼルス，ポートランド，シカゴ，ワシントンDC，ボストン，フィラデルフィアなどがあり，カナダではバンクーバー，トロント，モントリオール，エドモントン，さらにパリ，ロンドン，リバプールなどヨーロッパ諸都市，そして日本では横浜中華街に現在10基も建っており，神戸南京町にも3基，長崎新地中華街にも4基ある。まさにチャイナタウンのシンボル，一大ランドマークである。
　シアトルのチャイナタウンはどうであろうか。インターナショナル地区とも称されるこのチャイナタウンには元来楼門がなかった。しかし，現在行ってみると，ちょうど西の入り口にあたる南キング通りと五番街南が交差する位置に華麗な楼門が建っている。現地ではチャイ

ナタウン・ゲート（中華門）などと称しているが，これは2008年2月に完成したごく新しいものである。ノースウェスト・エイジアン・ウィークリー紙によれば，中華門を建てることはシアトル中国系人コミュニティの昔からの悲願で，古くは1940年代にも話があったという。1990年代中ごろに，また中華門建設への関心が盛り上がり，2001年にその実現に向けて市との正式な交渉が始まった。当初の計画はキング通りの西と東の入口にそれぞれ1基ずつ建てる計画で，2004年末までにめどをつける目論見であったが，資金集めに難渋し，ようやく2008年に入って1基のみ完工した。この楼門は，高さ38フィート，幅45フィート，前後8フィートの厚さという堂々たるもので，鉄筋コンクリート構造ながら，中国から輸入した8,000枚もの磁器製瓦を乗せ，中国的雰囲気満点である。この中華門に限らず，この地区では1990年代から街灯柱へのドラゴン装飾やチャイナタウンを表示した飾り旗（バナー）など中国系のエスニシティを強調した表象が目立つ。公式には複合アジア人街を標榜する「インターナショナル地区」にとってこの中国系のエスニシティ強調は必ずしも歓迎一色ではなく，複雑な潜在感情もあるが，そうしたなかでの自己主張や交渉を通して「エスニックな場所」の（再）構築が進んでいくのである。 　　　　　　　（杉浦　直）

シアトル南キング通りの中国式楼門
（2010年9月，筆者撮影）

第9章
ホノルルにおけるエスニック構成とその変容
―米国国勢調査（1910〜40年）をもとに―

飯田耕二郎

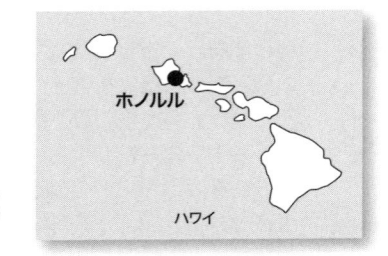

1 はじめに

　ハワイはアメリカ合衆国のなかでも，特にどのエスニック集団も過半数にはならない多民族社会である。このエスニック構成は19世紀以来，ハワイの基本的な特徴となっている。その要因として，ヨーロッパ世界との接触によるハワイ先住民人口の激減と，白人企業家たちが始めた砂糖きびプランテーションのための労働力として，おもにアジアからの移民を導入したことがあげられる。

　ハワイの中心都市であるホノルルの都市化は，20世紀に入って砂糖きびプランテーションの生産の停滞と再編成の過程で，プランテーションから押し出されていった労働者の都市流入によって加速化されていったといわれている（久武，1999：356-357）。ここでは，都市化が急激に進んだ20世紀の前半（1910〜40年）におけるホノルルの居住地および職業に関するエスニック構成の特色とその変容について，米国国勢調査（U.S. Census）の10年ごとの統計数値をもとにして明らかにしたい。

2　米国国勢調査 (U.S. Census) における特徴

(1) エスニックおよび職業における分類

　ハワイにおけるエスニック・カテゴリーは年代によって異なっており，白人 (Caucasian) に関しては，1910年と1940年は1つであるが，1920年の国勢調査ではポルトガル人，プエルトリコ人が，そして1930年ではさらにスペイン人に関して別個のカテゴリーが設けられ，ハワイ先住民の混血の場合も1920年と1930年では，「白人系」と「アジア系」が統計上区分されている。日本人，中国人以外のその他の民族については，1910年では朝鮮人・フィリピン人・黒人・その他が1つの項としてまとめられており，1920年と30年では朝鮮人・フィリピン人が別個の項目になっている。1940年になるとフィリピン人のみ別の項目で，朝鮮人はその他に含まれている。表9-2～9-5で示すエスニック・カテゴリーは，ここでは1910年度はそのままで，1920～40年度については便宜的に1940年のもので統一することにした。

　職業上の分類においては，1910～30年ではほぼ同じ分類方法で，農林漁業，製造・機械産業，運輸業，商業など大まかな産業別分類とさらにくわしい職業ごとの人数が記載されているが，1910年のみ産業別ごとの合計人数が抜けている (表9-2参照)。1940年のみそれまでとは全く異なり大まかな分類による人数が記載されているだけ (表9-5) で，細かい職業ごとの人数は明らかでない。

(2) 全体的なエスニック構成の変容

　表9-1にみられるように，19世紀まではホノルル市においてハワイ先住民が最も多かったが，20世紀に入って1910年では白人，1920年には日本人がそれまでの10年間で激増することにより首位が入れ替わり，その後は1990年に至るまで日本人が最多数を占めている。日本人は1885年に官約移民（日本とハワイ両政府間の契約による移民）が開始され，しばらく経った1896年以後，1930年まで10年ごとに倍増していることがわかる。白人のうちポルトガル人は1872年から1890年にかけて8倍近く，中国人も同時期に7倍の増加率で，共に20世紀に入ってからも増え続けている。プエルトリコ人，朝鮮人，フィリピン人

はいずれも 1910 年代頃からで，なかでもフィリピン人の増加が著しい。また，混血先住民も 1930 年代から 50 年代にかけて急増しているのが注目されよう。

3 居住地の特色とその変容

表 9-1 のように，1853 年のホノルルの総人口 1.1 万人のうち 86% はハワイ先住民で占められており，市街地も現在のダウンタウン周辺に限られていた。1852 年より中国人移民が導入されるが（表 9-1 では 1872 年の 632 人が最初），砂糖耕地の労働力が 1885 年からの日本人移民に取って代わられるなどのため，ホノルルへの流入が急増した。そして 1890 年代にかけての時期にダウンタウ

表 9-1　ホノルル市人口のエス

エスニック＼年	1853	1872	1890	1896	1900	1910	1920
ハワイ先住民	9,889	11,210	8,562	7,918	19,023*	7,910	8,459
混血先住民	386	1,013	2,603	3,468		5,613	9,072
白人（総計）	1,013	1,349	4,216	8,041	7,465	15,992	24,125
ポルトガル人	32	222	1,732	3,833	2,410	6,147	9,978
スペイン人	*	*	*	*	72	258	636
プエルトリコ人	*	*	*	*	*	387	841
その他の白人	981	1,127	2,484	4,208	4,983	9,200	12,670
中国人	*	632	4,407	7,693	6,842	9,574	13,383
日本人	*	*	388	2,381	5,595	12,093	24,522
朝鮮人	*	*	*	*	*	460	1,319
フィリピン人	3	*	*	*	*	87	2,113
黒人	*	*	*	*	*	327	198
その他	40	648	2,731	419	381	127	136
合計	11,455	14,852	22,907	29,920	39,306	52,183	83,327
オアフ島人口	19,126	20,671	31,194	40,205	58,504	82,028	123,527
ハワイ全体人口	73,137	56,897	89,990	109,020	154,001	191,909	255,912

資料）1853 年と 1896 年は，A. W. Lind, *Hawaii's People* (4th ed.) (Honolulu, Univ. of Hawaii Press, 1981, 131p), p.57 より。1872 年，1890 年，1900 年については *Thrum's Hawaiian Annual and Almanac*, 1878 年〔1872 年度分〕，同，1892 年〔1890 年度分〕，同，1909 年〔1900 年度分〕

第9章 ホノルルにおけるエスニック構成とその変容　99

ンの西部，ヌアヌ川東岸地域に中華街が形成された。また，1878年からプランテーション労働力として導入されたポルトガル人も日本人労働者に押し出される形で，現在の国立墓地（パンチ・ボウル）の丘陵下に居住区を形成した。現在もこの辺りにマゼランやアゾレス，マデイラといったポルトガルに因む街路名が存在するのは興味深い。20世紀になって，西方のダウンタウンから東方にベレタニアとキングの2本の街路が延び，住宅地の開発は東方のダイヤモンド・ヘッドやカパフルなどの高燥地に展開した。この頃から急増した日本人は，当時先住民のタロイモ耕地や養魚地などが散在していたマッカレーやモイリイリ，あるいはカカアコなどの低湿地に定住して日本人キャンプ（館府）を形成して

ニック構成の変化（1853～1990）

1930	1940	1950	1960	1970	1980	1990
9,675	5,457	4,885	3,828	25,636	28,176	29,276
14,242	25,583	37,205	40,749			
39,043	50,892	62,459	80,274	110,070	104,662	104,038
12,297	*	*	*	*	*	*
574	*	*				
2,211	*	3,904				
23,961	*	58,555				
19,334	22,445	26,724	30,078	35,640	38,646	44,892
47,468	60,593	92,510	109,066	109,489	111,228	106,677
2,604	*	4,802	*	5,112	11,609	14,942
4,776	6,887	17,372	21,807	29,480	40,479	45,993
322	*	*	*	2,397	4,243	7,371
118	7,469	2,050	8,392	7,021	25,964	23,870
137,582	179,326	248,007	294,194	324,845*	365,007*	377,059
202,923	258,256	353,020	500,409	630,528	762,565	836,231
368,336	423,330	499,769	632,772	768,559	964,691	1,108,229

1910年度以降1990年度までは U. S. Census の第13次（1910年）から第21次（1990年）より集計。
出典）久武，1999：361

いった（久武, 1999：362-364）。

図9-1は，1930年度の国勢調査に基づくエスニックごとの集中度の高い（40％以上を占める）地区を示している。日本人はホノルル西部のカパラマ（5の⑰）3623人・59.0％やダウンタウン東部のカカアコ（4の⑪）3802人・78.9％，ワイキキ北側のマッカレー＝モイリイリ（4の⑧）2911人・77.0％，低地マノア（4の⑦）2260人・47.8％など低湿地縁辺に集中している。またダウンタウン西側のアアラ（5の㉔）2709人・46.5％，オロメア（5の㉒）2910人・43.7％も多く住んでいる。カハラ（4の㉙）は1163人・60.8％で人口は多くないが比率は高い。

いっぽう，白人はマキキ（4の⑯）1263人・53.8％，マノア（4の⑭）1129人・60.1％，ワイキキ（4の⑨⑩）両地区で2531人・60.0％，カイムキ（4の②）1509人・50.9％など丘陵地の住宅地や沿岸部の景勝地に集中していることがわかる。ポルトガル人は1920年には，パンチ・ボウルの斜面とカリヒ谷の上流部で集中し，同年2805人と793人のポルトガル人がそれぞれの狭い地域で居住していることが報告されている（Lind, 1955：54）。1930年にはパンチ・ボウル地域に2086人（4の㉔パンチ・ボウル826人・48.5％と同㉕パウオア，同㉖パシフィック・ハイツの合計）と減少し，カリヒ谷地域（5の⑬）は874人でやや増加している。

中国人はパウオア（4の㉕）1495人・46.0％が最も高い比率だが，チャイナタウンに近いアアラ（5の㉔）の2075人を中心とする地域が多数を占め，低地マノア（4の⑦）の952人も比較的多い。パウオアからタンタラス（4の⑮）にかけては中上流階級の中国人が住み，「マンダリン・ハイツ」ともよばれている（Lind, 1955：59）[1]。

ホノルルにおける最後の移民集団であるフィリピン人はホノルル西部にあるキング街とリリハ街の交差する辺りを中心に形成された（Lind, 1955：55）[2]。1930年では，それに近いイヴィレイ（5の㉕）631人からカパラマ（5の⑰）764人にかけてのオアフ鉄道の沿線沿いの工業地帯に人口が集中するが，ともに10％台の比率でそう高くない。朝鮮人は，パラマ地区とパンチ・ボウルの斜面にあるポルトガル人の間に小さな新開地があった（Lind, 1955：56）。1930年において

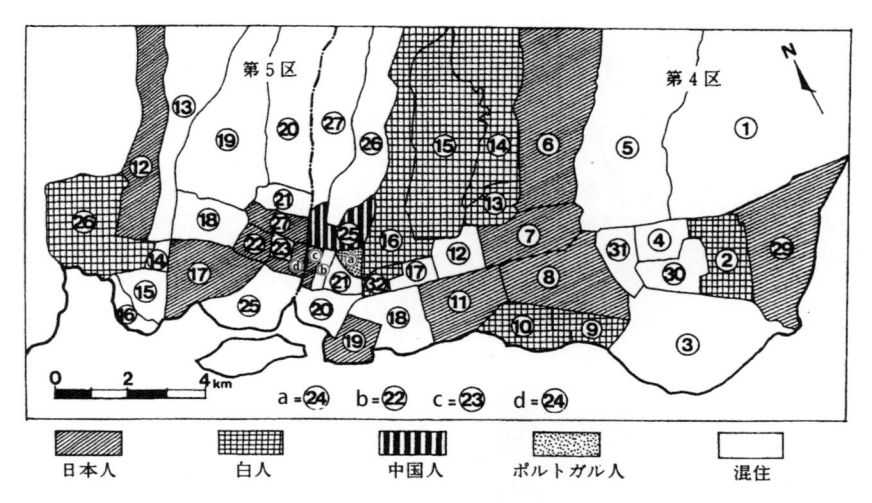

第9章　ホノルルにおけるエスニック構成とその変容　101

〔第4区〕．1. ワイアラエ（Waialae），2. カイムキ（Kaimuki），3. ダイアモンド・ヘッド（Diamond Head），4. パホア（Pahoa），5. パロロ（Palolo），6. 上部マノア（Upper Manoa），7. 低地マノア（Lower Manoa），8. マッカレ＝モイリイリ（McCully＝Moiliili），9. 東部ワイキキ（E. Waikiki），10. 西部ワイキキ（W. Waikiki），11. カカアコ（Kakaako），12. プナホウ（Punahou），13. メトカフ（Metcalf），14. マノア（Manoa），15. タンタラス（Tantalus），16. マキキ（Makiki），17. ピイコイ（Piikoi），18. ワイマヌ（Waimanu），19. ラナ（Lana），20. アラケア（Alakea），21. ダウンタウン（Down Town），22 (b). フォート（Fort），23 (c). ククイ（Kukui），24 (a). パンチ・ボウル（Punch bowl），25. パウオア（Pauoa），26. パシフィック・ハイツ（Pacific Heights），27. ヌウアヌ谷（Nuuanu Valley），28. ハワイ・カイ（Hawaii Kai）〔図中には表示していない〕，29. カハラ（Kahala），30. マウナロア（Maunaloa），31. カパフル（Kapahulu），32. キナウ（Kinau）〔第5区〕，12. フォート・シャフター（Fort Shafter），13. カリヒ谷（Kalihi Valley），14. カハヌー（Kahanu），15. マカウエア（Makauea），16. カリアワ（Kaliawa），17. カパラマ（Kapalama），18. ファーリントン（Farrington），19. カリヒ（Kalihi），20. アレワ（Alewa），21. リリハ（Liliha），22. オロメア（Olomea），23. イアオ（Iao），24 (d). アアラ（Aala），25. イウィレイ（Iwilei），26. マプナプナ（Mapunapuna），27. パラマ（Palama）

注）各統計区の総人口に占める各エスニック人口の割合が40％以上の地区を表示してある．

図9-1　1930年におけるホノルルのエスニック集中地区

出典）久武，1999：367

は，パラマ地区に近いオロメア530人およびイアオ310人（5の㉒と㉓），パンチ・ボウル160人（4の㉔）が比較的多い．プエルトリコ人は朝鮮人よりもさらに少なく，パラマ地区と上カリヒ谷の限定された新開地に居住していた（Lind, 1955：56）．1930年では，この両地区に挟まれたファーリントン（5の⑱）466人，オロメア（5の㉒）273人が目立つ．ハワイ先住民が多いのは，カリヒ谷（5の⑬）

102　Ⅱ　フィールドからみるエスニック社会の諸相

C＝白人　J＝日本人（各統計区の総人口に占める各エスニック人口の割合が40％以上の地区を表示）

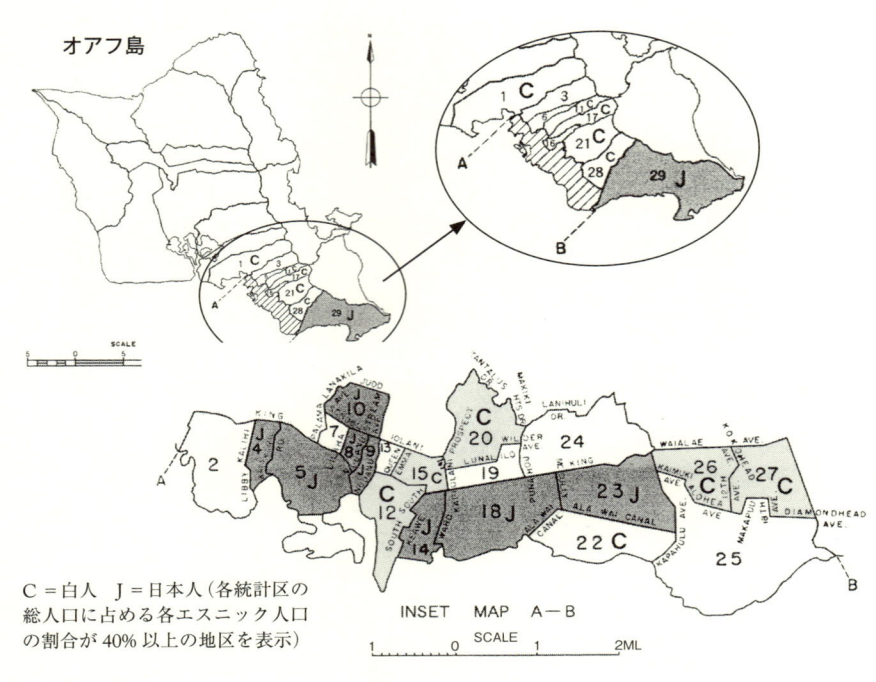

ホノルル地区名

1　モアナルア＝カハウイキ（Moanalua-Kahauiki）
2　カリヒ＝カイ（Kalihi-Kai）
3　カリヒ＝ウカ（Kalihi-Uka）
4　ワイアカミロ（Waiakamilo）
5　イヴィレイ＝サンドアイランド（Iwilei-Sand Island）
6　カパラマ（Kapalama）
7　パラマ（Palama）
8　カウルヴェラ（Kauluwela）
9　リバー街地区（River Street Area）
10　ラナキラ＝クナワイ（Lanakila-Kunawai）
11　アレワ＝プウヌイ＝ヌウアヌ（Alewa-Puunui-Nuuanu）
12　中央業務地区（Central Business District）
13　中央中学校地域（Central Intermediate School Area）
14　カカアコ（Kakaako）
15　アラパイ（Alapai）
16　パンチボール＝パウオア（Punchbowl-Pauoa）
17　パシフィックハイツ＝ドウセット（Pacific Heights-Dowsett）
18　ケワロ＝パワア（Kewalo-Pawaa）
19　低地マキキ（Lower Makiki）
20　マキキハイツ（Makiki Heights）
21　タンタラス＝マノア（Tantalus-Manoa）
22　ワイキキ＝カリア（Waikiki-Kalia）
23　マッカレ＝カパフル（McCully-Kapahulu）
24　モイリイリ＝プナホウ（Moiliili-Punahou）
25　カパフル＝ダイヤモンドヘッド（Kapahulu-Diamond Head）
26　カイムキ（エワ側）（Kaimuki (ewa part)）
27　カイムキ（ココヘッド側）（Kaimuki (koko head part)）
28　セントルイスハイツ＝パロロ＝ヴィルヘルミナ（St. Louis Heights-Palolo-Wilhelmina）
29　ワイアラエ＝カハラ＝ココヘッド（Waialae-Kahala-Koko Head）

図 9-2　1940 年におけるホノルルのエスニック集中地区

（筆者作成）

521人，ラナ（4の⑲）526人で，混血先住民も両地区にそれぞれ732人と278人で比較的多い。

1940年度の国勢調査は，先述のようにポルトガル人，スペイン人，プエルトリコ人が白人のカテゴリーに統合され，ハワイ先住民も白人系とアジア系の区別がなくなる。

図9-2は1940年度におけるエスニックごとの集中度の高い（40％以上を占める）地区を示している。まず日本人の人口比率では，ワイアカミロ（4区）72.3％，ケワロ＝パワア（18区）72.1％，マッカレ＝カパフル（23区）71.1％が高い。人口が多いのも18区（1930年の4の⑪に相当）は5206人，23区（同じく4の⑧）が4256人で，この2地区が日本人の最も集住する地域とみなされる。また，ダウンタウンに近いカウルヴェラ（8区）と東端のワイアラエ＝カハラ＝ココヘッド（29区）も3000人以上で多い。

白人の場合は，ワイキキ＝カリア（22区）の72.9％，マキキハイツ（20区）の65.4％が高い比率を示し，人口数でも22区の5360人が最多，他にセントルイスハイツ＝パロロ＝ウイルヘミナ（28区）の3898人，カパフル＝ダイヤモンドヘッド（25区）の3734人など東部の新興住宅地とみなされる地区が多くなっている。いっぽうダウンタウンのCBD（12区）の場合は1515人・41.3％でそう多くない。

中国人は，リバー街地区（9区）の29.1％が最も高率で，いわゆるチャイナタウンに当たる地域である。人口数ではカウルヴェラ（8区）の2100人，パンチボウル＝パウオア（16区）の2056人が比較的多い。前者は1930年度のアアラ地区，後者はパウオア地区に相当し，集住地域の傾向は変わらない。

フィリピン人は，イヴィレイ＝サンドアイランド（5区）の892人，パラマ（7区）の691人，カウルヴェラ（8区）の1097人が人口集中地域で，そのうち5区が17.7％で最も比率が高い。この場合も1930年度と同じ傾向である。

ハワイ先住民もカリヒ＝カイ（2区）の728人，カウルヴェラ（8区）の436人などが比較的多いが，それよりも混血先住民が西部のカリヒ＝カイ（2区）2321人・26.5％，カリヒ＝ウカ（3区）2556人・26.1％，東部のカパフル＝ダイヤモ

表 9-2　1910年ホノルルにおけるエスニック別職業構成

		全体	ハワイ人	混血ハワイ人	白人	中国人	日本人	その他
男	農・林・漁業：							
	普通農場労働者	484	19	2	154	159	138	12
	稲作耕地労働者	224		1		206	10	7
	砂糖耕地労働者	272	9		36	67	107	53
	漁業	269	46	3		15	204	1
	庭園労働者	252	10	1	7	151	79	4
	庭師	245	3	1	5	161	73	2
	製造・機械産業：							
	大工	900	104	75	281	152	281	7
	技師	205	11	22	143	8	19	2
	建築・手労働者	1,510	342	64	474	209	375	46
	ペンキ工・ガラス工など	250	62	21	42	72	52	1
	洋服屋	410	1	4	17	248	126	14
	運輸業：							
	荷馬車屋・連畜御者	268	63	24	90	35	55	1
	沖仲士・荷揚げ人足	663	437	52	50	4	99	21
	船員・甲板水夫	423	114	20	101	4	166	18
	商業：							
	小売商	1,028	22	15	139	563	276	13
	店員	845	31	36	234	312	225	7
	公務員：							
	陸海軍人・海員	1,070	6	7	1,029	7	18	3
	専門職：							
	教師	92	4	2	42	26	15	3
	家庭・個人雇用：							
	床屋・美爪術師	187			36	25	122	4
	家事専門サービス労働者	499	18	2	21	69	352	37
	洗濯職工	313	1		9	270	32	1
	使用人	1,630	15	6	54	571	969	58
	事務職：							
	簿記・出納・会計係	441	13	38	222	91	75	2
	事務員	354	48	73	159	48	22	4
	計（その他含む）	21,032	2,572	1,050	6,206	5,004	5,727	473
女	農・林・漁業：							
	普通農場労働者	110	1		24	51	32	2
	製造・機械産業：							
	洋裁師・裁縫婦	245	14	38	135	18	39	1
	商業：							
	女店員	135	6	15	41	28	45	
	専門職：							
	教師	287	4	50	205	13	9	6
	家庭・個人雇用：							
	洗濯女	270	7	2	41	3	199	18
	使用人	849	35	28	133	27	610	16
	事務職：							
	速記者・タイプライター	92	1	18	73			
	計（その他含む）	2,996	204	258	1,077	169	1,222	65

資料）U.S. CENSUS の第 13 次（1910年）の資料より筆者作成

ンドヘッド（25区）2123人・21.9％などのように急増しているのが注目される。

4　職業構成の特色
(1) 1910年度のエスニック別職業構成（表9-2）

　全体人数としては，男は白人，日本人，中国人，ハワイ人，混血ハワイ人，その他の順で多く，女は日本人，白人，混血ハワイ人，ハワイ人，中国人，その他の順で多くなっている。

　そのうち白人は，男が陸海軍人・海員，女は教師が人数・割合とも圧倒的であり，いわゆる公務員，専門職である。また事務職関係の割合も相当高い。日本人は，男女とも使用人が最も多く，他のエスニック集団に比べ男は漁業，床屋，家事サービス労働者，女は洗濯の割合が高く，ほとんどが家庭・個人雇用に関わるものである。中国人は，男女とも農業関係の労働者，特に男の稲作農場労働者が圧倒的に多い。当時ホノルルにおいて中国人を中心として稲作農業が行われていたのである。その他，男は洋服屋，小売商，店員，洗濯職工も断然多い。いずれも個人経営の店である。ハワイ人は男が沖仲士・荷揚げ人足が圧倒的で，建築・手労働者を含めいわゆる肉体労働，女は使用人が比較的多い。それに比べ，混血ハワイ人は，男が事務員や大工，女は教師など専門的な仕事が比較的多いのが注目される。その他の民族は，全体人数は多くないが，男が使用人，砂糖耕地労働者，建築・手労働者，女は洗濯，使用人が比較的目立ち，日本人の場合と同じ傾向と考えられる。

(2) 1920年度のエスニック別職業構成（表9-3）

　エスニック別の全体人数では，男女とも1910年度とほぼ同じ順位であるが，男はフィリピン人の増加（1356人）が目立つ。さて，この年度から職業大分類ごとの人数が出ているので，まずこの分類でのエスニック毎に多い職種をあげてみよう。男の場合，白人は運輸業，公務員，専門職，事務職。日本人は農林漁業，製造機械産業，家庭・個人雇用。中国人は商業で，1910年度とほぼ同じ傾向を示している。女の場合，日本人は農林漁業，製造機械産業，商業，家庭・

表9-3　1920年ホノルルにおけるエスニック別職業構成

		全体	ハワイ人	混血ハワイ人	白人	中国人	日本人	フィリピン人	その他
男	農・林・漁業：	2,010	106	22	166	551	1,026	74	65
	稲作耕地労働者	165		1		157	5		2
	砂糖耕地労働者	163			17	23	60	45	15
	漁師	436	70	7	4	11	341	2	1
	庭園労働者	519	16	1	35	144	294	13	16
	製造・機械産業：	8,860	856	629	2,488	1,410	2,758	499	220
	大工	1,401	96	89	295	198	693	10	20
	技師・起重機士	296	39	49	164	7	33	3	1
	建築一般労働者	1,691	210	66	409	187	569	172	78
	果物野菜缶詰等工場労働者	436	9	5	20	78	189	106	29
	鉄鋼工場労働者	206	64	21	91	13	17		
	機械製作修理工	487	51	81	256	26	60	7	6
	ペンキ工・ガラス工など	416	64	31	55	104	141	15	6
	洋服屋	314	1	1	11	166	110	7	18
	運輸業：	4,026	1,213	346	985	188	961	192	141
	かかえ運転手	735	79	78	232	69	264	3	10
	荷馬車屋・連畜御者	305	48	13	115	35	86	4	4
	道路人夫	218	108	13	75	2	9	9	2
	沖仲士・荷揚げ人足	1,473	635	118	123	24	362	142	69
	船員・甲板水夫	379	200	22	43	5	81	11	17
	商業：	3,980	144	133	982	1,374	1,184	111	52
	材木置場・倉庫労働者	254	55	13	42	10	32	96	6
	商店の運搬人・手伝い人	246	20	3	30	47	137	5	4
	小売商	1,355	6	11	202	646	469	1	20
	店員	1,454	24	65	347	556	439	5	18
	公務員：	3,564	300	188	2,604	41	43	359	29
	公務労働者	297	119	17	78	12	7	53	10
	官公吏・視察官(準州・合衆国)	258	8	22	223	3	2		
	警官	94	44	25	21	2	2		
	陸海軍人・海員	2,512	24	46	2,111	9	2	305	15
	専門職：	1,119	71	79	637	96	205	15	16
	教師	146	6	12	66	26	31		5
	家庭・個人雇用：	3,275	88	47	207	1,030	1,695	94	114
	床屋・美爪術師	203			39	19	130	9	6
	管理人	226	43	9	32	51	74	9	8
	洗濯職工	209	2	4	4	185	7	7	
	使用人	1,775	25	13	62	526	1,053	42	54
	事務職：	1,843	84	245	767	451	281	7	8
	簿記・出納係	538	6	51	198	182	98		3
	事務員	925	62	154	365	204	133	3	4
	計（その他含む）	28,770	2,871	1,691	8,854	5,143	8,210	1,356	645
女	農・林・漁業：	97	10	1	6	10	69		1
	製造・機械産業：	540	67	46	160	56	197	10	4
	洋裁師・裁縫婦	173	20	21	82	15	33	2	
	運輸業：	68	12	22	28		6		
	電話交換手	52	6	20	24		2		
	商業：	365	25	24	109	75	130		2
	女店員	225	18	17	89	49	50		2
	専門職：	1,014	41	160	650	78	79	1	5
	教師	678	21	115	435	66	36		5
	家庭・個人雇用：	1,935	66	60	332	69	1,363	12	33
	洗濯女	316	10	2	37	2	255	5	5
	使用人	1,121	24	27	108	56	881	1	24
	事務職：	483	15	102	311	22	32	1	
	速記者・タイピスト	294	6	69	207	6	6		
	計（その他含む）	4,510	236	416	1,602	310	1,877	24	45

資料）U.S. CENSUS の第14次（1920年）の資料より筆者作成

個人雇用。白人は運輸業，専門職，事務職で，他のエスニックを圧倒している。
　細かい分類でみると，農林漁業のうち，稲作労働者はほとんど中国人。砂糖耕地労働者は日本人とフィリピン人。漁業は日本人，庭園労働者では日本人が中国人より多くなっている。製造機械産業のうち，技師・起重機士，鉄鋼工場労働者，機械製作修理工は白人。大工，建築労働者，果物野菜缶詰工場労働者，ペンキ・ガラス工は日本人。洋服屋はやはり中国人が多く，職種によって異なるのは興味深い。運輸業のうち，荷馬車屋，連畜御者は白人。かかえ運転手は日本人。道路人夫，沖仲士・荷揚げ人足，船員・甲板水夫はやはりハワイ人である。商業のうち，主要な小売商，店員が中国人というのは1910年と同じである。公務員のうちほとんどを占める陸海軍人・海員は白人であるが，公務労働者，警官はハワイ人が多いのは注目される。白人を主とする軍人の増加は，ホノルルの軍事基地化を反映するものである。専門職の教師は白人。家庭・個人雇用のほとんどは日本人が1位であるが，洗濯職工が中国人であるのは1910年と同じである。事務職は白人に次ぎ中国人も多い。またフィリピン人の陸海軍人・海員が目立つが，これも軍関係の労務であり，ホノルル西部の居住地区とも関係している。女は，洋裁師・裁縫婦，電話交換手，女店員，教師，速記・タイプライターなど専門的な仕事は白人が多い。洗濯，使用人はやはり日本人である。混血ハワイ人に比較的，教師が多いのは1910年と同様である。

(3) 1930年度のエスニック別職業構成（表9-4）

　エスニック別の全体人数では，1920年と同様に男は白人，女は日本人が最も多い。また男でフィリピン人と女で混血ハワイ人のさらなる増加が注目される。
　職業大分類ごとの人数でのエスニック毎に多い職種であるが，白人，日本人とも1920年度とほぼ同様であるが，男の場合，日本人は新たな鉱業と商業が中国人を抜いて第1位で，これらの分野への進出が注目されよう。女の場合，白人の商業が日本人に代わってトップになっている。
　細かい分類でみると，男では農業のうち大半の農場労働者は日本人。林業漁業および鉱業のうちほとんどを占める漁師と石切り工も日本人である。それぞ

表 9-4　1930年ホノルルにおけるエスニック別職業構成

		全体	ハワイ人	混血ハワイ人	白人	中国人	日本人	フィリピン人	その他
男	農業：	1,777	19	23	178	285	1,015	197	60
	農場労働者（賃金生活者）	1,110	14	14	118	196	533	193	42
	林業と漁業：	477	41	3	44	21	366	21	2
	漁師・牡蠣取り人	453	38	2	10	20	363	19	1
	鉱業：	96	8		13	14	37	19	
	石切り工	76	7		8	1	36	4	20
	製造・機械工業：	10,310	632	748	2,841	1,000	4,054	803	232
	大工	1,816	59	88	272	160	1,193	17	27
	電気工	346	32	62	177	25	39	6	5
	機械製作修理工	1,176	58	120	431	115	387	47	18
	ペンキ工・ガラス工など	644	56	46	81	55	369	34	3
	鉛管工・ガス管など取付人	304	11	15	125	19	127	7	
	果物野菜缶詰等工場労働者	757	23	30	51	50	264	318	21
	建築労働者・助手	746	73	38	266	32	246	63	28
	交通・通信：	4,316	874	424	1,231	248	1,162	290	87
	かかえ運転手・トラック運転手	1,519	119	138	435	133	628	44	22
	道路人夫	469	140	48	161	17	48	40	15
	沖仲士・荷揚げ人足	969	372	61	68	31	277	134	26
	商業：	5,735	94	194	1,711	1,582	1,873	195	86
	商店の運搬人・手伝い人	237	9	9	65	21	119	8	6
	小売商	1,747	11	31	313	695	659	6	32
	店員	2,168	18	66	649	616	761	28	30
	公務員：	6,567	446	305	5,489	99	72	124	32
	守衛・見張人・門衛	304	77	34	116	18	34	10	9
	公務労働者	598	185	72	243	36	20	31	11
	官公吏・視察官（準州・合衆国）	512	12	24	464	6	5		1
	陸海軍人・海員	4,615	19	22	4,476	14		81	3
	専門職：	2,225	111	157	1,164	209	470	70	44
	学校教師	350	9	8	216	39	77		1
	家庭・個人雇用：	4,304	96	63	414	1,001	2,075	474	181
	床屋・美爪術師	253		1	71	12	118	46	5
	管理人	520	70	24	84	106	169	37	30
	家事専門サービス労働者	748	10	2	22	43	585	47	39
	使用人	1,286	2	5	57	443	653	99	27
	給仕人	651	2	8	26	206	256	146	7
	事務職：	2,931	111	321	1,088	828	534	28	21
	簿記・出納係	795	5	67	219	302	194	5	3
	事務員	1,400	89	199	474	383	228	19	8
	計（その他含む）	38,738	2,432	2,238	14,152	5,287	11,658	2,206	765
女	農業：	122	3		11	15	91	1	1
	製造・機械産業：	1,119	116	59	202	127	545	35	35
	洋裁師・裁縫婦	260	11	10	55	8	168	1	6
	果物野菜缶詰等工場労働者	175	57	16	17	20	33	21	11
	交通・通信：	118	10	25	55	13	12	1	2
	電話交換手	109	9	24	52	11	11		2
	商業：	842	48	43	310	161	272	3	5
	小売商	220	31	7	29	34	117	1	1
	女店員	478	7	26	202	110	129	2	2
	専門職：	2,426	114	325	1,364	276	309	7	31
	学校教師	1,481	79	238	774	231	148	2	9
	正規看護婦	488	19	53	265	22	111	3	15
	家庭・個人雇用：	3,749	244	233	681	181	2,289	55	66
	床屋・美爪術師	230	1		37	1	189	1	1
	洗濯女	359	13	8	42		281	7	8
	洗濯職工	215	68	29	93	6	16	1	2
	使用人	2,030	89	112	260	111	1,401	24	33
	給仕人	263	5	4	54	31	161	3	5
	事務職：	1,278	30	189	807	108	134	2	8
	事務員	294	6	39	182	32	34		1
	速記者・タイピスト	733	18	126	495	29	57	1	7
	計（その他含む）	9,683	573	879	3,442	882	3,653	105	149

資料）U.S. CENSUS の第15次（1930年）の資料より筆者作成

れ日本人の集住地区であるカカアコに漁港が，モイリイリには石切り場が存在する。製造機械産業のうち，大工，果物野菜缶詰工場労働者，ペンキ・ガラス工は日本人，電気工，機械製作修理工は白人である。交通・通信業のうち，かかえ運転手・トラック運転手は日本人，道路人夫は白人，沖仲士・荷揚げ人足はやはりハワイ人で，道路人夫も比較的多くみられる。商業のうち，主要な小売商は中国人，店員は日本人が多くなっている。公務員，専門職は圧倒的に白人だが，公務労働者は比較的ハワイ人も多い。また家庭・個人雇用もすべては日本人が1位であるが，中国人も比較的多い。事務職では事務員は白人が，簿記・出納係は中国人も多い。フィリピン人の場合は，果物野菜缶詰工場労働者が多くなっているが，これは居住区のひとつであるイヴィレイにパイナップル缶詰工場があるのと関係する。

女は，電話交換手，女店員，教師，正規看護婦，速記・タイプライターなど専門的な仕事は白人が多く，床屋，洗濯，使用人，給仕人はやはり日本人が多い。洋裁師・裁縫婦，小売商も増加している。混血ハワイ人に教師のほか速記・タイピストが多いのも注目される。

(4) 1940年度のエスニック別職業構成（表9-5）

前述のように1930年度までの職業分類の仕方とは全く異なり，簡略化されている。したがって比較が困難であるが，新しい分類でのエスニックごとの特色をみてみよう。エスニック別の全体人数は，それまでと同様で男は白人，女は日本人が最も多い。それ以外では男女とも混血ハワイ人の増加が目立つ。

職種別では，男は最も多いのが白人では専門および半専門労働者，農場以外の経営者・支配人・公務員，事務員・販売労働者，家庭雇用以外の雇用労働者，農場・鉱山以外の労働者で，日本人は農民・農場支配人，家庭雇用労働者をはじめ，その他すべての職種である。そのほか比較的多いのが，中国人では事務員・販売労働者，ハワイ人および混血ハワイ人は工具労働者と農場・鉱山以外の労働者，フィリピン人も農場・鉱山以外の労働者である。女は白人の専門および半専門労働者，事務員・販売労働者以外はすべて日本人が多くなっている。

表 9-5　1940年ホノルルにおけるエスニック別職業構成

		全体	ハワイ人	混血ハワイ人	白人	中国人	日本人	フィリピン人	その他
男	専門労働者	2,451	38	134	1,457	242	503	26	51
	半専門労働者	646	7	72	241	112	188	13	13
	農民・農場支配人	604	1	5	38	47	494	1	18
	農業以外の経営者・支配人・公務員	5,813	31	256	2,733	874	1,711	74	134
	事務員・販売および同類の労働者	7,952	59	569	2,729	1,929	2,437	110	119
	職人・職工長および同類の労働者	8,440	209	823	2,549	675	3,754	212	218
	工員および同類の労働者	7,033	302	1,010	1,895	788	2,089	688	261
	家庭雇用労働者	1,090	5	20	211	57	654	111	32
	家庭雇用以外の雇用労働者	8,558	160	390	5,130	673	1,264	805	136
	農業労働者（賃金生活者）および農場監督	554	10	20	46	72	217	163	26
	農場労働者（無給の家族労働者）	236		3	9	9	210		5
	農場・鉱山以外の労働者	6,773	521	875	876	531	2,391	1,051	528
	未報告の職業	120	2	27	44	19	15	7	6
	計	50,270	1345	4204	17,958	6028	15,927	3,261	1,547
女	専門労働者	3,005	34	389	1,603	414	501	9	55
	半専門労働者	224	5	30	113	11	47	7	11
	農民・農場支配人	140		4	7	8	118	1	2
	農場以外の経営者・支配人・公務員	1,101	11	51	383	135	461	6	54
	事務員・販売および同類の労働者	4,272	43	441	1,806	701	1,211	17	53
	職人・職工長および同類の労働者	273	16	45	58	42	91	6	15
	工員および同類の労働者	3,010	178	399	414	439	1,384	34	162
	家庭雇用労働者	3,445	40	176	286	117	2,714	25	87
	家庭雇用以外の雇用労働者	2,256	59	279	516	259	1,041	22	80
	農業労働者（賃金生活者）および農場監督	33		1	2		30		
	農場労働者（無給の家族労働者）	415		3	12	7	387		6
	農場・鉱山以外の労働者	670	16	25	142	106	361	7	13
	未報告の職業	89	1	20	34		30		4
	計	18,933	403	1,863	5,376	2,239	8,376	134	542

資料）U.S. CENSUS の第16次（1940年）の資料より筆者作成

中国人と混血ハワイ人では事務員・販売労働者，ハワイ人は工員労働者が目立つ。このように具体的な職種の特色は把握しにくいが，ほぼ1930年度の傾向と似かよっていると考えられる。

5　むすびにかえて

　以上のように，米国国勢調査（1910〜40年）に基づいて，ホノルルにおける居住地と職業に関してエスニック構成とその変容について分析を試みた。職業上

の特色としては，白人は，公務員，専門職，事務職関係の仕事が中心で，それに対して日本人は，当初から，家庭・個人雇用に関わる仕事が多く，次第に商業関係への仕事へ進出する。中国人は農業，商業が中心で，ハワイ人は沖仲士を中心とした肉体労働，それに対し混血ハワイ人は専門的な仕事が目立つのが注目される。1920年頃より増加してきたフィリピン人は，軍関係の労務や工場労働者が中心である。

居住地域に関する特色としては，白人は丘陵地の住宅地や沿岸部の景勝地に集中し，日本人を中心とするアジア系の居住区は低湿地の縁辺に広がっていく。特に中国人はダウンタウンの近くにチャイナタウンを，日本人はそれより東側の地域を中心にキャンプなど新しい居住地を形成していった。フィリピン人は，ややおくれて西部の工業地域に定住地を発展させていった。

今回は統計値に基づく分析にとどまり，移民政策や都市開発計画との関係などについての考察，さらに第二次世界大戦後から現在に至るまでの変容過程については及ばなかった。これらについては，今後の課題としたい。

注
1) Lind（1955：57）には，低地マノア地区にあるビンガム・トラクトは「チャイニーズ・ハリウッド」とよばれたが，そこは1920年代半ばかなり多数の中国人家族がアメリカ模様の家を設置しようと努めたためとある。
2) Lind（1955：60-61）の地図には同所周辺を「リトル・マニラ」と記している。

文　献
久武哲也（1999）：ホノルル大都市圏におけるエスニック構成──プランテーションの遺産と制度的人種主義．成田孝三編『大都市圏研究（上）──多様なアプローチ』大明堂．
Lind, Andrew W.（1955）: *Hawaii's People*. Univ. of Hawaii Press.

column　ホノルル市アアラ地区における戦前の日本人街

　ホノルルのダウンタウンの西側に位置するアアラ地区（図9-1で5の㉔）は，第二次世界大戦前に日本人街が存在し，多くの日本人商店や映画館などがあっていわばハワイにおける日本人の中心街のような場所であった。砂糖耕地での契約労働を満了した日本人は，1890年頃から次第にホノルルに流入するようになったが，1900年にダウンタウンでおこったペスト焼き払い事件で日本人が密集していた地域がほぼ全焼し大きな被害を被った。しかしこれがひとつの契機となり市内各地に日本人町が形成された。それらの日本人町のうち，このアアラ地区に商店が立ち並ぶ日本人街が形成されていった。この地区のすぐ海側にはホノルル港があり，地区内のキング街には市街電車が西のカリヒから東のカイムキ，また西のリリハから東のワイキキまで頻繁に通っていた。そしてオアフ鉄道の停車場がキング街を隔てたイヴィレイにあり，オアフ島の各地方から鉄道や，後にはバスでやって来るのに便利であった。また鉄道のない裏オアフの人達には，各所に立場（タクシー・スタンド）があり人が集まりやすく，いわば交通の中心地でもあった。

　1910年頃の分布図をみるとすでにかなりの日本人商店が，アアラ公園の周囲に存在している。数軒の日本人旅館をはじめ，洋服店，水店，理髪店，玉場（玉突場），薬店がいくつかみられる。1920～30年代にかけてはさらにレストラン・菓子店などの飲食関係，洋服・呉服などの服飾関係，時計・宝石など装飾関係の店，そして理髪店，薬店が目立つ。地区内にあるアアラ連合（百貨店）は1931年に作られたショッピングセンターで，ほとんどが日本人経営の商店が入っていた。また同じ区画内のアアラマーケットは1918年に日本人漁民が魚の競売を確立するために設立され，およそ30の商人が屋台をもって市場を形成していた。さらに「ホノルル座」と「公園劇場（後に日本劇場）」という2つの劇場があり，各種の演芸を催したり日本映画を上映したりして人気を集めた。

　しかし第二次世界大戦後の1959年にアラモアナ・ショッピングセンターが新しくできたことなどのために，アアラ地区の崩壊は1950～60年代にかけて徐々に進行していったのである。

（飯田耕二郎）

第10章
イタリア・南ティロール地方におけるエスニック文化と観光地化

加賀美雅弘

1　地域と結びついたエスニック集団

　ヨーロッパでは，EU主導による地域統合が大きな話題になっている。現在ある27の加盟国間で政治や経済の統合を目標にしたプログラムが進められており，国の枠組みを越えた地域間関係は急速にその密度を高めている。特に国境を越えた物流はもちろん，さまざまな目的による人の移動，自治体や諸機関の提携，さらには国境地域間の連携プロジェクトなど，これまで国境線にさえぎられてきた地域間の関係がヨーロッパ各地で強化されている。

　このような国家間・地域間のつながりが緊密化したところは世界に類がなく，地域統合は現代ヨーロッパを理解するうえできわめて重要なポイントといえよう。独自の歴史や文化をもち，政治や経済のシステムを構築してきた国々がEU共通のシステムを受け入れ，統合しようとする壮大なプロセスをヨーロッパに見出すことができる。

　一方，この地域統合の流れがヨーロッパ諸地域の独自性を高めつつある点も指摘せねばならない。ヨーロッパには特定の文化や歴史を共有する人びとからなるさまざまなグループがあり，彼らが特定の地域に居住してきた。そのためにきわめて明瞭な歴史や文化の地域的多様性に富んでいる。そうした地域の個性が，EUによる地域統合の進行とともに強調される傾向が見出されている。現代ヨーロッパでは，まさに統合と多様化が同時進行しているのである（加賀美ほか，2010）。

図10-1　南ティロール地方の位置

　地域の独自性を強調する動きの背景には，特定の地域に居住し，文化や歴史観をもちながら地域や集団への帰属意識（アイデンティティ）を共有する人びとの存在がある。国家の枠組みとは別に，共通の地域意識をもつ人びとが構成する地域がヨーロッパに広くみられる。それは，近代国家が形成される以前から政治的な単位だった地域や，国境線の変更により生まれた国内の他の地域とは異なる特徴をもつ地域，さらには地域振興策や観光地化にともなって個性が強化された地域などさまざまである（加賀美, 2000）。

　とりわけ国内のマイノリティとして位置づけられている人びとの間には，EUによる地域統合を，彼らの存在をアピールする好機としてとらえる向きが強い。国内において周辺に置かれてきた彼らの目には，地域の産業や文化を生かした発展をめざす地域統合のシナリオは自身の政治的・経済的地位を高めるチャンスと映っている（羽場, 2004）。統合が進むEUにおいて，地域と密接に関わる人びとの動きは，ますます強まっているといえよう。

　ここでは，このような地域と密接に結びついた集団をエスニック集団として位置づけ，そうしたアクティヴなエスニック集団が住む地域として北イタリアの南ティロール地方（ドイツ語でSüdtirol）を取り上げ，そこに住むドイツ系エス

ニック集団の事例を用いて，エスニック集団と文化，彼らと対応する地域の関係について考察する．南ティロール地方 Südtirol は，Trentino-Alto Adige / Südtirol 州の北半部の Bolzano / Bozen 県であり，イタリア語とともにドイツ語が公用語になっている（図10-1）．以下では，ドイツ語名である南ティロールの名称を用いるほか，地名もドイツ語のものを用い，カッコ内にドイツ語とイタリア語の表記を補うこととする．

2 南ティロール地方のエスニック集団

　北イタリアの南ティロール地方は14世紀以来，ハプスブルク家の所領の一部となり，オーストリアとともに歴史を歩んできた．しかし，第一次世界大戦でのオーストリア敗戦後，イタリアがアルプスの大陸分水嶺を新たな国境線として要求したことから，1919年のサンジェルマン条約によりティロール地方の北半部をオーストリアに残して，南半部がトレンティーノ地方とともにイタリア領内に置かれた．面積約7,400km^2，人口約46万人（2001年）．アルプス山脈からアドリア海に注ぐエチュ（Etsch / Adige）川最上流部にひろがる山岳地域である．

　南ティロール地方の住民は，その歴史からも明らかなように，かつてはその大半がドイツ語を母語とするドイツ系であった．第一次世界大戦前の1910年時点には住民の約93％がドイツ系であり，これにラディン系[1]4.2％，イタリア系2.9％が続いた．しかし，イタリアへの併合後，1920年代に始まるイタリア化政策のもと，ドイツ系住民に対するイタリア語教育の強制や氏名のイタリア語化，ドイツ系住民の所有地（農地）のイタリア系による売買の促進がなされたほか，1930年代には工業化による南イタリアからの大量の労働者の流入を推進するなど，イタリア系住民を優遇する政策が続けられた．さらに1939年には，ドイツとイタリアの間で，ドイツ系とラディン系住民に対するドイツとイタリアいずれかの国籍選択の強要がなされたため，ドイツ系住民にはドイツ国籍を選択するものが多数あり，彼らはドイツ（現在のオーストリアを含む）へと転出していった．その結果，ドイツ系住民の数は減少し，1951年にはドイツ系が62.7％に対してイタリア系は33.5％まで増加していた．

このような経緯をたどったことから，第二次世界大戦後もドイツ系集団の分離運動・オーストリアへの復帰運動はきわめて激しいかたちで起こり続ける。爆弾テロの頻発と1960年代には二度の国連決議を経て，1972年にようやく自治法案（Paket）の交付が実現し，南ティロール地方におけるドイツ系およびラディン系とイタリア系の住民との権利の平等化が保障されることになった（今井，2004）。現在では，ラディン系の居住地以外での二言語教育の徹底と，公的機関での二言語表記と両言語集団の均等な雇用などが実現されており，南ティロール地方における集団間の地位はほぼ均一化している。

3　エスニック集団の分布と景観

　南ティロール地方における3つのエスニック集団は，それぞれ異なる居住空間を形成している。2001年の南ティロール地方の総人口462,999のうち，ドイツ系が296,461（64.0%），イタリア系が113,494（24.5%），ラディン系は18,736（4.0%）である。このうちドイツ系の人びとは，南ティロール地方のほぼ全域に広く分布している（図10-2）。これは，彼らの多くが土地を所有する農業従事者

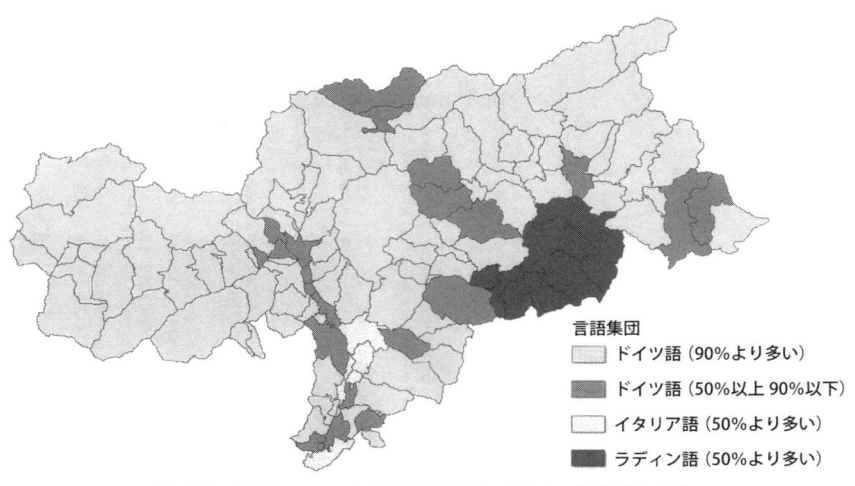

図10-2　南ティロール地方におけるエスニック集団の分布
出典）Steinicke, E. ed.(2003): *Geographischer Exkursionsführer: Europaregion Tirol- Südtirol–Trentino, Band 3: Spezialexkursionen in Südtirol*. Univ. Innsbruck.

第 10 章　イタリア・南ティロール地方におけるエスニック文化と観光地化　117

であることによっており，標高 1,000m を超す山岳地までその居住域は広がっている。一方，イタリア系は中心都市ボーツェン（Bozen / Bolzano）をはじめ，メラン（Meran / Merano）やブリクセン（Brixen / Brussanone）などの都市と，ボーツェン以南のエチュ川に沿った谷底部に集中している。ラディン系のみは，東部の山

写真 10-1　ドイツ系住民の農家
右側が母屋，左側の 1 階がウシの飼育場，その 2 階以上が干草置き場・納屋。　　　　　（2007 年 3 月，筆者撮影）

岳地に集中して居住している。以下，ドイツ系とイタリア系の居住形態をまとめてみよう。

　両集団の居住地域は，特有の景観によって特徴づけられている。ドイツ系が住む山岳地や農村部では，切妻屋根をもつ 3 階建ての大型の母屋とこれに隣接して納屋・畜舎が並ぶ農家が目立つ（**写真 10-1**）。この地方では 15 世紀以来の長子相続の慣習（Tiroler Höfrecht）があり，農地の分割がなされてこなかったために農家は大型化した。また，傾斜地を利用した牧畜が盛んで，現在は特に乳牛の飼育とチーズ生産を中心にした酪農が行われている。

　一方，都市部や低地部にはドイツ系とイタリア系両集団が居住しているが，そこでも空間的にかなり明瞭なすみわけがみられる。なかでも中心都市ボーツェンではそれぞれの集団が比較的まとまって居住しており，しかもそれは景観の違いとも対応している（**図 10-3**）。ボーツェンの歴史的市街地は 20 世紀初頭までのオーストリア時代に形成されたが，それは鉄道駅とエチュ川支流のタルファー（Talver / Talvera）川の間にほぼ限られていた。現在でも，ラウベ（Laube）とよばれるアーケード状の街路を中心にした商業地区と，これに隣接する住宅地からなっている（**写真 10-2**）。ここにはドイツ系の人びとが比較的多く住み，ドイツ語書籍を扱う書店 Athesia をはじめ，ドイツ系住民の権利を主

図10-3　ボーツェンの市街地の発展
出典）Institut für Geographie, Universität Innsbruck ed. (2001) *EU RegioMap: Tirol-Südtirol-Trentino*.

張する南ティロール民族党（SVP）の本部も近隣に立地している。また，かつてナポレオンの軍勢相手に活躍したティロール地方の英雄アンドレアス・ホーファー（Andreas Hofer）や吟遊詩人ヴァルター・フォン・デア・フォーゲルヴァイデ（Walther von der Vogelweide）などドイツ系の人びとが誇りとする人物の名を冠する街路がいくつもみられる。

一方，タルファー川の西側には，イタリア併合後に造成された新市街地が広がる。橋のすぐ西には対オーストリア戦の勝利を祝う戦勝記念碑がそびえ立つほか，地方裁判所など1930年代のファシズム時代に建設された巨大な建物が並んでいる（**写真10-3**，**写真**

写真10-2　ボーツェンの旧市街地
歩行者専用地区に指定され，通りに沿ってラウベとよばれる通路がある。
（2009年9月，筆者撮影）

10-4)。この一帯ではイタリア系住民が圧倒的に多く住んでおり，イタリアをはじめローマやナポリ，ヴェネツィアなどの地名のついた街路がいく筋も走っている。

　このように南ティロール地方では，ドイツ系，イタリア系，ラディン系のエスニック集団が，それぞれ固有の空間を確保し，特有の景観をもち続けてきた。それは，国家間の対立とそれにともなう国境線の変更という住民の意とは異なる国家的レベルでの決定によって，異なるエスニック集団が接触することになったからであった。この地方はイタリアの最北端にある国境に近い縁辺地域であるばかりでなく，強制的な同化政策や人口移動を経た政治的にも社会的にも不安定な地域として位置づけられてきた。

写真 10-3　ボーツェン新市街地の入口に建つ戦勝記念碑
1960 年代のテロ以来，堅牢な柵とヴィデオモニターが設置されており，近づくことはできない。(2009 年 9 月，筆者撮影)

写真 10-4　ボーツェン新市街地に建つ地方裁判所
改修工事が進められており，ボーツェンのランドマークのひとつになっている。　　　　　(2009 年 9 月，筆者撮影)

4　エスニック文化の地域的展開

　異なるエスニック集団が同居する南ティロール地方では，自治法案が交付された 1970 年代以降，両集団が共存していくための政策が積極的に採られてき

た．公的機関におけるドイツ語とイタリア語の二言語表記，学校教育における両言語の学習機会の確立，公的機関におけるエスニック集団間の雇用機会の均等化などが実現されることによって，エスニック集団の社会的地位の安定化が進められてきた．その結果，かつてはドイツ系集団によって繰り返し成された過激なまでのオーストリアへの復帰運動は影を潜め，両言語を自由に使えるバイリンガル化もかなり定着している．

　言語面ばかりではない．伝統的な舞踊や歌，行事，衣装などのエスニック集団固有の文化を重要視し，それを地域の文化として活用する動きも活発になっている．ドイツ系はもちろん，イタリア系の住民にとっても，彼らの間で共通する文化を保持し続け，次の世代に継承することが強く望まれており，学校教育では地理・歴史・音楽の授業に積極的にエスニック文化に関する学習が組み込まれるほか，新聞や雑誌，ラジオなどマスコミによる歌や伝統芸能の普及・維持のための活動も盛んに行われている．

　そうしたエスニック集団の文化の保持・継承の担い手のひとつとして，ここでは住民が組織する同好会などのアソシエーションをみてみよう[2]．南ティロール地方には，市町村ごとに多くのアソシエーションが組織され，その活動内容はきわめて多岐に及んでいる．しかも，それらはエスニック集団ごとに組織化される傾向がみられる．表10-1は，南ティロール地方の最南部に位置する町サルールン（Salurn / Salorno）の住民の間で組織されているアソシエーションの一覧である．聞き取り調査に基づいて各アソシエーションのメンバーの特徴を整理すると，その多くがドイツ系，イタリア系いずれかのエスニック集団を中心にして構成される傾向があることがわかる．また1996年と2009年のアソシエーションを比較すると，ドイツ系の組織の数が減少する一方で，イタリア系が増加する傾向があること，新たに組織されたアソシエーションにおいても特定のエスニック集団によって構成される傾向がみられるという点を指摘することができる．

　特に教会や伝統文化，農漁業など古くから営まれてきたアソシエーションをみると，聖歌隊やアルプス協会，農業生産グループのようにドイツ系とイタリ

第10章　イタリア・南ティロール地方におけるエスニック文化と観光地化

表10-1　エスニック集団とアソシエーション　（サルールンの事例）

団体のタイプ	団体名		創設期	エスニック集団 1996	エスニック集団 2009
教会	司祭連絡会	Consiglio Parrocchiale Salorno (I)	1	E	E
	司祭連絡会	Pfarrgemeinderat Salurn (D)	1	A	A
	カトリック勤労者連盟	A.C.L.I. Salorno (I)	2	E	E
	カトリック勤労者連盟	Katholischer Verband der Werktätigen (D)	2	A	A
	カトリック青年会	Katholische Jungschar Salurn (D)	4	A	A
	イタリック聖歌隊	Coro Parrocchiale Italiano (I)	6	-	E
	ドイツ聖歌隊	Deutscher Kirchenchor (D)	6	-	A
伝統文化	自主消防団	Freiwillige Feuerwehr Salurn (D)	1	B	C
	楽隊	Musikkapelle Salurn (D)	1	A	B
	チロル民族保護連盟	Schutzenkompanie Salurn (D)	1	A	A
	郷土演劇グループ	Heimatbühne Salurn (D)	1	A	A
	在郷軍人会	Combattenti e Reduci Salorno (I)	2	E	E
	在郷軍人会	Heimkehrer Salurn (D)	2	A	A
	山岳部隊OB会	Gruppo Alpini Salorno (I)	2	E	E
	狩猟者協会	Jägerverein Salurn (D)	2	C	E
	合唱隊	Coro Castel Bassa Atesina (I)	3	E	E
	アルプス協会	C.A.I. Sezione Salorno (I)	4	E	E
	アルプス協会	Alpenverein Salurn (D)	4	A	A
	青少年館「ノルディンハウス」	Jugendhaus Dr. Josef Noldin (D)	4	A	B
農漁業	農業者連合	Federazione Coldiretti (I)	3	E	E
	農業者連合	Bauernbund Salurn (D)	3	A	A
	農業青年グループ	Bauernjugend Salurn (D)	3	A	A
	農業生産グループ	G.A.I.A. Salorno (I)	4	E	E
	農業生産グループ	Club 3P Salorno (I)	4	B	E
	農業婦人会	Gruppo Donne Rurali Salorno (I)	4	E	E
	農業婦人会	Baeuerinnenorganisation Salurn (D)	4	A	A
	漁民連絡会	Associazione Pescatori (I)	5	C	E
スポーツ	サッカー同好会	Associazione Sport Calcio (I)	2	C	-
	スキー同好会	Sci Club Salorno (I)	3	C	C
	武道同好会	Yoseikan-Budo Salorno (I)	5	C	D
	ホッケー同好会	Hockey-Club Geier	5	C	-
	バレーボール同好会	Volley-Team Salorno (I)	5	C	-
	テニス同好会	Tennis Club Salorno (I)	5	C	C
	サッカー同好会	U.S.Salorno (I)	6	-	E
	ホッケー（靴なし）同好会	Broomball	6	-	C
	サッカー「バイエルン」ファンクラブ	FC-Bayern-Fan-Club Adler 86 (D)	6	-	A
	カーリング同好会	Assoc. Bocciofila Salorno (I)	6	-	E
その他	観光連盟	Tourismusverein Salurn (D)	3	C	C
	献血者連合	A.V.I.S. Salorno (I)	5	C	C
	臓器提供者連合	A.I.D.O. Salorno (I)	5	C	C
	環境保護団体	Umweltgruppe Salurn (D)	5	B	B
	白十字救急隊	Weiße Kreuz Salurn (D)	5	B	C
	図書館	Biblioteca Salorno (I)	5	C	C
	瞑想同好会	Vita Nova (I)	5	C	-
	青年同好会	Gruppo Giovani Salorno (I)	5	E	C
	ニューミュージック同好会	Club 8	5	A	-
	青年同好会	Solis Urna Salorno (I)	5	E	-
	老人会	Comitato Anziani Salorno (I)	5	C	E
	子供の遊び場の会	Associazione Campi Gioco (I)	5	C	-
	子供の遊び場の会	VKE Salurn (D)	6	-	A
	在宅介護協会	AVULSS Salorno (I)	6	-	C
	バイク同好会	Motorcycles Club	6	-	C
	町づくり協会	Heimatpflegeverein (D)	6	-	A
政治団体	南チロル民族党青年会	Junge Generation Salurn (D)	3	A	-
	左翼団体	O.Griesstätter (D)	3	-	-
	右翼団体「我らのサルールン」	Dorfliste "Unser Salurn" (D)	6	-	A

創設期：1=第一次世界大戦前、2=第二次世界大戦前後、3=1960年代、4=1970年代、5=1980年代、6=1990年代以降
エスニック集団：A=ほぼドイツ系、B=比較的ドイツ系、C=両集団が混在、D=比較的イタリア系、E=ほぼイタリア系
（現地での聞き取りにより作成）

ア系のエスニック集団がそれぞれ別個に組織をつくっており，言語や価値観，歴史など固有の文化へのこだわりが強いことがうかがえる。こうした組織を通じて歴史的に培われてきた文化を共有する機会が生み出され，メンバーの間にエスニック集団への帰属意識を強めること，また活動を通じて一般市民のアイデンティティを高めることが期待されることになる。なお，サッカーやホッケーなどスポーツ関連の団体の多くがエスニック集団を問わずに組織化されているのは，バイリンガルが定着しているこの地域において，スポーツを行ううえでエスニック集団の違いが大きな意味をもたないからであろう。

このように南ティロール地方では，二言語公用語化や文化の相互理解教育が推進される一方で，依然としてエスニック集団ごとのまとまりが強く維持されており，エスニック集団と密接に結びついたアソシエーションにおいて，伝統文化の実践と継承がなされている。エスニック集団の対立構造はもはや存在しえないが，それぞれのエスニック集団固有の文化へのこだわりが依然として強いことがわかる。

5　観光資源としてのエスニック文化

固有のエスニック集団が共存する南ティロール地方において，近年，特に注目されているのが，観光資源としてのエスニック文化である。かつて対立し，あるいは撲滅の対象とされたエスニック集団の文化が，地域の観光地化と密接に結びついている。

南ティロール地方の観光化は，EU による地域統合のプロセスと関係している。1989 年に始まる東ヨーロッパ諸国の改革と，1992 年に発足した EU は，ヨーロッパの国境地域の状況を大きく変えた。国境はそれまでの国家間を仕切る障壁としての性格から，国家間を結びつける接点としての役割を強めることへと変わった。特にシェンゲン協定（1985 年に調印された協定で，国境検査の撤廃を規定している。現在はヨーロッパの大半の国々で実施されている）の実施にともなって国境を越える人の移動の自由化が進んだことにより，国境地域は隣接する国々との接触地域としての機能が注目されている。

第10章　イタリア・南ティロール地方におけるエスニック文化と観光地化　123

　南ティロール地方は，歴史的にみるとヨーロッパにおける最も重要な南北交通路の途上に位置してきた。国境の変更はあったものの，1997年にイタリアとオーストリアがシェンゲン協定を実施して国境通行が完全に自由化されることによって，人や物の移動量は増加し，ビジネスチャンスも拡大している。
　実際，ここはイタリア国内においても最も経済活動が活発な地域のひとつとされており，とりわけ観光業による経済発展はめざましく，イタリア国内はもちろんオーストリアやドイツからほぼ年間を通じて多くの観光客が訪れている。奇峰で知られるドロミーテン（Dolomiten / Dolomiti）山塊など山岳地におけるハイキングと冬のスキー，気候保養地メランや歴史都市ブリクセン，さらにワイン祭やクリスマス市が多くの人びとをひきつける地域なのである。
　こうした観光地としての南ティロール地方では，歴史的景観の整備と地域文化・郷土文化の保存・継承という二本の柱が立てられ，推進されている。まず，歴史的景観については，たとえば建造物の文化財指定があげられる。地域の歴史や伝統文化は重要な観光資源であり，そのために歴史的建造物の整備や修復，ホテルや博物館など観光施設への転換，モニュメントの設置など景観を利用した観光事業は地域経済の発展に欠かせない。南ティロール地方では，1975年に建築文化財の登録・管理業務が州から移管されて以来，歴史的建造物の保存・修復が積極的に行われている。
　なお，建築物をはじめとする景観が，住民のアイデンティティや地域への愛着を高める役割をも果たしうる点には注意したい。というのは，南ティロール地方ではボーツェンにおけるオーストリア帝国時代以来の旧市街地はもちろん，イタリア併合後の比較的新しい建造物，ムッソリーニ時代の巨大建築物なども保護の対象になっているからである。気候保養地メランに建つ瀟洒なクアハウスやハプスブルク家の皇妃エリーザベトの大理石像とともに，イタリア併合後の工業化を推進した水力発電所も保護の対象になっている。この地域では，もともとドイツ系集団の歴史的景観が重視され，それがしばしばエスニック集団のナショナリズムと密接に結びついてきた。逆に，イタリアの景観は第一次世界大戦後の新しい体制の産物であり，ファシズム全体主義の象徴でもあった。

ドイツ系もイタリア系も相互に相手の景観を受け入れない状態が続いた。それが近年，それぞれの景観がともに文化財として保存の対象になっているのは，それまでのエスニック集団それぞれの利害関係を越えて，地域に対する共通の理解が得られるようになり，同じ地域に居住する集団としての相互理解が深まったからではないだろうか。異なる歴史や文化を示す景観を共通の財産として認めながら観光地としての魅力が高まっており，世界各地にあるエスニック景観のゆくえを考えるうえでも興味深い。

一方，伝統文化の保存・継承も観光地化とかかわっている。ここではその例として，博物館をとりあげよう。博物館の設営にはさまざまな目的があるが，地域や郷土の歴史や文化，産業などを展示・紹介する場所になっている。

南ティロール地方には多くの博物館があり，そのテーマは多岐に及んでいる（**表10-2**）。なかでも注目したいのは，郷土文化に関する博物館が圧倒的に多い点である。この種の博物館では，地域の自然環境と歴史，文化，生活様式や伝統産業が取りまとめて展示されており，地形や気候，植生などの自然とともに，過去から現在までの地域の発展の経緯を住民の衣食住や生業を紹介しながら地域への関心や愛着が高まることが期待されている。一方，他所からの訪問客や観光客にとっては，自身が住む場所との違いを知り，その地域への関心を高めることになる。

重要なのは，先述したエスニック景観と同様に，博物館においてもエスニック集団固有の文化ではなく，地域に共通した文化として展示されている点である。たとえばメラン近郊に建つティロール城は，

表10-2　南ティロール地方における博物館の特徴

主な展示内容	件数	主な展示施設	件数
郷土文化	28	古城	20
教会文化	14	民家・農家	11
伝統芸術	13	教会・修道院	8
城砦・領主文化	9		
自然・地質	9		
産業技術史	7		
先史遺跡	7		
著名人（登山，英雄）	6 3		
観光文化	11		
その他			

注）件数は重複を含む
資料）Autonomous Province of Bolzano-South Tyrol ed. 2006. *Museums of South Tyrol*. Bolzano-Bozen.

第10章 イタリア・南ティロール地方におけるエスニック文化と観光地化　125

13世紀にティロール伯によって築かれ，ティロール地方発祥の地とされており（**写真10-5**），現在は郷土博物館としてティロール地方の歴史的資料が展示されている。そこでは，1919年までのオーストリア時代にあったティロール地方の産業や文化などドイツ系エスニック集団の歴史が示されており，イタリアにありながら隣国オーストリアの歴史・文化についての情報も多い。その一方で，イタリア併合後の歴史については，ドイツ系住民のみならず南部から流入して移住したイタリア系住民の視点にも立ち，1920年代以降のエスニック集団間の対立・抗争の経緯，さらに1970年代以降の自治獲得と共存への歩みが示されている。この郷土博物館は，異なるエスニック集団が共生するこの地方特有の事情をアピールする場になっているのである。

写真10-5　ティロール城
郷土博物館には多くの観光客が訪れている。
（2008年10月，筆者撮影）

　南ティロール地方では，エスニック集団の存在を明示し，歴史や文化を展示する博物館が，多文化性や複合社会としての地域の特徴を観光客に理解させるのに大きな役割を果たしている。博物館における展示を通して，エスニック文化は観光資源としての意味を強めているといえよう。

6　EUによる地域統合とエスニック文化

　国家の枠組みを弱めつつ統合を進めるEU域内において，地域を単位にした経済活動への関心が高まっている。地域集団としてのエスニック集団は，こうした最近の動向と少なからず関係している。南ティロール地方はイタリア最北部の国境地域に位置し，しかもドイツ系エスニック集団は隣接するオーストリアへの帰属を求めて運動してきた。イタリアへの併合後にイタリア南部から大

量の労働者が流入したが、彼らが南ティロールを自らの本拠地として認知するにはそれなりの時間が必要であった。いうなれば南ティロール地方は、ドイツ系、イタリア系ともにそれぞれが北と南に隣接する同じ言語を用いる地域に関心をもち続けていた。

　この地域が求心力をもつようになったのは、先に述べたように1990年代に国境を越えた人や物の移動が急速に自由化して以降のことになる。特に隣接地域との一体性を強めるのに大きな弾みとなったのが、1998年に締結されたユーロリージョン Euroregion "Tyrol-South Tyrol-Trentino" であった。これは、南ティロール地方と、北に隣接するオーストリアのティロール州、南に隣接するトレンティーノ地方の連携をうたうものである。イタリア併合以前、この3つの地方は単一のティロール地方を構成しており、歴史的、文化的にもある程度の一体性をもってきた。ユーロリージョンにおいては、これらの地域間での交通網の整備、観光をはじめとする経済の発展、環境問題の解決、および相互理解を目標にしている。アルプス越えの高速鉄道網の建設計画や、共同の観光キャンペーン、相互の人的交流などすでに一定の成果をあげている。

　地域統合を進めるEUにおいて、ユーロリージョンは国境を越えた地域間の連携プログラムとして重要視され、すでにヨーロッパ各地に設定されているが、南ティロールを含むこのユーロリージョンは、相互の積極的な作業によりEU域内でも最も連携が進んだ事例として注目されている。また、観光開発とリンクさせながらエスニック集団やエスニック文化を重視した地域振興がなされている点は、EU域内の他のエスニック集団にとっても大いに参考にされている。特にハンガリーやスロヴァキア、ルーマニアなど旧東ヨーロッパ諸国では、体制の変化とともにエスニック集団の動きが活発化しつつあるなか、重要な経済・産業部門としての観光業への関心が寄せられており、すでに多くの視察団が南ティロール地方を訪れている。南ティロール地方のエスニック集団と観光との関係は、EUにおけるエスニック集団を理解するひとつの事例として興味深い。

注

1) イタリア語に近いラディン語を母語とする人びと。ドロミーテンの山岳地に居住する。ボーツェン県のエスニック集団として,ドイツ系とともに権利獲得のための主張を続けている(進藤,2003)。
2) 基本的にはドイツ系の団体は Verein,イタリア系は Associatione を名乗るが,両集団いずれにも Club を名乗る団体もある。

文 献

今井 敦 (2004):『三つのチロル』新風社.
加賀美雅弘 (2000):中央ヨーロッパにおける民族集団の諸相.東京学芸大学紀要第3部門社会科学,51: 55-76.
加賀美雅弘・川手圭一・久邇良子 (2010):『ヨーロッパ学への招待――地理・歴史・政治からみたヨーロッパ』学文社.
進藤修一 (2003):南ティロールにおける民族――「境界」のない世界は可能か? 大津留 厚・野村真理・森 明子・伊藤信宏・岡本真理・進藤修一『民族(近代ヨーロッパの探求 10)』ミネルヴァ書房,273-315.
羽場久美子 (2004):『拡大ヨーロッパの挑戦――アメリカに並ぶ多元的パワーとなるか』(中公新書) 中央公論社.
ユーロリージョン Euroregion "Tyrol-South Tyrol-Trentino": http://www.europaregion.info/default_en.htm

---

column　喪に服す民族衣装

　南ティロール地方には,多くの伝統文化が今も生きている。なかでもブラスバンドは,ティロール地方独特の演奏で知られ,その軽快なリズムには地元の人びとはもちろん,最近は多くの観光客にも注目され,ファンが増えている。アコーディオンや管楽器,打楽器で奏でられるメロディーにアルプスの雄大な風景が重なり,聞いているだけで牧歌的なムードに浸ることができる。ティロール地方の魅力のひとつであることは確かだ。

彼らの衣装も，いかにもティロール風である。男性は牛革のジャケットと短ズボン，女性はディルンドゥルと呼ばれるワンピースと白のハイソックス。これに黒の帽子をかぶる。教会をはじめ，演奏には必ずこうした地域固有の衣装を身に着けている。

南ティロール地方のブラスバンド
（1990年4月，筆者撮影）

　しかし，彼らの姿をよくみると，みな黒いスカーフのようなものを首に巻いている。男性も女性も区別がない。華やかな民族衣装にはいささか不似合いの，妙に重たい感じがする代物である。

　これにはわけがある。実は，この黒いスカーフは喪章なのである。死者を弔うものではない。南ティロール地方が他のティロール地方から分離されていることに対する喪なのである。第一次世界大戦後にイタリアの主張により分割されて以来，ティロール地方は今も国境線によって分断されている。この喪章は，いつの日か再びティロール地方が統一されることを願って，ティロール系（ドイツ系）の人びとの間で続けられている習慣になっているのである。

南ティロール地方の
伝統衣装と黒いスカーフ
（1990年4月，筆者撮影）

　あちこちの村でこのスカーフを見るにつけ，南ティロール地方がイタリアの一地方として経済的な発展を遂げ，イタリア系住民との交流が深まりつつある現在においてもなお，強い地域意識や民族意識が保たれていることを思い知らされるのである。

（加賀美雅弘）

第11章
アムステルダムにおける都市内居住地移動

大島規江

1 はじめに

　グローバリゼーションの進展とともに，母国を離れて生活する人びとは増加の一途をたどっている。エスニック集団は移住先のホスト社会において，集団の利益を確保するため，あるいは独自の文化を維持するためにエスニック・エンクレイブを形成する傾向にある（エスニック・エンクレイブについては詳しくは第6章参照のこと）。

　エスニック・エンクレイブに関する研究は，そのアプローチから以下の4つに分類できよう。①人口的側面，②空間的側面，③社会・経済的側面，④文化的側面からの解明である。第1の人口的アプローチは，ホスト社会におけるエスニック集団人口の自然・社会的増減からエスニック社会のダイナミズムを考察するものである。第2の空間は，エスニック・エンクレイブの空間的位置，またはその形成・発展過程に焦点を当てるものである。第3の社会・経済は，エスニック集団のホスト社会での社会・経済的地位の上昇・停滞・低下を主題とする。第4の文化は，エスニック集団独自の文化の継承・アイデンティティの変容等を扱い，エスニック集団のホスト社会への適応あるいは同化を予見するうえで重要である。

　エスニック・エンクレイブに関する研究は1980年代後半から徐々に蓄積されてきた。しかしながら，研究者あるいは研究分野によってそのアプローチは

さまざまである。これらを横断的に分析する研究が必要とされるが、まずはエスニック・エンクレイブの形成・拡大を都市内居住地移動という人口学的側面から検証する。

2 移民に寛容な国家におけるエスニック・エンクレイブ
(1) 移民に寛容な国家？
　日本では、オランダはヨーロッパで最も寛容な国家という認識が浸透している。その説明として挙げられるのが、オランダの歴史的移民受け入れ実績である。オランダの諸都市は 14 世紀以降、順次ハンザ同盟に加盟し、16 世紀後半から 17 世紀にかけて驚異的な経済発展を遂げる。この経済発展は移民受け入れの歴史がキーとなっており、移民に「寛容な国家」オランダという言説の根拠とされている。1492 年、グラナダの陥落によってスペインの統一がなされると、もはやスペインのユダヤ人に宗教的自由はなくなり、カトリックに改宗するか、さもなければ国外へ逃れるしか道はなかった。1580 年、ポルトガルがスペイン王の支配下に入ると、イベリア半島、特にポルトガル（スペインから多数のユダヤ人が逃れていた）からのユダヤ人流入が激増し、17 世紀初頭には数千に上るポルトガル系ユダヤ人がオランダ共和国に流れ込んだ。また、1635 年以降、ドイツ、ポーランド、ロシアといった中央および東欧からのユダヤ人が、特にアムステルダムに流入した。1750 年までに約 1 万人が流入し、1800 年までにさらに 1 万人が流入したといわれている。こうした移民受け入れの歴史が「寛容な国家」オランダというイメージをつくりあげている。実際、オランダは多様な人びとの共生を目標として多極共存主義（consociationalism）を採択し、憲法第 1 条においてもあらゆる差別の撤廃を掲げるなどマイノリティに対して寛容な政策を採っている（梶田、1992）。

　オランダでは 5 月 4 日は戦没者記念日（Dodenherdenking）である。オランダは第二次世界大戦において中立を宣言したにもかかわらず、オランダ本土はドイツに、植民地であったインドネシアは日本に占領された。戦没者記念日は第二次世界大戦における戦没者を弔う式典であり、毎年 5 月 5 日の解放記念日（祝

日）の前日 4 日にアムステルダムのダム広場においてとり行われる。その様子はオランダ公共放送で放映され，午後 8 時にはテレビを前に，あるいは停止した公共交通機関のなかで，カフェやレストランでそれぞれが黙とうを捧げる。式典はロイヤル・ファミリーも出席するなかで厳かに行われる。2005 年の式典には国家元首であるベアトリクス女王（Beatrix），女王の長男つまり皇太子ヴィレム・アレクサンダー（Willem Alexander），皇太子妃マキシマ（Maxima）が参列した。第二次世界大戦の禍根が根強く残る 1966 年，ベアトリクス女王は周囲の

写真 11-1　戦没者記念碑と献花
（2005 年 5 月，筆者撮影）

反対を押し切ってドイツ人外交官であったクラウス・フォン・アムスベルク（Claus von Amsberg, 2002 年薨去）と結婚したばかりでなく，皇太子ヴィレム・アレクサンダーは皇太子妃としてアルゼンチンからマキシマを迎えた。また，先に述べた式典には退役軍人やアムステルダム市長でユダヤ人のコーエン（Job Cohen）が出席したのみならず，最後の献花はブラック・スクールとよばれる移民の子弟が大多数を占める公立小学校の児童によって行われた。こうした事実は，確かに「寛容な国家」のイメージを与えるかもしれない（**写真 11-1**）。

(2) アムステルダムにおけるエスニック集団

「ブラック・スクール」という言葉は白人オランダ人児童が多数を占める「ホワイト・スクール」に相対する言葉であるが，当然のことながらホワイト・スクールにもアジア系やアフリカ系の児童も通学しているし，逆にブラック・スクールにも白人のオランダ人児童が通学している。オランダでは多くのヨーロッパ諸国同様に学区制度がないため，児童の親が自由に通学先を決定する。多くの親はより環境のよい，より子どものもつ能力を伸ばしてくれ，かつ低学

年時における送り迎えの利便性を考慮して学校を決定することになる。「移民に寛容」な国家オランダでも子どもの教育となるとエスニック集団の少ない学校を選択しがちである。エスニック・マイノリティ児童のなかには，母親あるいは祖父母がオランダ語を話せないために家庭での言語が出身地の言語となる場合があり，不十分なオランダ語の習得がクラス全体の学習の習熟度に影響を与えていると考えられているためである。しかしながら，社会の多様性を感じ取らせるためにあえてホワイト・スクールを避けて，ミックスド・スクールに通わせる親も存在する。ミックスド・スクールとはその名称のとおり，マジョリティとマイノリティ児童が適度に混ざり合った学校のことである。

　では，実際アムステルダムのマジョリティとは，マイノリティ（エスニック集団）とはどのような人びとを指すのであろうか？　オランダにおける移民は大きく2つのグループに分けることができる。旧植民地および海外領土からの移民と，第二次世界大戦後に政府間雇用協定に基づいて労働者として来蘭した移民である。いずれの移民もアムステルダム，ロッテルダム，ユトレヒト，デン・ハーグへの居住が著しく，小規模な都市あるいは農村に居住する者はまれである。なお，ここでいうエスニック・マイノリティとはオランダ国籍の取得いかんによらず，出自別に区別されるものである[1]。オランダにおける最大のエスニック集団はスリナム系住民であるが（スリナム：南アメリカ北東部に位置する共和国），かつてオランダの植民地であったことからオランダ語の習得状況が高く，また大きな文化的摩擦がないために，住宅市場は別として労働市場においては比較的統合が進んでいるとされる。それに対して，イスラム教圏からの労働移民集団であるトルコ系住民およびモロッコ系住民は[2]，家族の呼び寄せや高出生率に支えられてその社会を拡大している。

　2009年1月1日のアムステルダムの人口は756,347であり，そのうちスリナム系68,761（9.1％），モロッコ系68,099（9.0％），トルコ系39,654（5.2％），アンティル系11,559（1.5％）である[3]。2000年1月1日の人口構成はスリナム系71,760（9.8％），モロッコ系55,043（7.5％），トルコ系33,931（4.6％），アンティル系（アンティル：カリブ海にあるオランダ領の島）11,623（1.6％）であり（Het

Amsterdamse bureau voor onderzoek en statistiek, 2001)，モロッコ系住民の全人口に占める割合がここ10年ほどで＋1.5上昇し，最大のエスニック集団であったスリナム系人口に追迫している。

　このようなモロッコ系やトルコ系をはじめとするムスリム系住民の人口の増加は，彼らの文化と密接に関係している。イスラム教の信仰の根幹は，六信と五行とよばれる6つの信仰対象と，5つの信仰行為から成り立っている（塩尻・池田，2004）。六信とは，神（アッラー），天使（マラーイカ），啓典（クトゥブ），使徒（ルスル），来世（アーヒラ），定命（カダル）であり，根本的には「アッラーが唯一の絶対の神であり，その命を受けて預言者となったムハンマドが神の使徒であることを固く信じる」ことが求められる。そしてアッラーへの忠誠心は日々の生活において実践されなければ意味をなさないため，信仰告白（シャハーダ），礼拝（サラー），喜捨（ザカート），断食（サウム），巡礼（ハッジ）の五行を実践することが重要である。日々の生活において信仰の実践を求められる理由は，「人間とは誘惑に負けやすい生き物であり，弱い人間が厳しい自然環境で生きてゆくためには，神の強い導きが必要」という人間生弱説による。人間生弱説は女性の外出時におけるブルカ着用や禁酒などという形で日常生活に現れている。

　オランダにおけるムスリムは中東地域ほど敬虔な信仰生活を送っていないが，ムスリムとして異国で生き抜くすべとして強いコミュニティを形成している。同じムスリム同士であってもトルコ系とモロッコ系住民の通婚はごくまれで，出自別の通婚が卓越している（**写真11-2**）。また，多産を善きこととし比較的低年齢で結婚・出産するために高い出生率を誇る[4]。このエスニック集団の相対的にも絶対的にも高い出生率に加えて，マジョリティである

写真11-2　結婚式は伝統的衣装で
（2008年3月，筆者撮影）

オランダ人の相対的に低い出生率のため，トルコ系住民およびモロッコ系住民のエスニック・エンクレイブが拡大している。

(3) アムステルダムにおけるエスニック・エンクレイブ

　アムステルダムでは，マジョリティとエスニック人口の人口構成が1990年代大きく変わり，それにともなってエスニック・エンクレイブのセクター方向への拡大が確認されている（大島，2000）。

　アムステルダムはオランダの首都でラントスタット（環状都市群）とよばれる都市化した人口周密地域の北端に位置する。ラントスタットは全国土のわずか18％，直径74kmの環状微高地に立地する都市群であり，この地域に社会・文化機関，政府機関，大学，工業団地，金融・保険機関，各種メディアの本社，交通機関が集中している。逆にいえば，日本の東京一極集中のような状態はみられず，南北ホラント州およびユトレヒト州に都市機能が分散立地している。アムステルダムは首都であるが，政府機関はデン・ハーグにあるため，金融・保険を含む商業と物流に特化した都市となっている。市域は1997年12月31日まで18の行政区に区分されていたが，98年1月1日から15の行政区となった。[5] 15の行政区はさらに93の地区に分けられている。図11-1が示すように，市域は都市の形成過程および景観上の相違から第1ゾーン，第2ゾーン，第3ゾーンに区分できる。[6] 第1ゾーンは1876年の北海運河開通以前からの市域であり，便宜上，本章では「中心市街地区」とよぶ。第2ゾーンは北海運河開通から第二次世界大戦期までに形成された市域で，「中心市街地周辺地区」とよぶ。第3ゾーンは第二次世界大戦後に宅地化された市域で都市的土地利用と農村的土地利用が混在しており，「郊外地区」とよぶ。

　エスニック集団のなかでもイスラム系住民であるモロッコ系およびトルコ系住民はアムステルダム中心市街地周辺の東部と西部，およびそれらの地区からセクター状に伸びる郊外にエンクレイブを形成している。中心市街地周辺の東部と西部の住宅は人口急増に対応するため1920年から40年代に突貫工事で建築された安普請である。こうした住宅は家賃が比較的安いことから移民の流入

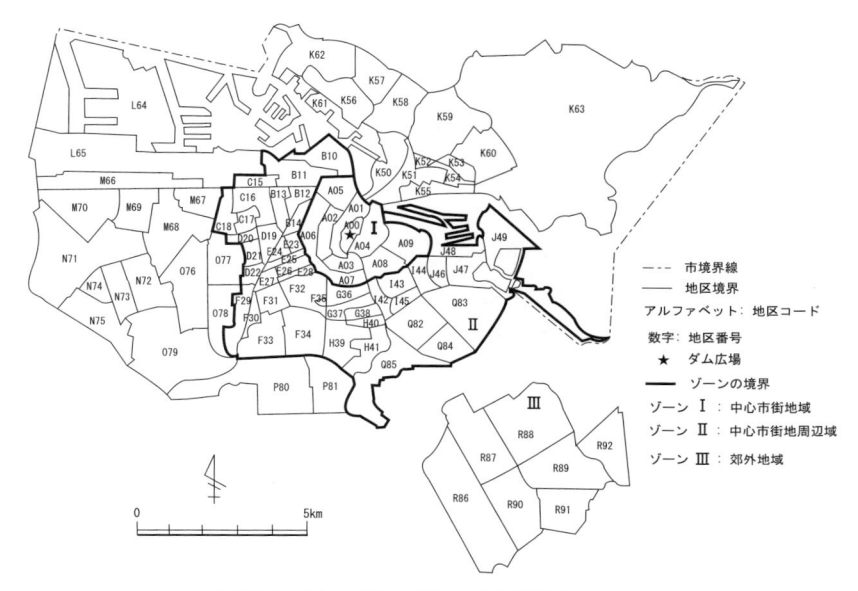

図 11-1　アムステルダムの行政地区（2000年）

が相次ぎ，それにともなって一部の街区では白人オランダ人の流出が起こっている。これらの地区が1980年代にイスラム系住民の流入により飽和状態となったこと，1990年代にアムステルダムの白人オランダ人人口が減少したことにより，1990年代から中心市街地周辺の東部と西部からセクター状に伸びる郊外にエスニック・エンクレイブが拡大していった。

3　エスニック・エンクレイブと都市内居住地移動

(1) 都市内居住地移動率

　アムステルダムにおける都市内居住地移動に関する統計データは1993年から整理・公表されている。アムステルダムにおけるエスニック・エンクレイブは1990年代に大きな変化を見せたことから1993年と5年後の1998年のデータを比較する。アムステルダムにおける人口移動率は，93年では期首人口718,487のうち移動者91,454人で13%，98年には期首人口718,175のうち移[7)]

動者80,491で11％である。1993年と99年の移動率を出自別に比較すると，マジョリティであるオランダ人は8％から9％で若干ながら上昇し，トルコ系住民は19％から14％に低下，モロッコ系住民もトルコ系住民と同様に18％から14％に低減した。しかしながらエスニック集団の移動率はマジョリティの1.5倍以上である。

　国内人口移動は経済変動の影響を強く受け，好況期に活発で，不況期に不活発であることが知られている[8]。アムステルダムにおける移動率の変化は経済好況よって促進される移動率の上昇が，「ポルダー・モデル」（または「オランダ・モデル」（長坂，2000））とよばれるオランダの経済改革のために顕著に表れなかったことを示している。この政策によって経済構造の強化と雇用拡大が図られたが，雇用拡大の恩恵にあずかったのは主に女性層や新卒者であった。彼らの労働市場への新たな参入によりエスニック集団の雇用機会は以前にも増して縮小した。つまり1990年代の経済好況は，エスニック集団にとってはむしろ経済不況ともいうべき状況であり，移動率を低下させる原因となった。一方，マジョリティであるオランダ人にとっては移動率をわずかではあるが上昇させる要因となった。しかしながら，先に述べたようにこの経済好況によって労働市場に参入したのは主に子どもをもつ女性層や新卒者であったために大幅な移動率の上昇には直結していない。つまり，子どもをもつ女性層は家族という拘束によって移動をともなわない就業先を選択し，新卒者の多くは独身の青年層であるがために，従前からの居住地である中心市街地区と中心市街地周辺地区に滞留したためである。前述のように，アムステルダムにおけるマジョリティとエスニック集団の都市内居住地移動率は若干の上昇と大幅な低下という異なる傾向を示すものの，両者とも経済好況の影響を受けている。

(2) 都市内居住地移動の発着地

　アムステルダムの行政区は15区あり，このため居住地移動の発着地の組み合わせは225に達する。諸都市と同様にアムステルダムにおいてもエスニック集団は少数の特定地区に集中し，エスニック・エンクレイブを形成している。

したがって，225の組み合わせのなかには発着地数が皆無等，分析に値しないものも相当数含まれる。それゆえ，サンプルとする区を移動量の多い発着地の組み合わせから選択する。移動量のみならず，移動の方向性，すなわち第1ゾーンの中心市街地区，第2ゾーンの中心市街地周辺地区，第3ゾーンの郊外地区というゾーン間の流動を明確にするため，複数の区を有する中心市街地周辺地区および郊外地区からはエスニック集団の多数居住する地区を，それぞれ1区ずつ選沢した。

表11-1は1993年のアムステルダムにおける都市内居住地移動の発着地の組み合わせを上位30位まで順に記載したものである。オランダ人，トルコ系住民，モロッコ系住民ともにKからKへの移動量が最大である。しかし，オランダ人とトルコ系住民あるいはモロッコ系住民では，2位以下の順位が全く異なる。トルコ系住民とモロッコ系住民では，居住パターンばかりでなく移動比率が類似していることが表から読み取れる。したがって，移動の発着地も同様に類似性を保持していると推測できる。トルコ系住民とモロッコ系住民の発着地の類似性を明示するために，トルコ系住民を基準とし，トルコ系住民の発着地の組み合わせ順位を，オランダ人とモロッコ系住民の発着地組み合わせに付記した。トルコ系住民の10位以内の発着地組み合わせは，モロッコ系住民では10組，オランダ人では9組が30位以内にある。すなわち，移動量の多い発着地は出自を問わないのである。10位以内の発着地は，KからKのように同一区内の移動が卓越し，トルコ系住民では10組，モロッコ系住民では8組，オランダ人でも8組が同一地区内移動であった。これは近距離移動の卓越を意味し，都市内居住地移動にとって移動距離が重要な要素であることを示している。

一方，中心市街地区，中心市街地周辺地区，郊外地区という3ゾーン間の移動に着目すると，トルコ系住民の発着地30組中14組が中心市街地周辺地区から中心市街地周辺地区への移動であり，特に10位以内においては2位から7位までを占めている。中心市街地周辺地区から中心市街地周辺地区への移動は，モロッコ系住民15組，オランダ人11組と最も多い。これはアムステルダムの中心市街地周辺地区が他ゾーンに比して安価な住宅を有するためである。アム

表11-1 アムステルダムにおける都市内居住地移動の発着地（1993年）

a) オランダ人

発地	着地	移動数	順位	ゾーン
K	K	3,315	1	○
A	A	2,970	-	×
F+G	F+G	2,050	5	●
R	R	1,638	8	○
I+Q	I+Q	1,238	2	●
A	F+G	888	-	×
F+G	A	847	-	×
E	E	834	21	●
B	B	765	6	●
H+P	H+P	737	-	○
N	N	658	9	○
O	O	568	17	○
F+G	H+P	526	-	▲
D	D	459	4	●
M	M	453	10	○
J	J	431	3	●
E	A	428	-	×
A	I+Q	412	-	×
F+G	I+Q	409	29	●
A	E	405	-	×
A	B	399	-	×
H+P	F+G	387	-	△
I+Q	A	376	-	×
F+G	E	372	-	●
E	F+G	355	-	●
N	O	327	-	○
I+Q	F+G	296	-	●
A	K	293	-	×
B	A	289	-	×
A	H+P	266	-	×
Total		40,987		

b) トルコ系

発地	着地	移動数	順位	ゾーン
K	K	311	1	○
I+Q	I+Q	289	2	●
J	J	278	3	●
D	D	199	4	●
F+G	F+G	169	5	●
B	B	162	6	●
C	C	147	7	●
R	R	127	8	○
N	N	117	9	○
M	M	111	10	○
D	C	104	11	●
D	O	102	12	▲
I+Q	J	94	13	●
D	M	92	14	▲
B	C	91	15	●
C	O	84	16	▲
O	O	80	17	○
C	M	79	18	▲
B	M	78	19	▲
D	N	77	20	▲
E	E	76	21	●
J	I+Q	68	22	●
C	D	67	23	●
B	D	61	24	●
J	K	58	25	▲
N	M	58	26	○
B	N	56	27	▲
F+G	N	56	28	▲
F+G	I+Q	51	29	●
M	C	49	30	△
Total		5,114		

c) モロッコ系

発地	着地	移動数	順位	ゾーン
K	K	252	1	○
D	D	251	4	●
J	J	220	3	●
I+Q	I+Q	205	2	●
C	C	170	7	●
F+G	F+G	149	5	●
D	C	134	11	●
R	R	122	8	○
M	M	107	10	○
C	M	105	18	▲
C	D	101	23	●
D	M	91	-	▲
J	I+Q	89	22	●
E	E	85	21	●
B	B	75	6	●
I+Q	J	75	13	●
D	N	74	20	▲
N	N	73	9	○
M	C	64	30	△
M	D	63	-	△
E	C	57	-	●
F+G	M	57	-	▲
D	O	50	12	▲
J	K	50	25	▲
M	N	43	-	○
E	D	42	-	●
C	B	41	-	●
A	A	40	-	×
F+G	D	39	-	●
O	O	39	17	○
Total		6,917		

注）▨は，地区内移動を示す．
発地：都市内居住地移動の発地を示す． 着地：都市内居住地移動の着地を示す．
● はゾーンⅡからゾーンⅡへの移動　▲ はゾーンⅡからゾーンⅢへの移動
○ はゾーンⅢからゾーンⅢへの移動　△ はゾーンⅢからⅡへの移動
× はその他の移動

資料）Het Amsterdamse Bureau voor Onderzoek en Statistiek eds. 1994. *Diadam 1993: Statistische Informatie Stadsdelen.*

表11-2 アムステルダムにおける都市内居住地移動の発着地（1998年）

a) オランダ人					b) トルコ系					c) モロッコ系				
発地	着地	移動数	順位	ゾーン	発地	着地	移動数	順位	ゾーン	発地	着地	移動数	順位	ゾーン
K	K	2,528	1	○	K	K	303	1	○	K	K	425	1	○
A	A	2,438	-	×	N	N	225	2	○	N	N	296	2	○
F+G	F+G	1,832	19	●	C	C	207	3	●	I+Q	I+Q	242	8	●
N	N	946	2	○	M	M	202	4	●	J	J	235	7	●
H+P	H+P	872	-	○	D	D	185	5	●	M	M	208	4	●
I+Q	I+Q	807	8	●	C	M	147	6	▲	C	C	179	3	●
A	F+G	723	-	×	J	J	137	7	●	D	M	162	9	▲
F+G	A	687	-	×	I+Q	I+Q	131	8	●	F+G	F+G	153	19	●
J	J	598	7	●	D	M	126	9	▲	D	D	143	5	●
F+G	H+P	565	-	▲	D	O	94	10	▲	C	M	135	6	▲
O	O	563	14	○	I+Q	J	79	11	●	D	O	119	10	▲
B	B	537	24	●	M	C	76	12	△	M	N	113	18	○
E	E	483	-	●	D	C	74	13	●	I+Q	J	112	11	●
D	D	478	5	●	O	O	72	14	○	D	C	105	13	●
O	N	451	17	○	C	N	71	15	▲	O	O	104	14	○
A	J	419	-	×	D	N	71	16	▲	B	B	102	24	●
A	B	403	-	×	O	N	67	17	○			102	29	●
H+P	F+G	395	-	△	M	N	66	18	○	D	N	92	16	▲
M	M	378	4	○	F+G	F+G	61	19	●	N	M	84	2	○
I+Q	A	361	-	×	J	I+Q	57	20	●	C	O	82	23	▲
A	I+Q	355	-	×	N	M	55	21	○			81	12	△
F+G	I+Q	327	-	●	I+Q	K	51	22	▲	C	N	79	15	▲
F+G	E	307	-	●	C	O	49	23	▲	O		78	-	○
E	F+G	305	-	●	B	B	48	24	●	R	R	77	26	●
E	A	301	-	×	M	O	47	25	○	B	M	75	-	▲
A	E	300	-	×	R	R	44	26	○	J	I+Q	73	20	●
I+Q	J	295	-	●	F+G	C	43	27	●	B	C	72	-	●
I+Q	F+G	293	-	●	N	O	42	28	○	I+Q	K	70	22	▲
B	A	284	-	-	C	D	40	29	●	N	O	69	28	○
F+G	J	283	-	●	N	D	38	30	△	M	O	67	25	○
Total		36,398			Total		4,665			Total		7,399		

注） ▒ は，地区内移動を示す．
発地：都市内居住地移動の発地を示す．着地：都市内居住地移動の着地を示す．
順位はトルコ系住民の移動発着地組み合わせの順位を示す．
○ はゾーンⅢからゾーンⅢへの移動　△ はゾーンⅢからⅡへの移動
● はゾーンⅡからゾーンⅡへの移動　▲ はゾーンⅡからゾーンⅢへの移動
× はその他の移動

資料）Het Amsterdamse Bureau voor Onderzoek en Statistiek eds. 1999. *Diadam 1998: Statistische Informatie Stadsdelen.*

140　Ⅱ　フィールドからみるエスニック社会の諸相

ステルダムは青壮年層の居住が多い．彼らは都市中心部に隣接し，かつ廉価な家賃の住宅を選好する．しかし，当地区の住宅は老朽化が進行しており，所得の上昇とともにより良質な住宅へと移動を繰り返すため，中心市街地周辺地区から中心市街地周辺地区への移動が卓越している．次いで，トルコ系住民は中心市街地周辺地区から郊外地区への移動（9組）が多い．モロッコ系住民は中心市街地周辺地区から郊外地区への移動と郊外地区から郊外地区への移動が同数（6組）である．したがって，エスニック集団居住地区の拡大は，トルコ系住民よりも人口の多いモロッコ系住民で顕著である．

　1998年の移動も93年と同様に，オランダ人，トルコ系住民，モロッコ系住民ともにKからKへの移動量が最大である（**表11-2**）．また，トルコ系住民に関する10位以内の発着地の組み合わせは，モロッコ系住民では10組，オランダ人では6組が30位以内にある．同一地区内における移動の卓越性も93年と98年の共通点である．しかしながら，ゾーン間の移動では相違点が確認された．オランダ人，トルコ系住民，モロッコ系住民ともに中心市街地周辺地区から中心市街地周辺地区への移動が最多で，それぞれ12組，11組，11組を数える．しかし，トルコ系住民とモロッコ系住民では，先の中心市街地周辺地区から中心市街地周辺地区への移動に次いで郊外地区から郊外地区への移動が10組ずつあり，中心市街地周辺地区から郊外への移動（トルコ系住民7組，モロッコ系住民8組）を凌駕するに至った．これはエスニック集団居住地区が中心市街地周辺地区からセクター状に郊外へと拡大したこと，そして90年代後半には既存の居住地区からの流出が収束しつつあることを示している．

(3) 移動率と発着地による類型化

　発着地からみたアムステルダムの都市内居住地移動を類型化すると，**図11-2**のようになる．マジョリティであるオランダ人，エスニック・マイノリティであるトルコ系住民およびモロッコ系住民ともに中心市街地から中心市街地，中心市街地周辺地区から中心市街地周辺地区，郊外地区から郊外地区という同一ゾーン内における移動が卓越している．しかしながら，この同一ゾーン内移

第11章　アムステルダムにおける都市内居住地移動　141

a) マジョリティ

D\O	ゾーンI	ゾーンII	ゾーンIII
ゾーンI	H	M	L
ゾーンII	M	H	L
ゾーンIII	L	M	H+

b) マイノリティ

D\O	ゾーンI	ゾーンII	ゾーンIII
ゾーンI	M	L	L
ゾーンII	L	H-	M
ゾーンIII	L	H	H+

□ 同一地区内移動

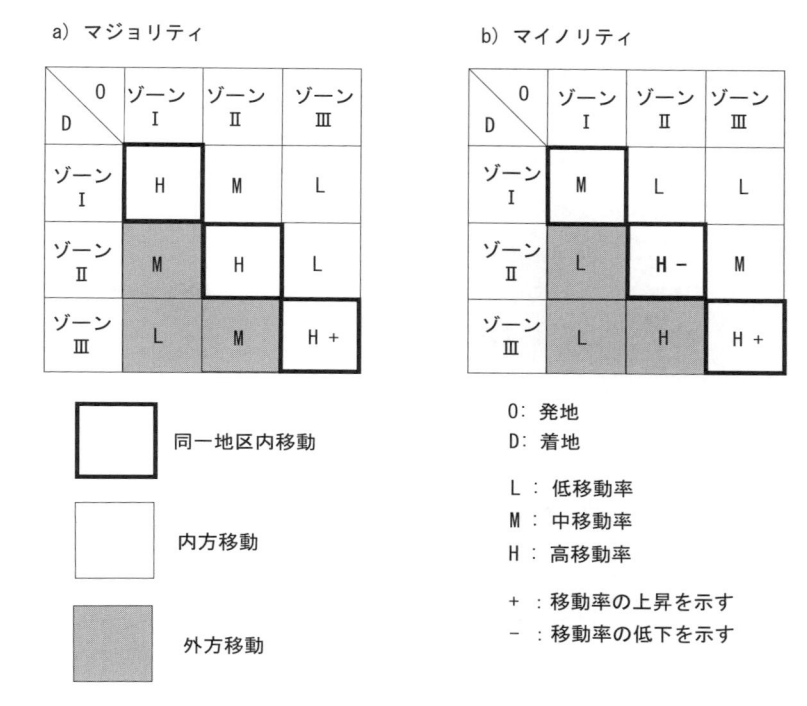

□ 内方移動

▨ 外方移動

O：発地
D：着地

L：低移動率
M：中移動率
H：高移動率

＋：移動率の上昇を示す
－：移動率の低下を示す

図11-2　アムステルダムにおける都市内住居地移動の類型化

動の多数はKからKのような同一地区内移動で占められ，都市の同心円における同距離帯の横断移動を意味するものではない。1993年と98年を比較した場合，郊外地区から郊外地区への移動が増加したのに対して，中心市街地周辺地区から郊外地区への移動は減少した。この事象は，90年代初期にはエスニック集団の移動によって中心市街地周辺地区の既存のエンクレイブからセクター状に郊外方向へと新たなエンクレイブが形成されつつあったこと，そして90年代後半にはエンクレイブの拡大が収束していることを示唆するものである。また，同一地区内移動は既存のエンクレイブの衰退を防止し，エンクレイブを維持する働きをしている。

　なお，ヨーロッパの発展軸ブルーバナナの一角を占めるラントスタットのな

かでも，アムステルダムには頻繁な転動をともなう国際金融・保険業従事者が多く居住するため，中心市街地区を発着地とした移動は活発である。しかしながらトルコ系住民とモロッコ系住民は僅少である。この理由は，中心市街地の住宅は高額な家賃であるため，元来，中心市街地区におけるエスニック集団の居住は稀有であるためである。このような中心市街地を発着地とする移動，とりわけ着地とする移動は，都市中心部がインナーシティとともに衰退している北アメリカの諸都市とは対照的に，都市中心部が高い都市機能を維持している西ヨーロッパ都市に共通する事象である。

一方，移動率の変化については，マジョリティは同一ゾーン内での移動が卓越することを特徴とする。エスニック・マイノリティは必ずしも同一ゾーン内での移動を特徴とせず，外方移動が活発である。この外方移動は方向偏向性をもち，同セクターからの移動が顕著である。なお，マジョリティ，マイノリティともに中心市街地区から郊外地区への移動は少なく，移動の主流が近距離移動であることを示唆している。

4 おわりに

1990年代，アムステルダムは大幅なマジョリティ人口の減少とエスニック・マイノリティ，とりわけムスリム人口の増加による人口構成の大きな変容を経験した。これによって第2ゾーンの中心市街地周辺地区の東部と西部に塊状に存在したエスニック・エンクレイブが，セクター状に広がる第3ゾーンの郊外地区に拡大した。このエスニック・エンクレイブの拡大は移動距離と移動方向に特徴をもつ。アムステルダムにおける都市内居住地移動は，マジョリティであるオランダ人，エスニック・マイノリティであるトルコ系住民とモロッコ系住民ともに，中心市街地区から中心市街地区，中心市街地周辺地区から中心市街地周辺地区，郊外地区から郊外地区という同一ゾーン内における移動が卓越している。さらに，この同一ゾーン内移動の多数は，同一地区内移動で占められている。同一ゾーン内の移動は，取りも直さず近距離移動を意味し，従来の研究から得られた見解に一致する。このような近距離移動の卓越性は，新居の

選択範囲が前住地を中心とした比較的狭小な地域内で完結するからであると推察できる。しかし，最大の要因は各地区の住宅ストックの特性にある。すなわち，中心市街地区の住宅は，その大部分が各階ごとに貸し出されるために核家族世帯の居住には適さず，また急な階段のために高齢者の居住にも適さない。一方，中心市街地周辺部は都市再開発が実施されずに住宅の老朽化，あるいは近隣地区の衰退が進行している。このため，中心市街地周辺地区の住宅は低所得者層向けの住宅となっている。一方，郊外地区の住宅は広い床面積に加えて，中心市街地区や中心市街地周辺部においては確保が困難な駐車場も備え，核家族世帯の居住に適している。各ゾーンに分布する住居ストックの特性が明確に異なるため，住民はライフサイクルにおける重要なイベントが生じない限り，同一ゾーン内における近距離移動を行うのである。

　このような同一ゾーン内の居住地移動に対して，都市中心部から外縁部へ向かう外方移動がある。アムステルダムでは，マジョリティは中心市街地区から中心市街地周辺地区への移動と中心市街地周辺地区から郊外地区への移動，他方，エスニック・マイノリティは中心市街地周辺地区から郊外地区への移動が活発である。このような居住地の外方移動は，ライフサイクルの観点から都市内の居住地移動を考察した研究においてしばしば説明され，本論においても同様の指摘が可能である。一方，都市中心部を指向する内方移動は，マイノリティについては観察されずにマジョリティにおいてのみ確認された。一般，都市中心部がインナーシティとともに衰退している北アメリカの諸都市とは異なり，リヒテンブルガー，E.（Lichtenberger, 1993）が指摘するように，ヨーロッパ諸都市の中心市街地区は最も選好される居住地区として厳存している。アムステルダムの中心市街地区も商業地区としての機能を有するのみならず，居住地区としても機能している。中心市街地区では，娯楽施設，職場への近接性が良好な居住環境の要素となるばかりでなく，景観的にも魅力的であるために，家賃が一般的に高額である。それゆえ，マジョリティであるオランダ人の内方移動がみられた。

　2005年5月のタイム誌はヨーロッパにおける移民人口の増加を取り上げ，移民の増加がヨーロッパにアイデンティティの危機をもたらし，また移民増加に

対する反発から多文化主義にも少なからず影響を与えているとした。該当号の表紙にはスカーフを被ったモナリザの微笑む写真が掲載され，ヨーロッパはもはやヨーロッパ人だけのものではないことを印象付けている。アムステルダムではマジョリティであるオランダ人の出生率が停滞する一方で，ムスリム系移民，とりわけモロッコ系住民の出生率が非常に高い。この状況が続けば，そう遠くない将来，マジョリティであるオランダ人がマイノリティとなり，エスニック・マイノリティがエスニック・マジョリティとなる可能性もあり，さらなるエンクレイブの拡大あるいはエンクレイブの増加につながることも十分に考えられる。

注
1) アムステルダム統計局（Amsterdams Bureau voor Onderzoek en Statistiek）の統計データの定義に基づく。
2) 統計上，1990年代はモロッコ系ではなくマグレブ系と分類されていた。マグレブ系住民とはマグレブ諸国，すなわちモロッコ，チュニジア，アルジェリアからの移民であるが，政府間雇用協定のあったモロッコ系住民が圧倒的に多くその95％を占めている。このため2000年の統計からモロッコ系と改められた。
3) http://www.os.amsterdam.nl/tabel/7664/ （2010年2月11日検索）
4) アムステルダム統計局（Dienst Onderzoek en Statistiek）の統計によれば，2008年のスリナム系，トルコ系，モロッコ系，アンティル系の出生数は657，610，1404，135であり，2009年1月1日の各グループの人口で除して算出される出生率（合計特殊出生率ではない）は，それぞれ0.96，2.06，1.54，1.12である。2008年のアムステルダム全体の出生数は10,595であるからアムステルダムにおける出生率は1.40であり，モロッコ系住民の出生率が極めて高いことがわかる。
5) 1998年1月1日，それまであった18区のうち6区が2区ずつ統合され15区となった。この統合は財政面での行政サービスの効率化を図る目的で実施された。
6) アムステルダムの都市景観については次の文献参照。大島規江（2009）：アムステルダムの景観を歩く—都市発展と移民から読み解く景観．阿部和俊編『都市の景観地理—大陸ヨーロッパ編』古今書院, pp. 34-46.
7) オランダでは統計資料が当該年の1月1日から12月31日までを集計しているため，1993年の期首という場合，93年1月1日を指す。
8) 従来の研究においては，緩慢な経済成長，急激なインフレーションや高金利といった不利な住宅市場，女性の労働力参加が都市内における移動率を低下させる

といわれている．特に，女性の労働力参加は最も重要な要因であるとされている．

文　献

大島規江（2000）：ムスリム系住民の社会空間の拡大―福祉国家オランダ・アムステルダムの事例．地学雑誌，109：661-679．

梶田孝道編（1992）：『国際社会学―国家を超える現象をどうとらえるか』名古屋大学出版会．

塩尻和子・池田美佐子（2004）：『イスラームの生活を知る事典』東京堂出版．

長坂寿久（2000）：『オランダモデル―制度疲労なき成熟社会』日本経済新聞社．

Het Amsterdamse bureau voor onderzoek en statistiek ed. (2001): *Diadam 2000: Statistiek informatie stadsdelen.*

Lichtenberger,E. (1993): *Vienna: Bridge between cultures.* London: Belhaven Press.

column　もうひとつの反ナチ（ユダヤ人保護）活動

　言説「寛容な国家」オランダを支えているのが歴史上の移民に対する寛容な態度であり，そのひとつがアンネ・フランクの隠れ家生活である。承知のとおり，第二次世界大戦時にオランダはナチス体制下のドイツに占領された。オランダ，アムステルダムのアンネ・フランク・ハウスはユダヤ人迫害の象徴であり，今なお多くの人びとの関心を引き付けてやまない。

　ユダヤ人をかくまうことによって，自らの生活と命を失うリスクを背負いながらもゲシュタポのユダヤ人狩りに反抗したオランダ人は少なくない。その一例がハールレムのテン・ボーム (Ten Boom) 一家である。ハールレムはオランダの首都アムステルダムから西に15kmほどに位置する雰囲気のある街である。

　前述のテン・ボーム一家は代々時計店を営んでいた。不特定多数の人びとが訪れる時計店という商売を活かして，テン・ボーム一家は時計店の上にある一家の住まいの一部を改築し，ユダヤ人に緊急時の隠れ場所を提供した。広さわずか1.5×2mほどの狭小な場所に身を潜めるため，ユダヤ人たちは日々，いわば緊急避難訓練をしていた。このような活動は一家だけでなくハールレムの有志によって続けられていた。近隣の人びとは一家の活動を知ってはいたが，暗黙の了解として秘密にされていた。

　しかし1944年2月，ひとりの心ない者によって一家の活動は停止を余儀なくされた。一家の一角に隠れたユダヤ人たちは日頃の訓練もあってゲシュタポに発見されなかったが，無数の食糧配給券や他国への避難幇助を示す書類等を理由に，一家は逮捕され監獄に送られた。一家のうち娘のコリーヌのみが生き延び，ハールレムの我が家に戻った。現在，彼女の家はコリーヌ・テン・ボーム博物館 (Het Corrine Ten Boom Museum) として一般に公開されている。博物館は現在も時計店の裏側にあり，往時の様子をそのままに伝えている。　　　（大島規江）

第12章
バスク自治州にみるボーダーランドの言語景観
― 基礎自治体名称バスク語化の事例から ―

石井久生

1 はじめに

　バスク地方は，スペインとフランスの国境地帯，いわゆるボーダーランドに位置する（図12-1）。この地方にはバスク語話者が存在するが，強大な2つの主権国家のもと，バスク語の使用はたびたび制限されてきた。しかしスペイン・バスク地方では，地方自治を確立した1970年代末以降，バスク語使用の正常化が進行し，バスク語話者が増加しつつある。バスク語正常化は，話者の増加にとどまらず，公共表示や地名の変更にもあらわれている。

　共同体にとって，その土地に付与された名前ほど象徴的なものはない。実際に市町村の名前は，共同体の政治権力やアイデンティティを表象し，周辺や上位の共同体と対峙するためのシンボルとしてしばしば利用されることがあった。そのため，地名は言語景観研究の格好の研究対象となってきた。言語景観研究のなかで地名は，時にはアルダーマン，D.H.（Alderman, 2008：195）がいうように場所の記憶を現在につたえる媒介者として扱われ，またある時にはダル・ネグロ，S.（Dal Negro, 2009：208）が定義するように政治権力の可視化された表象として描写されてきた。バスクにおける地名変更も，バスク文化の再興，あるいはスペイン中央政府との対峙，という文脈から検証することが可能な現象である。

　バスクにおける地名変更は，地形名から街路名まで含めればその事例は膨大

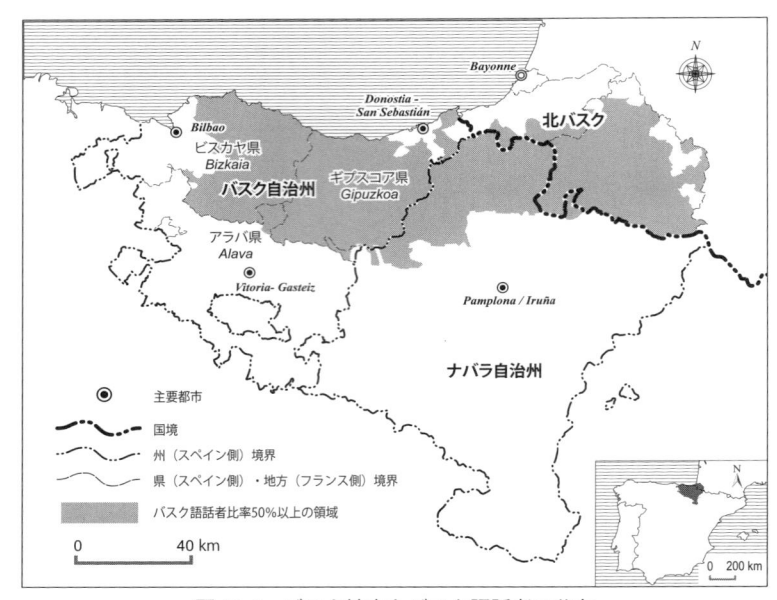

図 12-1　バスク地方とバスク語話者の分布
資料）バスク語話者の分布は Eusko Jaurlaritza（2008）による

な数に達し，全体像を把握するのは困難である。しかし，そのなかでも追跡が比較的容易なものがある。それが日本の市町村に該当する「基礎自治体」の名称変更である。バスク地方のなかで，基礎自治体名称のバスク語化が最も進んでいるバスク自治州では，2009 年末の時点で存在する 251 の基礎自治体のうち，1979 年から 2009 年末までの約 30 年間に 150 の自治体が名称を変更した。複数回変更した自治体もあるため，延べ変更回数は 158 に達する。[1] 基礎自治体の名称変更は，州政府や各県の「公報」で周知が図られるため，公報を丹念に追跡すれば，名称変更の全体像をつかむことが可能である。さらに，公報に記載される情報は，変更前後の名称にとどまらず，関連法規や名称変更に関与する各機関の対応まで多岐に及ぶ。公報の記載内容を精査すると，ボーダーランドの多義性を象徴するような事例に行き当たることがあるが，特徴的な事例を紹介する前に，基礎自治体名称変更からみた言語景観と社会的実践との関係を概観しよう。

2　言語景観としての基礎自治体名称

　バスク自治州で進行中の基礎自治体名称変更は，1970年代後半にスペインにおいて全国規模で進行した地方分権化が契機となっている。その発端は，1975年のフランコ総統の死去による独裁体制の終焉であった。その後，スペイン国内で進展した民主化と並行して，中央集権国家体制から地方分権体制への移行が進行した。1978年に発布された新憲法には，高度な地方自治権が明記され，それを受けて当時のバスク最高評議会は自治憲章の策定作業を進めた。そして1979年12月8日の「バスク自治憲章（ゲルニカ憲章）」の制定をもって，バスク自治州は自治体制を確立することになる。

　バスク自治州における基礎自治体名称変更の最初の事例は，1979年6月15日に実施されたギプスコア県 Villareal de Urretxua の Urretxu への変更であった。この変更は，名称の前半部に付随していたカスティーリャ語（狭義のスペイン語）の地名形容名詞 Villareal de を削除し，かつてのバスク語名称へ戻すものであった。注目すべきは変更時期で，その変更が役所で採決されたのは，自治憲章制定に先立つ半年前であった。つまり，自治体制確立以前に名称変更が開始されていたことになる。さらに興味深いのは，バスク語復権の法体制が整備される以前から自治体名称のバスク語化が進行したことである。バスク語復権の法的根拠となる「バスク語使用正常化基本法（以下，バスク語基本法）」が制定されるのは，最初の名称変更から3年以上後の1982年11月である。

　それでは初期の名称変更は，どのような論理を根拠としていたのであろうか。公報の記載内容から，1984年3月までに実施されたすべての名称変更71ケース（**表12-1**）が，1978年8月25日施行の国家法令である勅令2488/1978号（国家からバスク最高評議会への内政など各種権限移譲に関する勅令）に依拠して実施されたことがわかる。つまり，この間の名称変更は，自治やバスク語正常化よりも，国家との関係修正の論理を根拠として進められたのである。同勅令における名称変更に関する記述は，「基礎自治体の名称および首都の変更」という表現にとどまっており，実質的手続きは，同令にさかのぼること30年以上前にスペイン中央政府が制定した「地方自治法」（1950年一部改正）と「行政区画に

表 12-1　基礎自治体名称変更ケースの期間別・県別状況 *

(単位：ケース，括弧内はうち複数回変更)

期　　間	アラバ県	ビスカヤ県	ギプスコア県	期間合計
第Ⅰ期 1979年7月~1984年3月	4	33 (1)	34 (1)	71 (2)
第Ⅱ期 1984年4月~1994年4月	6 (1)	18 (1)	11	35 (2)
第Ⅲ期 1994年5月以降 【うちバイリンガル地名】	26 (1) 【17】	21 (2) 【1】	5 (1) 【0】	52 (4) 【18】
県別合計	36 (2)	72 (4)	50 (2)	158 (8)
基礎自治体総数 **	51	112	88	251

* 名称変更の基準日は，州公報，各県公報に明記された署名日とした。
** 基礎自治体総数は2009年12月末を基準とする。

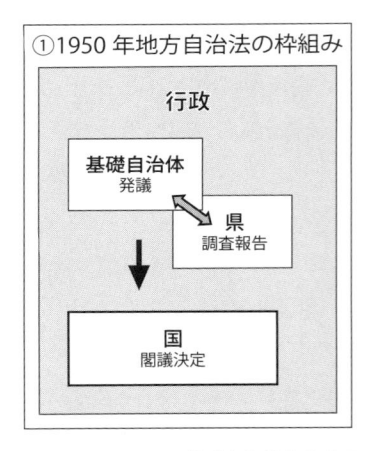

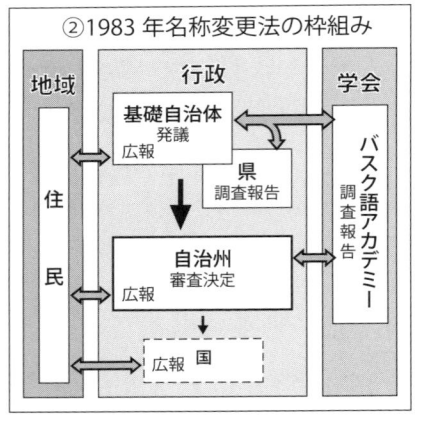

図 12-2　基礎自治体名称変更に関与するアクタと変更手続きの模式図

関する政令」(1952年)に依拠せざるをえなかった。これらの立法に基づいて名称変更手続きを進めた場合，変更の最終決定権は**図 12-2**に示したように国家中央政府にある。要するに初期の名称変更は，国家政府との関係から語るべき性格のものであった。

これまで述べてきた内容は，この地域住民が古くから共有してきたバスクのエスニシティの再生が中央政府との関係の変化を実現することで達成されるとする，バスク・ナショナリストらの論理に通じるものがある。しかし，当時の名称変更の主要なアクタは，州レベルで活動するナショナリストではなく，むしろローカルな次元にあったと考えるべきであろう。なぜなら，当時の名称変更手続が自治体議会の発議により開始されるのである。したがって名称変更に関わる政治的実践の主役を担ったのは，州レベルの政治エリートでも自治州政府でもなく，基礎自治体に密着したローカル・エリートであったといえる。基礎自治体名称はローカルな次元に生きる住民らの地域的アイデンティティの表象である。地域共同体住民が地域的アイデンティティのシンボルとしてバスク語を共有する場合，ローカルの主権が強まりつつあった環境下では，基礎自治体名称のバスク語化の要求は，住民やローカル・エリートの間で必然的に発生する。その証拠として，初期の名称変更はバスク語話者密度の高い地域に集中した。初期の変更の71ケース中，バスク語話者密度の低いアラバ県の事例は4ケースのみで，残りすべてのケースがバスク語話者の多いビスカヤ県とギプスコア県に集中していたのである（図12-3）。

　表12-1で第Ⅱ期と定義した時期は，州独自立法の州法271/1983号（1983年12月施行），いわゆる「基礎自治体名称変更法」（以下，名称変更法）に依拠するようになった点で，第Ⅰ期と性格が大きく異なる。図12-2に示したように，同法施行以降は名称変更の最終決定権が州政府に移り，国家の政治的判断が介入する余地はなくなった。つまり，名称変更の自治が確立されたのである。それ以外にも，第Ⅰ期との違いを2点指摘できる。そのひとつが，名称変更がバスク自治州政府主導のバスク語使用正常化の文脈に位置付けられた点である。自治州政府主導のバスク語使用正常化を明文化したのは，前述のバスク語基本法である。同法は，その第10条1に固有の言語による地名などの学術的標記の尊重を掲げている。名称変更法は，バスク語基本法のこの規定を受けて制定されたものであり，これ以降の名称変更には政府内のバスク語使用正常化担当部署の関与が強まる。さらにもうひとつは，図12-2からも明らかなように，名

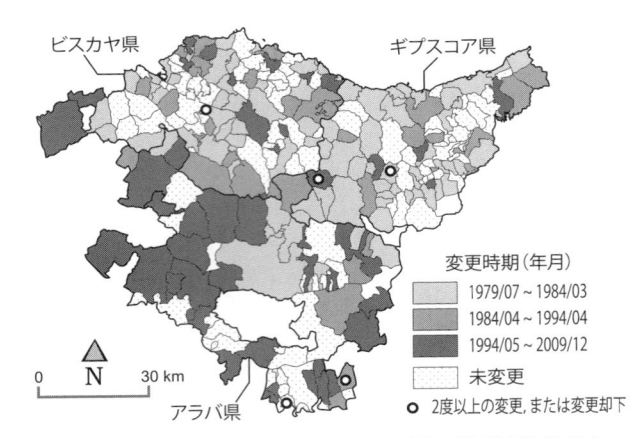

図12-3 バスク自治州における名称変更時期別基礎自治体分布
資料）バスク自治州公報及び各県公報による

称変更の手続きに学術組織であるバスク語アカデミー（*Euskaltzaindia*）が関与するようになったことである。バスク語アカデミーは，そのバスク語名が「バスク語の番人」を意味するように，バスク語の正統性を維持するための機関で，名称変更過程で最高2度の諮問の機会が与えられるようになった。この機関の関与も，名称変更がバスク語使用正常化の法体制に組み込まれたことに関係する。バスク語基本法の目的は，バスク語使用の普及と同時に，「正統なバスク語の継承」にある。したがってアカデミーは，バスク語の正統性を保障するための諮問機関として名称変更に関与するようになったのである。

第Ⅱ期は自治と言語維持の観点から州政府や住民にとって第Ⅰ期以上に意義があるはずだが，この時期約10年間に実現された変更は35ケースで，第Ⅰ期5年間の71ケースから半減している。実はこの時期，名称変更は行き詰まりの様相を呈していた。名称変更に積極的であったバスク語話者高密度自治体の名称変更はほぼ一巡し，残されたのは，高密度地域でも（既存の名称がバスク語表記としてもカスティーリャ語表記としても通用するため）バスク語表記への変更を必要としない自治体か，バスク語話者密度の低いアラバ県の基礎自治体に限られていた。事実，1994年4月までの段階で，ビスカヤ県とギプスコア県の約半

数の基礎自治体が名称変更を経験済みであるのに対し，アラバ県の自治体では51の基礎自治体のうち経験済みは9つに限定されていた。

閉塞状況を打破したのは，バイリンガル地名という新たな命名手法の登場であった。その最初のケースは，1994年5月12日付で公報に掲載されたアラバ県のサルバティエラ（Salvatierra）から Salvatierra / Agurain への変更であった[2]。カスティーリャ語とバスク語の名称をスラッシュで区切っているが，スラッシュは名称を使用する状況に応じて Salvatierra か Agurain を適宜選択することが可能であることを意味する[3]。1994年5月以降，バイリンガル地名への変更は18ケースあり，この期間の名称変更全体の3分の1以上を占めた。これは，この期間の名称変更自治体の地理的分布がアラバ県へ大きくシフトしたことに関係する。第Ⅲ期におけるアラバ県内の名称変更は26ケースであるが，それは同期間の自治州全体における変更の半数に達する（**表12-1**）。それ以前のアラバ県における名称変更が州全体の10分の1以下を占めるのみであったことに比べれば，この時期の名称変更の中心は明らかにアラバ県へシフトしているといえる。さらにアラバ県の26ケース中，実に17ケースがバイリンガル名称への変更であった。

アラバでのバスク語使用の歴史に詳しい Otsoa de Alda and Breñas（2002：82-3）によれば，北部を除くアラバ県の大部分の地域では1850年頃にはバスク語が使用されなくなっていた。バスク語地名の痕跡は各所に残されているために，それを復活させることは技術的には可能である。しかし，1世紀以上バスク語を使用してこなかった住民は，カスティーリャ語話者コミュニティーへの帰属意識が強く，慣れ親しんだカスティーリャ語地名を容易には放棄しない。近年この地域でもバスク語話者が増加傾向にあるが，増加の主体は学校でバスク語を学習した低年齢層であり，地域社会の指導者であるローカル・エリートが属する壮年以上の世代は大多数がカスティーリャ語話者である。そのため，地域全体の傾向として地名のバスク語化は進みにくい。しかし，選択を前提としたバイリンガル名称は，アラバ住民独特の言語属性が抱える問題を解消しつつ，地名にバスク語的要素を組み込むことを可能にする画期的な命名方法で

あった。そのためにこの両義的な命名法は，バスク語話者密度の低いアラバ県で受容されたのである。

　バイリンガル地名の出現は，「バスク」というボーダーランドがさらなるボーダーランドを内包していること，さらには自治州という上位のボーダーランドの領域化を推進するアクタを支配する論理と，下位のローカルなボーダーランドの主張が，この時期にその対立を顕在化したこと，これらボーダーランド独特の現象としてとらえることができよう。「バスク」という領域は，1970年代末の自治確立による行政領域の有界化を契機に再領域化が進行した単体としての空間と考えられがちである。しかし現実には，自治確立と同時にバスクに組み込まれたミクロなボーダーランドが多数存在する。バスク自治州という上位のボーダーランドでは，その政治的指導者らがバスク語に代表されるバスク文化をシンボルとした領域の強化をもくろむが，彼らの地域的アイデンティティのベクトルは，ローカル・エリートや住民のそれと必ずしも一致しない場合がある。このような場合，ローカルなボーダーランドの指導者や住民は，そのアイデンティティのベクトルが主流のそれと異なるが故に，不安定な状況に置かれる。その不安定性を解決する最良の手段が，名称変更においてはバイリンガルという両義的な命名法の採用であったといえる。

　ボーダーランドの不安定性は，さまざまな方法で解決が試みられる。不安定な立場にある地域と住民の不安を解消するには，上位のボーダーランドの秩序から逸脱しない程度のローカルな主張を掲げつつ，住民を導く必要がある。その主役となるのが自治体の長をはじめとするローカル・エリートである。158ケースにおよぶ名称変更のなかには，ローカル・エリートの強力な主張によりボーダーランドの不安定性を解消しようとする事例がみられる。

3　エチェバリの名称変更にみるボーダーランドの多義性
(1) エチェバリの名称変更
　エチェバリは，バスク自治州ビスカヤ県の県庁所在都市ビルバオの東部に隣接する基礎自治体で，バスク語話者の分布領域の縁辺付近に位置する（図12-4）。

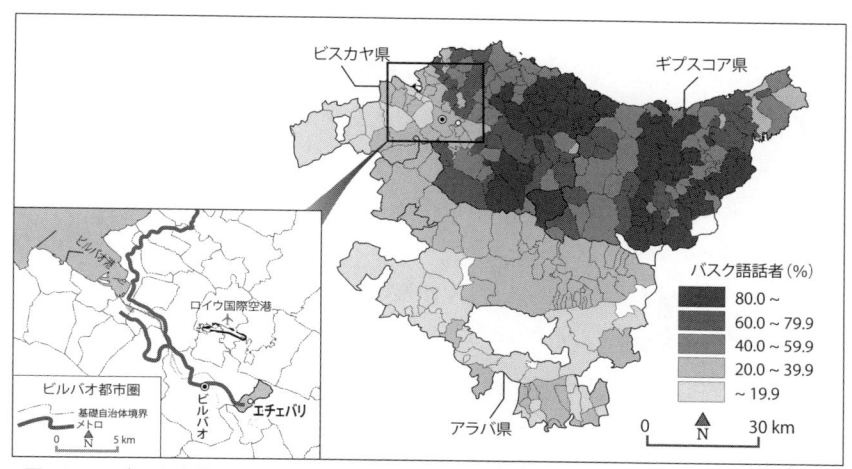

図 12-4 バスク自治州における基礎自治体別バスク語話者（2006）とエチェバリの位置
資料）バスク語話者はバスク統計局 2006 年センサスによる

表 12-2 エチェバリ名称変更の経緯

変更決済年月日	変更後の基礎自治体名称
0. 1982 年以前	Echévarri
1. 1983/1/25	Etxebarri-Doneztebeko Elizatea
2. 1985/2/25	Anteiglesia de San Esteban de Etxebarri, Etxebarri-Doneztebeko Elizatea
3. 1994/7/20	Etxebarri, Anteiglesia de San Esteban-Etxebarri Doneztebeko Elizatea
4. 2005/1/13	Etxebarri

資料）1994 年以前の変更はバスク自治州公報，2005 年の変更はビスカヤ県公報による

　そもそもエチェバリは，ネルビオン川流域に発生した小規模な農村集落であった。国家センサスによれば，1950 年の人口は 1,529 人であった。その後，ビルバオ都市圏の急速な経済成長と工業化により，製造業基地として発展すると同時に，ビルバオに隣接する市街地として住宅需要が高まり，さらに 2005 年にビルバオからの地下鉄がエチェバリまで延長されたことで，人口は 9,000 人を超えるまでに増加した。

　エチェバリは，最近 30 年間で 4 度の名称変更を経験している（**表 12-2**）。これはバスク自治州における名称変更の最高回数である。2005 年に変更された現

在の名称 Etxebarri は，バスク語で「新しい (berri) 家 (etxe)」を意味する。その表記から明らかなように，現在の自治体名称はバスク語表記である。しかし 1983 年以前の名称 Echévarri は，バスク語地名をカスティーリャ語風に表記したものであった。

1 度目の変更が実施されたのは 1983 年のことで，それにより名称は Etxebarri-Doneztebeko Elizatea へと変更された。バスク自治州の自治体の名称には，バスク語地名とカスティーリャ語地名をハイフンで連結した自治体名称はいくつか存在するが，当時の変更で Etxebarri というバスク語地名とハイフンで連結されたのは，そのカスティーリャ語訳ではなく，「サン・エステバンのエリサテ (Doneztebeko Elizatea)」というバスク語名詞である。Doneztebe は，エチェバリに現存する「サン・エステバン教会」を意味するバスク語固有名詞であるが，エリサテ (elizate)（カスティーリャ語で「アンテイグレシア anteiglesia」）とは「教会の扉」を意味するバスク語普通名詞である。エリサテの意義については後述するが，今後の名称変更でエリサテという用語が名称中のどこに配置されるかが重要になってくる。

2 度目の変更は 1985 年に実施され，自治体名称は Anteiglesia de San Esteban de Etxebarri, Etxebarri-Doneztebeko Elizatea に変更された。カンマ以降の表記は変更以前と同じであるが，カンマ以前には，そのカスティーリャ語訳である Anteiglesia de San Esteban de Etxebarri が加えられた。変更後の名称には以下の 2 点で特徴がある。第一に，カスティーリャ語とバスク語の同じ内容の表記をカンマで連結している。この場合のカンマは，2 つの表記を区切ることを意味せず，両者を連結するように作用するために，全体でひとつの名称となる。その結果，バスクのみならずスペインでも例をみない長さの基礎自治体名称が登場した。第二の特徴として，カスティーリャ語訳中に，場所の固有名詞 Etxebarri がバスク語表記のまま組み込まれている。この段階で Etxebarri というバスク語表記が，場所の固有名詞としての地位を確固たるものとしたといえる。

94 年に実施された 3 度目の変更により，自治体名称は Etxebarri, Anteiglesia de San Esteban-Etxebarri Doneztebeko Elizatea に変更された。この変更で二言

語表記がハイフンで結ばれたが，ハイフンは前回のカンマ同様に前後を連結する機能を果たしているため，全体でひとつの基礎自治体名称であることにはかわりがない。最大の変更は，前半のカスティーリャ語表記のなかで，場所の固有名詞である Etxebarri が名称の冒頭に配置されたことにある。

　2005年の第4回目の変更では，場所の固有名詞 Etxebarri のみを残し，他のすべての表記が削除されている。2度目以降の変更で名称のバスク語表記に問題がある場合，バスク語アカデミーの諮問で問題点が指摘されるはずであった。しかしバスク語アカデミーは，Etxebarri は正統なバスク語表記であるとし，したがってそれが維持される以上，報告書のなかで自治体名称変更を問題視することはなかったのである。むしろアカデミーは，1983年から2005年までエチェバリの自治体名称に付随してきた「エリサテ」に関わる表記に無関心であった。エリサテをめぐる表記の変更は，アカデミーや上位の行政体よりも，むしろローカルな論理が先に立っていたといえる。以下，その根拠となるエリサテをめぐる歴史を概観しよう。

(2) エリサテとエチェバリ

　エチェバリという地名は，市の広報によれば，イベリア半島中央部のカスティーリャと北部のカンタブリア海を結ぶ交易路「エチャバリの道 (*camino de Echevarri*)」として初めて登場する (Etxebarriko Udala, 2009：13)。

　一方でエリサテは，前述のように「教会の扉」を意味するバスク語普通名詞である。キリスト教化が進行した11世紀以降の中世，この付近では，教区教会の住民が日曜のミサ終了後に教会前に集合し，地域のインフラ整備や耕地・放牧地・林地の管理など，集落や地域に関する決まり事を全員参加で決定していた。教会前で開催されるこの合議組織は，のちにエリサテとよばれるようになった。特に，ビスカヤ領主国のエリサテは，ビスカヤの最高議決機関である「ビスカヤ最高評議会 (*Bizkaiko Batzar Nagusiak*)」の代議権を与えられるようになった。

　ここで，ビスカヤとエリサテをめぐる歴史を要約しよう。9世紀のイベリア

半島は，その大部分がイスラム勢力の支配下にあったが，半島北部の一部領域はその支配をまぬがれた。「ビスカヤ」の名は，その領域に 10 世紀頃に登場したとされる。ビスカヤは 10 世紀のうちに伯爵領となるが，久しくナバラ王国の影響下にあった。その後 1040 年にビスカヤは，カスティーリャと同盟を結ぶことで領主国となった。当時のビスカヤ領主国の地理的範囲に相当する地域は，後にティエラ・ジャナ (Tierra llana) とよばれるようになる。ビスカヤ領主国は，1370 年にカスティーリャの実質支配下に入ったが，高度な自治権を維持することを認められ，独自の地域法 (Fueros de Vizcaya) (以下，フエロス) の立法権をカスティーリャから保障された。ビスカヤがフエロスによりカスティーリャから自治を保障される構図は 19 世紀半ばまで続いた。その間，自治権の行使とフエロスの最高決議のための機関が，ビスカヤ最高評議会であった。

　ビスカヤ最高評議会の萌芽は 14 世紀初頭までさかのぼることができるが，最高行政機関としての制度が確立し，中世の典型的なスタイルが完成したのは 1630 年であった。ビスカヤ最高評議会は，領主国内の下位行政機構から送り込まれる代議員により構成されたが，下位行政機構は 4 つに区分することができる。ひとつは，ティエラ・ジャナの西側に位置し，独自のフエロスを保障された「エンカルタシオネス (Encartaciones)」で，最高評議会における投票権を 1 つ付与されていた。ティエラ・ジャナの東に位置し，同じく独自のフエロスを保障された「ドゥランゴ管轄区 (merindad de Durango)」もそのひとつで，こちらは 2 つの投票権が与えられていた。もうひとつの下位行政区分は 1630 年に最高評議会に組み込まれた「都市 (ciudad)」と「ビジャ (villa)」である。ビジャは都市の下位にあたる自治体であるが，ビスカヤには 1 つの都市と 20 のビジャが存在し，それぞれが最高評議会における単独の投票権を有していた。そして最後がティエラ・ジャナである。ティエラ・ジャナは 72 のエリサテにより構成されていた。エリサテは，それぞれが最高評議会において単独の投票権を有する一大勢力であった。エチェバリは，すでに 14 世紀の段階で，ウリベ (Uribe) 管轄区に帰属しつつエリサテの地位を獲得し，最高評議会における 37 番目の座席を確保していた。

エチェバリのエリサテは，19世紀半ばの地域法の廃止とともに自治組織としての役割を終えた。しかしエチェバリの住民は，エリサテがこの場所に存在したことによりビスカヤ最高評議会に加わる名誉を保ち続けたという記憶を連綿と伝え続けた。その記憶を引き継ぐモニュメントが，現在も自治体庁舎の近くに立つサン・エステバン教会である。1983年制定の名称変更法の前文には，「基礎自治体が文化的・歴史的遺産に貢献する名称を復活しようとする熱意」「固有の言語を尊重して」のように，自治体名称の歴史的・文化的正統性を重視する文言が組み込まれている。バスクの多くの基礎自治体では，文化遺産としてのバスク語を尊重した名称変更の手続きが進められた。エチェバリの場合も同様であったが，エチェバリにとって，地域の歴史遺産としてのエリサテは，バスク語と等しく地域的アイデンティティのエンブレムであった。4度の名称変更のうち，その3度がエリサテをめぐるものであった事実は，場所をめぐるアイデンティティとしてのエリサテの重要性を強調する。そして同時にこのことは，ローカルなアイデンティティのベクトルが，自治体名称のバスク語化を重視する上位の領域次元のそれと必ずしも一致するものではないことを示す典型的事例であるといえる。

(3) ローカルなイデオロギーの表象としての地名

エチェバリの4度の名称変更は，場所の記憶を象徴するだけではない。変更回数を重ねるごとにローカル・エリートのイデオロギー色が強まる。特に3度目以降の変更では，ローカル・エリートが名称変更の前面に立つようになり，ローカルな主張が際立つことになる。

2度目以前の名称変更に関する当時の公文書が庁舎に保存されていないため，当時の変更理由は状況証拠から検証する以外に方法がない。初回の変更では，カスティーリャ語表記からバスク語のみの表記へと変更されたが，そこに反映される事情は次の3点であろう。まずひとつは，バスク自治州の自治権獲得による地方自治の機運の高まりが，地域の文化的シンボルの再生と連動したために，自治体名称のバスク語化が容易に起こりえる環境にあったことを指摘でき

る。これには，自治州レベルで自治の確立とバスク語正常化が同時に進行したことが影響しているといえる。もうひとつは，周囲にはエリサテ起源の自治体が存在するため，それらの自治体と区別するための指標として，「サン・エステバン教会のエリサテ」という名詞が組み込まれた可能性は高い[8]。そして最後に，エリサテがこの地域の象徴であったことから，それにまつわる表記が名称に組み込まれたと考えることもできよう。

　これに対し2度目の名称変更では，バスク語単言語表記から二言語併記へ修正された。この名称変更は，初回の変更で完全バスク語化した自治体名称が，地域にとって負担になったことが理由であると考えられる。2度目の変更に最も近い1986年のバスク統計局（Eustat）の言語センサスによれば，当時のエチェバリのバスク語話者比率はわずか5.7％であり，1980年代に名称変更が進行したギプスコア県やビスカヤ県東部の基礎自治体と社会言語学的環境が大きく異なる。年齢別の話者構成をみても，幼少時からバスク語を話す「原バスク語話者」は，全年齢層でごく少数である（図12-5）。エチェバリではバスク語話者が近年増加傾向といわれるが，2001年の構成をみても，バスク語話者の大半が低年齢層の「新バスク語話者」，すなわち母語はバスク語以外の言語でありながら学校教育によりバスク語の会話能力を習得したバスク語話者である。したがって当時のエチェバリは，住民がバスク語地名を自己の文化的シンボルとして受け入れるに十分な社会言語学的環境にはなかったのである。

　1994年7月の3度目の変更以降は，公文書により具体的内容が確認できる。3度目の変更の最大の特徴は，Etxebarri の語が名称の最前に配置されたことにあるが，その経過と理由を公文書から読み解いてみよう。変更手続きは，1993年10月22日の基礎自治体議会へ名称変更に関わる議案が提出されたことに始まる。その議題の提出者は現在まで再選を続ける現市長である。同年11月30日の議会で議案は多数決により採決されるが，審議の具体的内容が公文書に記載されている。それによれば，右派バスク・ナショナリスト系のバスク国民党（EAJ-PNV）の代議士1名が「正統な名称を失う」との理由で反対票を投じている。反対票はこの1票のみで，バスク・ナショナリスト系EA会派の代議士2

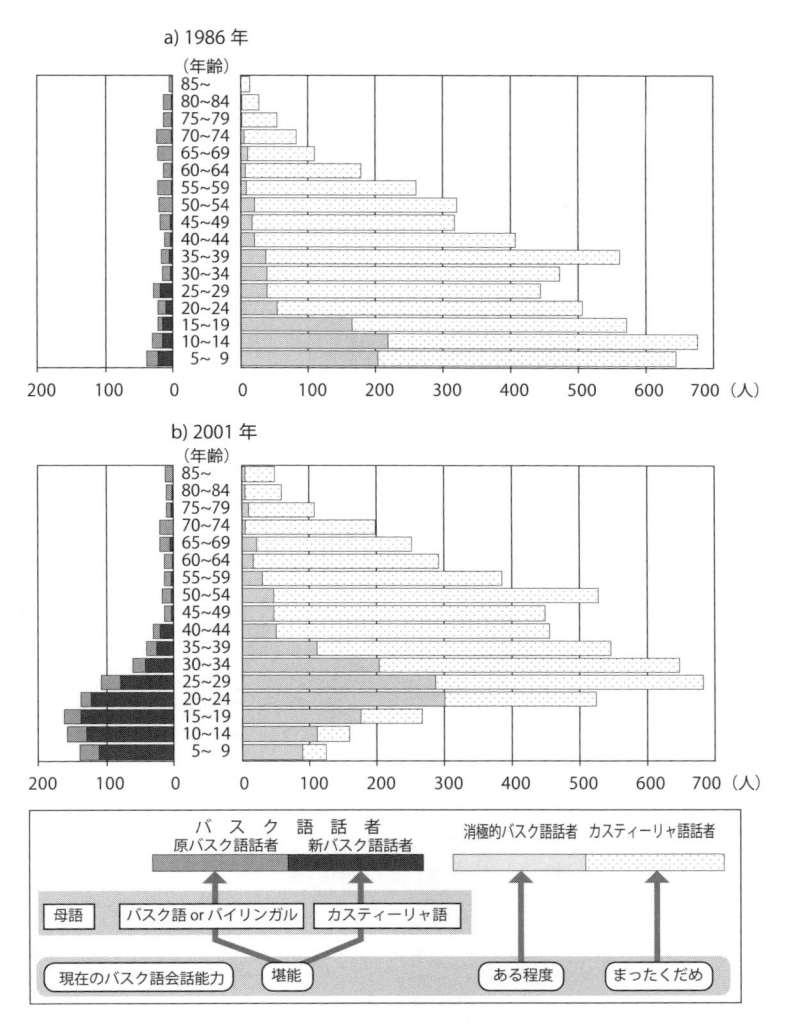

第12章 バスク自治州にみるボーダーランドの言語景観　161

図12-5　エチェバリ住民の言語属性の変容（1986，2001年）
資料）バスク自治州言語政策局のデータによる

名は欠席した。これに対し賛成票は，市長が所属するエチェバリのローカル政党 LVP（La Voz del Pueblo 住民の声）6票，社会党（PSE-PSOE）3票，左派ナショナリスト系バタスナ党（HB）1票の構成で，賛成多数で12月27日付でバ

スク自治州内務局に上程されている。

　右派バスク国民党代議士の反対意見から，この代議士が Anteiglesia de San Esteban de Etxebarri というカスティーリャ語の単語の配列に自治体名称の正統性を見出していると読み取ることができる。しかし，この代議士の反対理由は別のところにある可能性もある。地名の正統性が行政原理によってすり替えられているという危機感である。その根拠となるのが，市長からビスカヤ県庁あてに1994年2月7日に送付された書簡である。その書簡のなかで市長は，カスティーリャ語表記《Anteiglesia de San Esteban》が場所の固有名詞 Etxebarri の前に配置されることによって生じる事務的な不都合と市民生活の不便について言及している。市長によれば，「多くの市民はこの自治体を検索する際に Etxebarri という表記を念頭においているが，公式名称が Anteiglesia... ではじまるために多方面で混乱が生じる」という[9]。したがってこの名称変更は，事務処理上の不都合という行政原理を根拠に提案されたのである[10]。この市長の見解に対して，文化的・歴史的遺産の継承としての地名を重視するナショナリスト会派が反対意見を述べるのは道理にかなっている。しかし，市長の行政原理に基づく一連の「改革」ともいえる政策手法は，地域住民に支持され続けている。その証拠として市長は，1991年の初当選以来，今日まで再選を続け，彼の所属するローカル政党 LVP も議会（定員13名）の安定多数を1995年以降維持しているのである。

　2005年の4度目の変更で，市長の行政原理に根差したイデオロギー色はさらに強まる。4度目の変更は，市長から議会への発議として2004年3月30日に議会に提出されるが，それに先立って市長は2004年1月16日付でバスク語アカデミーに書簡を送付し，3度目の変更理由を振り返ったうえで4度目の変更の根拠を説明している。そのなかで市長は，3度目の変更の理由を，市民と役所との関係を簡略化し市民生活の便宜に図り，「Anteiglesia ではじまる自治体名はAの項目に配置されるがゆえに，電話帳で全員がEで検索すると名前を見つけることのできないという市民の不満を解消する」ことにあったとしている。それに続いて4度目の変更の理由を説明しているが，それによれば，長い名称

であるがゆえに「口語レベルの名称と公式レベルのそれを持つことによって生じるハンディキャップ」を解消しなければならないとしている。同様の理由が自治体の公式パンフレットにも記載されているが，それによれば「(旧名称が)用語として長いからだけでなく，バスク語とカスティーリャ語の2つの公用語の使用をさらに困難にしているがため，名称使用の合理化と簡素化を目指した」とある (Etxebarriko Udala, 2009：5, 9)。つまり，2つの公用語を併記した旧名称はあまりに長いが，Etxebarri という場所の固有名詞のバスク語表記のみに短縮すれば，かつて慣れ親しんだカスティーリャ語表記にも酷似しているうえに公用語の問題は解決できるし，長い名称によって生じる市民生活の不都合も解消できるというものである。これら文書に記載された変更目的は市民生活の利便性を強調しているが，実際にはより現実的な理由が存在した。それは2005年1月に控えたエチェバリとビルバオを結ぶメトロ (地下鉄) の開通であり，その暫定的な終着駅がエチェバリに開設されることにあった。市長は，公式名称が長いことでメトロ開通により生じる公的表示の不便性や，ビルバオへの通勤者，不動産投機家，企業家らの間に生じるであろう口語名称と公式名称の違いにより生じる不都合，これらすべてを一度に解消するためにEtxebarriという名称への変更を進めたのである[11]。さらに注目すべきは，先に指摘したバスク語アカデミーに送付した書簡で，市長は「ビルバオやガルダカオなどの大規模な基礎自治体に囲まれた立地条件の不利」を指摘している。小規模自治体が周囲に埋没することなく自己主張を強めようとの見解である。ここに至りローカル・エリートの主張は，行政ナショナリズムの様相を呈するようになったといえる。

市長提出の議題に対する議員の対応について，3度目の変更時のような詳細な記録は残されていないが，公文書によれば替成多数により議会を通過し，県とバスク語アカデミーへ審査が付託されている。それを受けてバスク語アカデミーは，Etxebarri という表記がバスク語の正統性を保つのに十分であり，この変更が妥当なものであるとの判断を下している。こうして4度目の変更は，3度目同様，大きな問題もなく自治州政府により承認され，バスク自治州公報に掲載された。

エチェバリの3度目と4度目の名称変更は、すべての基礎自治体名称変更がバスク語使用正常化という自治州の論理に忠実に進行するわけではなく、ローカルな次元が経験した歴史やイデオロギーを反映しつつ、時にローカル・エリートの強力な主張により導かれることを物語る。ローカルな次元には行政上のイデオロギーにおける独自のベクトルが存在し、それはローカルの置かれた地理的位置や歴史的記憶により増幅される。そしてそのベクトルは、上位の行政体である自治州レベルでの行政イデオロギーの基本原則から大きく外れない限りは、軌道修正を求められることはなく、行政の自由が保障される。その結果ローカルな次元では、ローカル・エリートの行政イデオロギーが前面に押し出された行政ナショナリズムともいえる行政手法が展開され、それが地域住民を魅了するのであれば、そのイニシアティブがさらに強力に発揮されるようになる。

4　地名の言語景観にみるボーダーランドの多義性

バスク自治州における基礎自治体名称変更の一連の過程から、ボーダーランドのエスニックな言語景観の生産と消費に関与するアクタとその社会的行為を描写してきた。こうしてみると、名称変更には総体を束ねるひとつのベクトルが存在するものの、詳細に観察すればその指向と力点は、それぞれの次元で実に多様であるといえる。自治州主導で再領域化が進行しつつあると考えられがちなバスク自治州の場合、基礎自治体名称変更の最終的決定権を握るのは自治州自身であり、名称変更のベクトルはバスク語使用正常化という自治州を貫く大義と方向性を同じくする。その実現のために自治州は、関連法規を整備することで強固な制度的枠組みを構築し、言語政策局や内務省地方行政局を中心とする強力な実行部隊を用意し、バスク語をシンボルとする自治州の領域性の強化に努めようとする。しかし名称変更の主役である基礎自治体は、それぞれが経験してきた歴史的記憶、地理的立地条件など、多様な属性を反映して、バスク語使用正常化という論理のみでは行動しない。エチェバリの事例のように、地方特権としての「エリサテ」が存在したという記憶の象徴を名称に組み込むことすら容易に起こりうるのである。エチェバリの4度にわたる名称変更の経

緯から明らかなように，ローカル・エリートのなかでも名称変更の力点の置き方と方向性はそれぞれにより異なる。しかしそのなかに強力なリーダーシップを発揮するローカル・エリートが存在し，そのエリートと住民の利益が合致する場合には，そのエリートの論理が強化される。これがもしも他のアクタ，特に上位のアクタのベクトルと方向性や力点が完全に異なる場合には問題となりうるが，エチェバリの事例は，自治州，県，バスク語アカデミーを貫く領域化の論理の許容範囲を逸脱するものではなかった。その結果，エチェバリの名称変更は，自治州とは異なるベクトルを呈しながらも，自治州の論理内で許容され，バスクの再領域化の過程に組み込まれていったのである。

バスク自治州の地名からみた言語景観は，自治州をアクタとする政治的行為やイデオロギーの表象としての一面もあるが，他方でローカルな次元の論理の表象でもあるといえる。いいかえればボーダーランドの言語景観は，それを統括しようとする上位の制度と，ローカルの主張，これらの双方向的かつ多義的な社会的行為により生産されるといえる。昨今のボーダーランドにおけるエスニック問題は，上位とローカルの主張を同時に許容する分権化の方向で解決が図られてきた。時に両者の折り合いがあわず社会問題化する場合もあるが，バスクの自治体名称変更の事例は，その解決策を考えるための糸口となりうるものであろう。

注
1) この場合の150という数字は，名称変更を実施した基礎自治体数で，複数回変更した自治体もひとつとして計算されている。なお，スペイン中央政府の公共事業省のデータには，これら150基礎自治体以外に13の自治体が同じ期間に名称変更をしたと記録されているが，その変更はバスク自治州公報や各県の公報に公表されておらず，自治州の内務局長官に確認しても不明であったために，今回のデータからは除いた。
2) サルバティエラはアラバ県東部に位置し，19世紀半ばにはすでにバスク語が使用されなくなっていたとされる（Otsoa de Alda and Breñas 2002 : 82-3）。
3) Vitoria-Gasteizのように両言語をハイフンで連結した名称は従来から存在したが，ハイフン連結は全体でひとつの名称と認識されるため，二言語のうちいず

れかを選択するという余地はない。
 4) García de Cortazar and Montero (1983) によれば，ビスカヤの名はアルフォンソ三世年代記 (911) に登場している。年代記中のアルフォンソ一世に関する記述のなかで，«Albanque, Bizcaj, Alaone et Urdunia a suis reperitur semper esse posesas...»（アラバ，ビスカヤ，アラオン，オルドゥニャはその住民により常に所有されてきた …）として，ビスカヤが登場している。
 5) 後にエンカルタシオネス領内の 5 つのエリサテにもそれぞれひとつずつの投票権が与えられ，投票権は最終的に 6 つとなった。
 6) 都市の称号を与えられていたのは Orduña のみであった。
 7) 中世初期のエチェバリは，近隣のガルダカオ Galdakao の Santa María de Ganguren 教会に帰属していた。
 8) バスク語アカデミーは，4 度目の変更時に Etxebarri という名称がバスク語表記として妥当との見解を示した報告書のなかで，近隣のエリサテ（San Andres 教会下の Etxebarria, San Agustín 教会下の Etxebarria）との差異化の必要性について言及している。したがって，当初エリサテに関わる表記を自治体名称に盛り込んだローカル・エリートらも近隣の自治体と識別するための指標としての機能を期待していた可能性は十分にある。
 9) 2009 年 9 月の市長への聞き取り調査による。
10) バスク自治州政府内務局に上程された議題は，審査の結果承認され，1994 年 8 月 18 日付で内務局長から市長に変更承認の書簡が送付されている。
11) 2009 年 9 月の市長への聞き取り調査による。

文　献

Alderman, D.H. (2008): Place, naming and the interpretation of cultural landscapes. *In* B. J. Graham and P. Howard eds., *The Ashgate Research Companion to Heritage and Identity*, Aldershot: Ashgate, 195-213.

Dal Negro, S. (2009): Local policy modeling the linguistic landscape. *In* E. Shohamy and D. Gorter eds., *Linguistic Landscape: Expanding the Scenery*, New York: Routledge, 206-218.

Etxebarriko Udala (2009): *2009-10 Etxebarri*. Etxebarri: Etxebarriko Udala.

Eusko Jaurlaritza (2008): *IV. inkesta soziolinguistikoa. 2006: Euskal Autonomia Erkidegoa, Iparraldea, Nafarroa, Euskal Herria*. Vitoria-Gasteiz: Eusko Jaurlaritza.

García de Cortazar, F. and M. Montero (1983): *Diccionario de historia del País Vasco*. San Sebastián: Txertoa.

Otsoa de Alda, J. and E. Breñas (2002): *Antecedentes del euskera en Alava*. Vitoria-Gasteiz: GEU aldizkaria.

column バスク文化の復活とオレンツェロ

オレンツェロ（ドゥランゴ）
（2007年12月，Iban Gorriti 氏撮影）

　バスク語地名の復活は，バスク地方においてバスクのエスニシティが存在感を増しつつあることを意味する。エスニシティ復権の主たる推進役は，バスク政府や地方自治体に代表される地方の公的機関である。しかし同時に，公的機関が関与しないポピュラーな分野でもバスクのエスニシティの復権が進行しているところが興味深い。

　その代表がオレンツェロ（Olentzero）である。オレンツェロは，バスク地方ナバラ州の北部山間地域の民間信仰から生まれた架空の人物で，山に住む炭焼き職人であるが，クリスマスに山から下りてきて，キリスト降誕を知らせながら，子どもたちにお菓子やプレゼントを配る。そもそもオレンツェロ伝承は，冬至期の太陽や火に対する信仰，あるいは巨人伝承をベースとしたものだったといわれる。しかしいつしか，同時期に催されるキリスト教の行事を取り込むようになった。そのためオレンツェロは，大飯ぐらいで大酒のみの愛煙家という原初の特徴に加え，キリスト降誕を伝える伝道師としての要素も兼ね備えるようになったのである。

　地元の人びとによれば，バスク地方におけるキリスト降誕の伝道様式は，最近半世紀で大きく変化した。かつては1月6日に東方三博士が訪れるのみだったが，1970年代ごろから英語圏の影響でクリスマスにサンタクロースが訪れるようになり，1980年代ごろから同じくクリスマスにオレンツェロがやってくるようになった。オレンツェロの登場時期は，バスクの自治権回復とバスク文化再興の始まりと時期を同じくしている。オレンツェロの事例は，公的支援によるバスク文化の復活が，住民のナショナリズムや企業のコマーシャリズムを刺激することで，古い伝承がバスク地方全域に広まった興味深い現象であるといえる。

（石井久生）

第13章
グローバル化と
インド系移民社会
──脱領域化と再領域化の概念の提唱──

澤　宗則

1　はじめに

(1) 問題の所在

　開発途上国から先進工業国へと越境する移民達は，どのような社会と空間をつくりあげ，それは経済のグローバル化とどのような関わりがあるのだろうか。本論の目的は，グローバル化のもとでの移民の空間の再編成に関するアプローチに関して，脱領域化と再領域化の概念の有効性を提唱することである。そこで，グローバル化経済の影響を最も受けている開発途上国のひとつであるインドからの移民社会を対象に，その有効性を検討する。インドは経済自由化が進められた1980年代以降，特に1991年の「新経済政策」への転換以降，先進国からの外資導入により急激な経済成長を経験した。これは先進国を頂点としたグローバル化経済にインドが組み込まれつつあると，とらえることができる。同時に，従来は商人や単純労働者が中心であったインド系移民社会も，現在はIT技術者の急増により大きく再編成されている。これらは経済のグローバル化による空間の再編成と，不可分な関係にあると考えられる。

　グローバル化とは，一般的には「国家を超える社会現象の拡大化」を意味し，「時間と空間の圧縮」(ハーヴェイ，1999) からもたらされる現象と考えられている。輸送機関の高速化とITによる通信技術の発達により，「時間と空間の圧縮」

が加速度的に進む。これはさまざまな地域を同一化，標準化させる原動力となる。しかし同一化作用に対して差異化作用が同時に生じる。たとえば，「時間と空間の圧縮」により資本の空間移動が容易になるが，これは必ずしも空間の等質化をもたらすのではない。むしろ空間の差異に関して，資本はますます敏感になり，資本を引きつけるような「場所（place）」を生産しようとする働き（生活環境やインフラの整備，場所のイメージの改良など）が生じる。

この結果，資本誘致を巡って，都市間や国家間などで空間的競争が生じる（ハーヴェイ，1999）。このように，グローバル化は同一化と差異化のせめぎ合いを不可避的に生じさせる。このようなせめぎ合いは，国民国家の揺らぎ（脱国家化）とそれに対抗する再国家化といったナショナルスケールのみではなく，下位のリージョナルやローカルな空間スケールにおいても生じると考えることができる。

そこで，本章では，空間スケールの階層性に留意しながら，インド移民社会におけるナショナル，リージョナル，ローカルの各スケールの空間が，グローバル化のもと再編成される過程を対象とし，ギデンズ（Giddens, A.）の近代性（modernity）に関する社会理論を援用した，脱領域化と再領域化の概念の有効性を提唱したい。

(2) 脱領域化と再領域化と空間スケール

「構造化理論」の提唱者であるギデンズの論考には「近代をいかにとらえるか」という問いかけが通底している[1]。ギデンズは現代社会をモダンとの非連続性を強調した「ポストモダン社会」ではなく，連続性を強調した「モダン社会」（ハイパーモダン社会）ととらえ，「モダニティの徹底化」論の立場を取っている。ギデンズは現代において人びとの空間的経験のあり方そのものが変化し，前近代にはほとんど類例のないかたちで距離の近いものと遠いものが結びつけられていると指摘している（ギデンズ，1993）。そして，このような視点から，ギデンズはグローバル化を「ある場所で生じる事象が，はるか遠く離れたところで生じた事件によって方向づけられたり，逆に，ある場所で生じた事件がはるか遠く離れた

場所で生ずる事象を方向づけたりしていくというかたちで，遠く隔たった地域を相互に結びつけていく，そうした世界規模の社会関係が強まっていくこと」と定義している。さらにグローバル化を「近代性の帰結」としてとらえている。これはグローバル化とは近代性のグローバルな拡大であり，グローバル化を理解するうえで近代性の視点は重要な枠組みを与えるとの主張である。

　ギデンズによると，近代性のダイナミズムの源泉には以下の3つがある。①時間と空間の分離，②社会システムの脱埋め込み，③制度的再帰性／知識の再帰的専有である。

　①に関して，前近代では場所により異なる時間体系や暦を用いており，時間は常に場所と結びついていたと考えられる。しかし近代において，クロックタイム（正確な時計時間）の普及に従い，時間が場所と直接関わることなく均一化されてゆく（時間と空間の分離）。また通信技術の革新により，遠隔地とのコミュニケーションや相互行為が加速度的に容易になり，時間と空間が無限に拡大する。

　②の脱埋め込みとは，社会関係をローカルな相互行為の脈絡から引き離し，①で示された時空間の無限の拡がりのなかに再構築することである。つまり，ローカルな脈絡に結びつけられていた時間と空間が，脱埋め込みによってそれぞれローカルな文脈から切り離され，無限の広がりのなかに再構築される。この脱埋め込みのメカニズムにおいて，貨幣に代表される象徴的指標と，たとえば医学や科学などの専門家の知識への信頼を基盤とした専門家システムの2つが重要である。この結果，たとえば共同体的な伝統的慣習が解体していく。しかしこのような脱埋め込みと同時に，再埋め込み（脱埋め込みを達成した社会関係が，いかにローカル固有なもの，あるいは一時的なかたちのものであっても，時間的，空間的に限定された状況のなかで，再度充当利用されたり，作り直されたりする）が生じる。たとえば，地域固有の伝統文化が商品化されたり，特定の産業や機能に特化することにみられるように，ローカルな文脈が他地域の関連性のなかで新たな意味をもち，再び強化されることも生じる。この脱埋め込みと再埋め込みの過程のなかで，ローカルな空間が脱領域化かつ再領域化されるとギデンズは定義している。

③は，近代性は再帰的なものであり，「社会の実際の営みは，その営みについて新たに得た知識に照らして，不断に修正されてゆく」というものである。このため，「社会生活に関する体系的知識の生成は，システムの再生産の不可欠な要素となり，社会生活を伝統の不変固定性から徐々に解放する」ことになる。社会システムに関する知識が絶えず社会システムにフィードバックされ，社会システムの作動のあり方や再生産のメカニズムが逐次更新されていくと考えられているのである（友枝，2007）。

このように，ギデンズはローカルな文脈に着目することによって，脱領域化かつ再領域化される過程を説明している。しかし，ギデンズの想定する空間スケールは，グローバルとローカルの両端に関心が払われ，ナショナルやリージョナルなどの空間スケールの階層性に対しては十分な配慮をしていない。そこで本章では空間の階層性に配慮し，脱領域化および再領域化を再定義する。すなわち，ナショナル，リージョナル，ローカルの各空間スケール固有な脈絡に結びつけられていた時間と空間が，上位空間スケールとの関係のなかで，各空間スケール固有な文脈から脱埋め込みによって切り離されるが，同時に各空間スケールの文脈に再埋め込みされながら再構築される。この過程のなかで，各スケールの空間が脱領域化かつ再領域化される。なお，ギデンズは脱領域化と再領域化の定義を明文化していないが，本論では，領域に関する脱埋め込みと再埋め込みをそれぞれ脱領域化と再領域化と定義する。

先進工業国の大都市に増大し続ける移民社会に着目しながら，グローバルとナショナルの間の相互作用に枠組みを与えたものとして，サッセン（Sassen, S.）の研究（サッセン，1992, 1999, 2004, 2008）がある。グローバル化した経済において，いかに情報化が進み脱物質化されようとも，場所に結びついたインフラを利用する限り，国家の制度や都市政策の果たす役割はきわめて大きい。サッセンは経済のグローバル化を単に資本のフローとしてとらえるのではなく，国家のさまざまな装置や機構などの諸制度が，グローバル化のなかで自由化，規制緩和，民営化などにより，国際的諸制度とどのように関連づけられながら変化するかを，再国家化の概念を用いて検討し，グローバル化が単なる脱国家化で

はなく，再国家化としてすすむなど，グローバルな資本の展開と国内の諸制度との関連性やナショナリズムの強化との関係性を示した。

　また，経済のグローバル化が進み，金融業などの企業活動が多国籍化し，異なる法律・会計システム・商慣行・文化の地域に分散するほど，企業の中枢部の機能はその多様性に応じて多様化した統合システムを構築せざるをえない。これら企業中枢部の膨大な業務の一部（会計・法律・広報・プログラミングなど）はアウトソーシングされ，これらに対応して，生産者サービス業が大企業の周辺に集積する。その結果，経済活動がグローバルに展開し分散が進むほど，中心での統合・集中が進むという「分散と集中の二重性」が生じることを指摘した。

　このような経済のグローバル化に際し，サッセンは資本が展開される具体的な場としてニューヨーク，ロンドン，東京などのグローバルシティをとらえた。これらは生産都市から中枢管理機能に特化した都市であり，同時に国内経済の中心から世界経済の中心へと転換した都市である。ここには多国籍企業の中枢管理機能が置かれ，金融業をはじめ高賃金で働くエリートたちが活躍する場であるが，サッセンは対照的に余剰労働力として失業者を多く抱えると同時に，先進国の労働者が就きたがらない建設現場や下請け工場などで低賃金で働く移民労働者の場でもあり，賃金格差が拡大していることを明らかにした。また，先進工業国において，ケア労働者や看護師などで移民女性労働者が増加するなど，かつては男性が中心であった移民労働者の女性化が近年進んでいると指摘した。

　このように，先進国の大都市の労働市場に関しても，開発途上国とのグローバルな相互作用関係抜きには考えらなくなるほど，グローバルなシステムが先進国と開発途上国双方の地域を組み込んでいる。

　そこで，本章では，近年のインドのIT産業の成長とインド人IT技術者の移民の増大に着目しながら，インド移民社会の空間がグローバル化した世界に組み込まれながら再編成される過程を，ナショナル，リージョナル，ローカルの3つのスケールにおいて考察することにより，移民社会の空間的分析における脱領域化と再領域化の概念の有効性を提唱したい。

2 インドの経済成長とグローバリゼーション

(1) インドの経済政策とグローバリゼーション

　インドは、湾岸危機・戦争（1990-91年）による原油価格高騰と、中東のインド人出稼ぎ労働者からの送金停止、国外居住のインド人（NRI: Non Resident Indian）の預金の資本逃避、当時の重要な貿易相手であった旧ソ連圏の崩壊にともない、1991年に深刻な経済危機に陥った。この経済危機を乗り越えるため、インド政府は従来の混合経済政策を転換し、経済自由化を一層推進し、産業政策の規制緩和・自由化をめざす「新経済政策」を掲げた。具体的には、製造分野における大幅な規制緩和を行うと同時に、金融改革（金融自由化）を行い、国境を越えた資本の流動性を担保し、インドへの外資の投下のための条件を整えた。

　先進国からの外資の積極的な導入にともない、インドは急速な経済成長を経験した。それを牽引した産業のひとつが自動車産業である。インドの自動車産業は、1980年以前は国産化と国内市場の保護政策の下、技術革新が遅れ、国際競争力を失うに至っていた（友澤, 2003）。1980年代には日印合弁会社のマルチ・ウドヨグ社の設立、1990年代には日本、韓国、欧米の主要メーカーが相次いで合弁企業を設立して、インドに新規参入を行い、その後2002年から2008年にかけて、インドにおける自動車生産台数は520万台から970万台に約87％増加するなど、その成長はいちじるしい。

(2) IT産業の成長とグローバリゼーション

IT産業のナショナルスケールでの脱領域化と再領域化

　インドの経済成長を支えるもうひとつの産業がIT産業である。IMFの国際収支統計年鑑によると、インドのモノおよびサービス輸出高にITサービスの占める比率は1990年以降成長し、2004年には約25％を占めるまでに急拡大した（鍬塚, 2004）。1990年代後半からFDI（Foreign Direct Investment）のインドへの主な投資先分野は、製造業に加えて、IT産業が加わった。インドのIT産業の成長には外資の導入が不可欠であり、その中心は在米NRIである。インドの

IT産業の特徴はソフトウェア開発が中心であり，これに加えてインドは「世界のオフィス」とよばれるように，先進国の企業や行政機関のコールセンターやバックオフィスとよばれる業務委託サービスから構成されていることである。インドの大都市には，大学・大学院卒業者の失業率の高さに裏づけられた，高学歴者の大規模なプールがある。彼らは英語で教育を行う (English Medium) 学校で教育を受け英語能力が高く，英語圏の企業や顧客とのやりとりに支障がない。さらに，政府による通信インフラの整備と税減免措置がある。このように，インドのIT産業は，先進国の大企業や政府機関のアウトソーシングや，生産者サービスと不可分な関係にある。グローバル化の進展にITが不可欠なインフラとなるのと同時に，それを支えるIT産業がグローバル化経済に組み込まれていくのである。

インドのIT産業は，サクセニアン (Saxenian, A.) によれば，①国境を越えた分業システム，②国境を越えた労働市場と移民，③大企業を核とした国家主導による成長ではなく，在米インド人IT技術者がインドで起業するボトムアップ型として成長した，という特徴がある (サクセニアン, 2008)。国家主導型の自動車産業とは異なり，インドのIT産業は在米インド人IT技術者が母国で起業した，いわゆるベンチャー型の産業である。彼らは出身大学や出身州などを核にした，NRIの強固なネットワークに基礎をおき，NRIのベンチャーキャピタリストのサポートを受けながらベンガルール (旧バンガロール)，デリー，ハイデラバードなどでIT関連会社の起業を行っている。

ITの技術革新はDog Year (犬は人間の何倍も早く年を取ることから，現在の技術がすぐ陳腐化する喩え) とよばれ，IT技術者は最新技術を常に獲得する必要がある。技術移転はグループ社内だけにとどまり閉鎖的な自動車産業の場合とは異なり，IT産業の場合は同業者内でオープンな場合が多く，それが新しい技術革新の土台となっている。そのため，先進国からインドへの一方向の技術移転の自動車産業とは異なり，IT産業は両地域の双方向の技術移転が行われる。それを支えるのがNRIのネットワークであり，IT技術者も国境を越えた双方向の流動性が高い。

このように，インドのIT産業の成長に際し，国境を越えた技術とIT技術者の移動などが盛んになるに従い，ナショナルスケールでの脱領域化が進む。また，インドのIT産業がアメリカを中心としたグローバルな空間に組み込まれるなかで，在米NRIがその重要な役割を担っている。アメリカなどで成功したインド人の技術者やベンチャーキャピタリストを，他の国ではなく母国に環流させるために，インド政府も2004年に在外インド人省を設立し，NRIによるインド国内への投資に対して税制の優遇，企業立地規制の緩和などの優遇措置をとると同時に，通信などのインフラ，教育機関，法制度の整備を行った。このように，インドのIT産業の成長に関して，国家の経済政策が必要となり，再領域化（再国家化）が必然的に生じたといえる。

IT産業のリージョナルスケールでの脱領域化と再領域化

インドへのFDIの投資元は，新経済政策導入直前の1990年において，旧宗主国のイギリスが最大であった。その後アメリカの多国籍企業が短期間に大量に進出し，次いでNRIおよびモーリシャスが主要な投資主体となっている（日野，2005）。租税回避地として知られるモーリシャスはインド系移民が国民の約7割を占め，NRIなどがここ経由で対インド投資を行っている。このように，インド系移民がインドへの海外からの投資として重要な役割を担っている。FDIの主な投資先分野は製造業に加えて，1990年代後半からIT産業が加わった。外資系企業の立地からFDIの投資先を地域的にみると，国内企業の立地は従来の国内経済の中心地であるムンバイに集積しているのに対し，外資系企業はデリーへの立地傾向が顕著である。これは，外資系企業が中央政府との接触，市場への近接性，ホワイトカラー労働力の確保を高く評価した結果である（日野，2005）。IT産業に関してはベンガルールが重要な投資先となった。

サクセニアン（2008）によると，インド人IT技術者のアメリカのシリコンバレーへの移動が認められるのは1980年代以降であり，インドからの「頭脳流出」とよばれた高学歴者のシリコンバレーへの移動は1990年代に増大した。そしてインド工科大学の同窓会組織や，IT技術者や起業家との移民団体が設立された。これらの社会組織は，インドでは最重要視される宗教やジャーティ（イ

ンドの最も基礎的な社会集団で職能集団と訳されることもある。）ではなく，ナショナリティによるネットワークであることが特徴である。IT技術に関する最新情報のみならず，資金調達やノウハウなど，シリコンバレーでのIT関連会社の起業へのサポートを行うなど，在米インド人の人脈が起業のための不可欠な基礎となった。それに加えて，1990年代後半，Y2K（古いプログラムには西暦年が四桁ではなく二桁表記の場合があり，2000年に00となりプログラムが暴走する危険がある問題）に対処すべくハイテクブームが生じた。しかし，好況にもかかわらず，多くのインド人技術者は「ガラスの天井」とよばれる移民に対する差別により，管理職への昇進が困難な場合が多いため，シリコンバレーで自らIT関連会社を起業した場合も多い。

　ところが，2000年以降にITバブルが崩壊し，失業した多くのインド人IT技術者が帰国し，出身地などでIT関連会社を起業した。同年以降，上記の移民団体はシリコンバレーのみならず，インド帰国者の起業へのサポートも行うなど，国境横断的な支援を行っている。「インドのシリコンバレー」ともよばれ，インド最大IT企業のInfosysやWipro等が本社を置くカルナータカ州ベンガルールがその一大拠点となったのである。ベンガルールは，インドの独立後，空軍を核とした防衛産業の拠点であり，インド科学大学などの高等教育機関が設立されており，多くの高学歴技術者のプールが存在している。また，カルナータカ州立エレクトロニクス開発公社が基盤整備を行い，Software Technology Park（STP）を整備するなど，州政府によるIT産業の振興策が重要な役割を果たしている。新経済政策の下，IT産業には外資100%の直接投資が認められた結果，シリコンバレーなどの会社のオフショアー会社として，ベンガルールに開発センターが立地されはじめた（バサント，2008）。[2]

　シリコンバレーで行うソフト開発の下請け先としてベンガルールが選ばれたのは，1990年代はIT技術者の人件費の安さがその立地理由であった。しかし現在は古い技術がシリコンバレーからベンガルールに移転されるのではなく，顧客に近いシリコンバレーで新たなシステムアーキテクチャーなどが設計され，それを補完する技術開発をベンガルールで行う形態の国境横断的な共同開発が

行われている(サクセニアン，2008)。現在のベンガルールのIT産業の立地条件の優位性は人件費の安さではなく，優秀なIT技術者が豊富に得られることとともに，シリコンバレーとの移民ネットワークやSTPを基盤とした同業者間の競争と協力があることである。

このように，経済のグローバル化が進行する過程で，IT産業に関して，シリコンバレーのクラスターと相互補完的で不可欠なクラスターが，ベンガルールに形成されている。クラスターとは，「特定分野における関連企業，専門性の高い供給業者，サービス提供者，関連業界に属する企業，関連機関(大学，規格団体など)が，地理的に集中し，競争しつつ同時に協力している状態」(ポーター，1999)である。グローバル経済において持続的な競争優位を得るためには，非常にローカルな要素，つまり専門化の進んだスキルや知識，各種機関，競合企業，関連ビジネス，レベルの高い顧客などが，ひとつの国ないし地域に集中していなければならない。これは，「立地のパラドックス」，つまり，グローバル経済において最も持続性のある競争優位は，ローカルな要因から得られる場合が多いことを示すものである(ポーター，1999)。

IT産業の商品(ソフトウェア)が脱物質化しその立地に関する制約がなくなるに従い，リージョナルスケールで立地条件が脱領域化する。しかし，インドのIT技術者はSTPなどを核として，日常的に研究セミナーなどを通じて，互いに対面接触をしながら，高度な技術革新に関する競争と協力を行っている。この結果，これら同業者間が近接して立地する傾向が高まり，IT産業のクラスターが形成される。これらの過程で，IT産業の立地条件がリージョナルな文脈に再び埋め込まれ，再領域化が進むのである。

3　インド系移民社会の空間的再編成とグローバリゼーション
(1) インド系移民社会におけるナショナルスケールでの脱領域化と再領域化

グローバル経済下では，国境を越えた資本や情報の流動性が高まると同時に，労働力の流動性も高まっている。国境を越えて移動し，定住し始めた移民は，生活空間としての集住地を必要としている。インド系移民社会も経済のグロー

バル化の影響を受け，再編成が進んでいる。1980年代後半以降，東西冷戦の終焉，経済のグローバル化，IT情報化のなかで，アメリカなどの先進国への移動が，インド系移民の特徴として指摘される。1990年以降，それまでのインド人移民の多くが肉体労働者であったのに対し，IT技術者や企業家たちが増大した。特に在米インド人は1980年の30万人が，1991年は82万人，2001年は168万人にまで急激に増加している。この時期は在米インド人の40％近くがIT関連の専門職であり，その他にも新興の中小財閥を形成する者も多くいる。また，在米IT技術者としてインド人は，中国人とともに不可欠な存在となった。

　グローバル化した経済の下，多国籍企業の中枢管理機能が多く立地する先進国のグローバルシティでは，巨大化するに従い，都市のエリート層であるテクノクラートなどの専門職と低賃金でフレキシブルな雇用体系である単純労働者との人材の二極化が進んだ。この両者間の分断により，後者はエスニック集団などのマイノリティの雇用の場となった。そこでは，先進国の労働者が就きたがらない建設現場や下請け工場での低賃金労働者の需要が増大し，これに呼応して開発途上国からの低賃金労働者が流入する。このように，先進国における低賃金労働市場が国境を越えて開発途上国に拡大し，低賃金労働市場のナショナルスケールでの脱領域化が進行する。

　また，グローバル経済は金融業のグローバルな展開によって特徴づけられる。グローバルシティは金融業の成長が大きく（サッセン，2008），それを支えるIT産業の成長が不可欠である。その担い手として，1990年以降インドの大都市からアメリカへのIT技術者などの頭脳労働者の移動が顕著である。IT技術者は雇用条件の良い職場への転職にともなって，国際移動や国内移動が多いなど流動性が高い。つまり，IT技術者の労働市場は国境を越え，ナショナルスケールにおいて脱領域化しているといえる。このような労働力の国境を越える流動性が高まると同時に，移民による情報交換が，新たな就業の場の確保において重要になる。移民同士や出身地にいる移民予備軍（親類・友人）が，雇用条件や就業地周辺の居住地環境に関する情報を緊密に交換するのである。このように，移民同士や家族・友人達と国境を越えた情報交換が，インターネットにより即

時的で安価になり，情報の流動性が高まることにより，情報の脱領域化が進む。開発途上国において，移民からの送金は外貨獲得の重要な手段であり，NRIによるインドへの出資や送金がインド経済にとっても重要な役割を果たしている。

　以上のように，国境を越えた資本の流動性の高まりによってもたらされた経済のグローバル化は，国境を越えた労働力や情報の流動性を高めることにより，再び国境を越えた資本の流動性を高めるという，再帰的関係を形成している。このような過程で，先進工業国の労働者では需要を満たすことができないIT等の高度技術職や，先進国の労働者がつきたがらない低賃金労働者などの特定の労働市場が，グローバルに拡大した。その結果，国内で閉じていた労働市場は，ナショナルスケールでの脱領域化が進んだ。しかし，先進国政府は外国人労働者の受け入れの可否や滞在許可期間を，国籍や技能などにより決定する。たとえば，日本においても，技術者や「日本人の血を引く」として日系人を積極的に受け入れる反面，それ以外の外国人労働者を排除してきた（澤, 2007）。またインドの場合は，アメリカなどで成功したNRIを積極的に母国へ環流させ，インドの経済成長につなげる政策をとっている。これらの政策的関与により，労働市場のナショナルスケールでの再領域化（再国家化）が進むのである。

(2) インド系移民社会におけるリージョナルスケールでの脱領域化と再領域化

　インド人IT技術者の増加は，アメリカ・イギリスのみならず，日本においても次第に顕著となってきた。1990年代以降IT技術者を中心に急激に増加し，2008年末には2.2万人に達した（入管協会, 2009）。在日インド人社会に関して，定住者中心の神戸とニューカマー中心の東京が二大集住地である。アジア方面の最大の貿易港であった神戸では，明治以降インド商人が定着し，ヒンドゥー教，ジャイナ教，スィク教の宗派ごとに寺院を建立し，同一宗派・カーストコミュニティ内で対面接触を主とする緊密なローカルネットワークが形成されている。宗教施設での儀礼やエスニックな景観が，故地の記憶に根ざしたエスニックなアイデンティティの再生産装置となっている。また，出身地を核とした世界各地の同一宗派・カーストコミュニティとのグローバルなネットワークのなか

で，商人としての情報や，同じ宗派やカースト内で結婚相手を探す情報など生活基盤を支える重要な情報がやりとりされる（澤・南埜, 2003；南埜・澤, 2005）。

東京の IT 技術者中心のニューカマーに関して，2000 年頃までは男子単身者が多く，彼らのネットワークは職場でのつながりに限定されることが多いため，個人が比較的孤立した存在であった。そこで，職場以外での情報交換のネットワークを作るべく，出身州（言語集団）ごとに同郷団体が設立され，宗教儀式が公民館などを借りて年に数回行われている。家族を呼び寄せたものは家族単位で参加し，祭礼と食事や出身地に関するゲームをし，同一州出身者としてのアイデンティティを再確認しようとしている。一方，スィク教徒（東京周辺においては，多くはパンジャーブ州出身の下請け工場での単純労働者や建設労働者）は 1999 年に文京区のビルの地下の一室を借りて宗教施設を設置した。また，2000 年にダイヤモンドの卸売業を経営するグジャラート州出身のジャイナ教徒は，宝石卸売業集積地である東京都台東区御徒町のオフィスの一角に宗教施設を設置した。ここでは，宗派に基盤をおくアイデンティティの再生産装置が形成されている。

彼らとは異なり，東京のインド人 IT 技術者はプロジェクトベースでの仕事が多く，ビザの関係で滞日期間が約 3 年にとどまることが多いため，国境を越えた流動性が高い。そのため，同郷団体の世話人も各地に散在するニューカマーの所在を把握することが不可能である。そのため，インターネットが彼らの新たな情報チャネルの媒介として活用されている。ウェブやメーリングリストに，同郷団体や関連する行事案内や生活情報（レストラン，インド人学校，英語で診察可能な病院など）を載せると同時に，メンバー登録や情報交換もインターネット上で行われている。またスパイスなどの食材も，東京在住のインド人が経営する食材・雑貨店にインターネットで注文を行い，宅配を受けている。このようにインターネットを媒体として「場所」に根ざさないコミュニティの形成が行われる。

一方，妻子を呼び寄せ家族単位で居住する IT 技術者は，勤務先の大手町や茅場町に東京メトロ・東西線で直結した江戸川区西葛西に次第に集住し始め，

新たな地域コミュニティの形成がみられるようになった。その中心的組織が2000年に設立されたIndian Community of Edogawaであり，インターネットを媒介に新年会，ホーリー，ダサラ，ディワリなどの季節行事や，インド映画を見ながら踊るパーティ，遠足などが毎年開催される。その後，東京と横浜の在日インド人により2004年に江東区，2006年に江戸川区にインド人学校が設立された。いずれも増加するIT技術者の子弟を対象に，算数・数学教育を中心とする高度なカリキュラムを有した教育を行うことを目的としている。両校とも，インド政府の学校教育基準に則し，IT技術者の子どもがインドの私立学校やアメリカの学校にもスムーズに編入できる基準を満たしている。これがIT技術者のグローバルな流動性を担保する重要な条件となっている。3校目のインド人学校は横浜市により誘致された。これはインドの資本（タタ・コンサルタンシーやウィプロなど，インド有数のIT企業）を横浜市に誘致するための生活上のインフラ整備であり，外資獲得を巡る東京都との都市間競争における，横浜市の都市戦略の一環である。子どもをもつIT技術者にとって，高度なカリキュラムを有する学校教育は最重要項目である。これは，流動性の高い外資を横浜市に誘致するため，外資にとって魅力ある「場所」を生産することである。これらの結果，リージョナルスケールでの再領域化が進行している。

(3) インド系移民社会におけるローカルスケールでの脱領域化と再領域化

　先進国において移民労働者が増大するに従い，移民の生活空間としての定住地の形成が進行する。ここには，居住の場，雇用の場，祭礼の場，教育機関，医療機関，母語による新聞，映画DVDや音楽CDも扱う食材・雑貨店などが立地する。日本におけるインド人の古くからの定住地・神戸では，さらに各宗教の寺院を建立することにより，故地の風景を再生産させ，彼らのアイデンティティを再生産させる場所を創造している。インド本国と神戸では，ナショナリティではなく，宗教・カースト・母語がアイデンティティの基本的な形成基盤であり，日常的な対面接触を行う集住地のなかでこれらアイデンティティを再生産させる行為が行われる。ここでは，まさに彼らの新たな故郷を創り上げる

ことにより，ローカルな空間の再領域化が行われているといえる。また，出身地を核とした世界各地の同一宗教・カーストコミュニティとの密接な関係を維持している。このグローバルとローカルの両ネットワークを併せもつことが，ディアスポラの特徴である。ここでは，移民の流動性を示す脱領域化とローカルな文脈を再生産させる再領域化が同時に作用している。

一方，IT 技術者を中心としたニューカマー達の新しい集住地となったグローバルシティ・東京では，公民館などを借りて簡略な宗教儀式が行われ，移民たちのアイデンティティを再確認する機会が創出されている。しかし，メンバーの流動が激しいため住所が特定できず，インターネットが宗教や母語を基盤とする同郷団体の新たな情報チャネルとして活用されている。そして，居住形態が単身者居住から妻子をともなった家族居住に移行するに従い，新たに江戸川区西葛西をベースに相互扶助的なコミュニティが形成され，移民達の「場所」が新たに創り出されている。東京において，流動性を示す脱領域化と，新たな集住地を形成することによりローカルな文脈をつくり出す再領域化の両者が，インターネットを媒体として同時に進行しているのである（Sawa and Minamino, 2007；澤，2008；澤・南埜，2008, 2009）。

IT 産業は，インターネットを必要とするが，大規模な装置や広大な土地を必要としない。そのため，そのオフィス立地は賃貸料や受注先との利便性に左右され，流動性に富む。また，オンサイトとして受注先の外資系を始めとする金融業などのオフィスや大規模工場に派遣されることが多く，仕事も定常的に一定量あるのではなく，常に変動する。このため同産業における受注は，その場所も期間も量も流動的となり，IT 技術者の仕事もフレキシブルな形態をとる。これに対応する形で，東京のインド人 IT 技術者の派遣先，派遣期間，派遣人数も流動的となる。その結果として，東京のインド人社会も流動性に富んだものとなったといえる。つまり，東京のインド人社会の特徴の基盤には，フレキシブルな IT 産業の雇用形態があり，それはまさに現在のグローバル化経済の特徴である。

資本の流動性の高まりによってもたらされたグローバル化経済は，先進国で

の労働市場の国境を越えた拡大をもたらし，開発途上国からの移民を増大させた。このような労働力の流動性の高まりによる労働市場の脱領域化は，移民間および移民と出身地間の情報の流動性を高め，移民による母国や出身地への送金や投資という形で資本の流動性をさらに高めることとなる。国境を越えて移動する移民は，生活空間としての集住地を必要とする。ここでは，宗教施設・教育機関・食材・雑貨店などが立地し，彼らの文化に再び埋め込まれた集住地の形成という形で，ローカルな空間の再領域化が進むのである。

4　移民社会研究における脱領域化と再領域化の概念の有効性

　本論では経済自由化以降，特に1991年の新経済政策以降のインドの地域変化を，経済のグローバル化による空間の再編成の一環ととらえた。インド人の移民社会も，グローバル化と密接に関わりながら，大きく変容している。そこで，グローバル化の下での，移民の空間の再編成に関するアプローチに関して，ギデンズの近代性に関する社会理論を援用した脱領域化と再領域化の概念の有効性を検討した。インド人移民達の空間がナショナル，リージョナル，ローカルの各スケールにおいて，グローバル化のもと脱領域化かつ再領域化されながら再編成される過程を考察した。これらをまとめたものが，表13-1である。

　新経済政策以降，インドへの外資の流動性が高まり，工業化への投資が積極的に行われ，自動車産業とIT産業が急成長し，欧米・日本を中心としたグローバル化経済にインドが組み込まれている。ナショナルスケールの脱領域化に関しては，国境を越えた資本・労働力（移民）・情報の流動性が高まり，国家の枠組みが緩くなる傾向を認めることができる。これに対して，インドへの外資誘致やNRIの資本環流のためには，インド政府がインフラ・金融市場・労働市場などの条件整備を行うことが不可欠となる。このように，流動性の高い外資をインドに誘致するためには，必然的に国家主導となることにより，再領域化（再国家化）が同時に生じるのである。また，移民の受け入れ国の移民政策により，国籍や労働条件により，受け入れる移民の選択を行うことも，ナショナルスケールにおける再領域化（再国家化）といえる。

表 13-1　インド系移民（IT 技術者）に関する脱領域化と再領域化

空間スケール	脱領域化	再領域化
ナショナル	**ナショナルな文脈からの脱埋め込み** 労働市場の国境を越えた拡大 国境を越えた人口移動の増大 インターネットによる国境を越えた情報量の増大（就業・生活環境・婚姻を含む） 移民の移動性の高まり インドから先進国への頭脳流出（IT 技術者・医者・留学生など）	**ナショナルな文脈への再埋め込み** 特定の先進国へ移民が集中 インターネットによる特定の国に関する情報の集中（就業・生活環境・婚姻を含む） 移民の定着性の高まり 受け入れ国の移民政策 移民の選抜（国籍、労働条件） インドへの頭脳環流（IT 技術者など） インドへの資本環流（NRI からの投資をインドへ誘致する政策）
リージョナル	**リージョナルな文脈からの脱埋め込み** インド国内・先進国内における IT 関連資本の流動性の増大	**リージョナルな文脈への再埋め込み** 州間・都市間の IT 産業誘致に関する競争 IT 産業のクラスターの形成 　（インド：ベンガルール・グルガオン・ハイデラバードなど，USA：シリコンバレー） 日本：グローバルシティ・東京へのインド人 IT 技術者の増加 国際貿易港・神戸へのインド人商人の定着
ローカル	**ローカルな文脈からの脱埋め込み** 移民の流動性の高まり 短期滞在者の増大／減少 男子単身滞在型 就業先（派遣先）近くに短期的・離散的に居住 インターネットによる生活情報の交換（離散している労働者間の情報交換）	**ローカルな文脈への再埋め込み** 移民の定住性の高まり 長期滞在者の増大 家族滞在型 インド人集住地の形成・拡大 インターネットによる生活情報の交換（定住地での生活条件の良さが容易に伝達される） USA：シリコンバレー 日本：東京都江戸川区西葛西，神戸市中央区北野・熊内周辺 インターナショナルスクール・インド人学校の設立 英語の通じる病院 インド料理店・食材・雑貨・DVD レンタル店 宗教施設 相互扶助的コミュニティの形成

先進国からの投資先としてインドの価値が高まるにつれ，資本はインドのなかでもインフラ，市場，税制，労働力などが整備された大都市・地域へと流動する傾向が高まった。輸送機関の高速化とITの発展，および立地規制を政策的に緩和することにより，空間的障壁が重要でなくなるにつれ，立地条件に関してリージョナルスケールでの脱領域化が進んだ。これに応じて，資本，特にFDIの誘致をするために，州政府などがインフラの整備などを行い，産業振興策が積極的に行われている。このように，資本を引きつけるような魅力のある「場所」を生産することにより，資本をめぐる都市間競争が高まってゆく。その結果として，リージョナルスケールでの再領域化が必然的に進む。

インドの経済成長において，IT産業が重要な牽引力のひとつであり，NRIの資本を中心にインフラ整備の状況の良いベンガルールなどに新規立地が集積する傾向が強い。その結果，リージョナルな再領域化が進むと同時に，インド国内での地域間格差が拡大再生産されることとなる。

経済のグローバル化に関し，資本が展開する際には具体的な場所を必要とし，それは先進国では多国籍企業の中枢管理機能の集積したグローバルシティである[4]。グローバル化した経済は，先進国（特にグローバルシティ）での労働市場の国境を越えた拡大をもたらし，開発途上国からの移民を増大させた。このような労働力の流動性の高まりによってもたらされた労働市場の脱領域化は，移民間および移民と出身地間の情報の流動性を高めた。それは，移民によるインドへの送金，さらに，先進国で成功した移民によるインドへの出資や出身地などでの起業という形で，資本の流動性を高めることにつながっている。先進国に定住し始めた移民は，生活空間としての定住地を必要としている。移民が増大するに従い，彼らの文化に再び埋め込まれた集住地の形成という形で，ローカルな空間の再領域化が進むのである。このように移民の空間では，流動性を示す脱領域化とローカルな文脈に根ざした再領域化が同時に進行している。

グローバル化とは，「近代性の帰結」として，「時間─空間の圧縮」を加速度的に推し進め，ナショナル，リージョナル，ローカルの各スケールの空間の文脈上にあった社会的行為を上位の空間スケールのなかに位置づけることにより，

各スケールの空間の脱領域化と再領域化をやすみなく続けることである。これらの過程を通じて，各スケールの空間はより上位の空間そしてグローバルな空間に次第に組み込まれてゆく。以上の考察を通じて，グローバル化のもとでの移民社会の空間の再編成に関するアプローチに関して，脱領域化と再領域化の概念の有効性が確かめられよう。

注
1) 脱領域化と再領域化の概念およびインドの経済成長とグローバリゼーションに関しては，澤(2010)の記述に大幅に加除修正を行った。
2) ソフトウェア開発の業務形態はオンサイトとオフショアーに区分され，前者はインド人技術者が先進国の企業に派遣されソフトウェア開発の業務に携わるのに対し，後者はインド国内で業務を行うものを指す。
3) ディアスポラとは，特にユダヤの人びとにとって帰るべき故郷を失うという，集団的な精神的外傷や国外追放という意味であった。近年は意味が拡大し，国外移住者，外国人居住者，民族的マイノリティを指す概念として使用されている(コーエン，2001)。
4) 開発途上国においては，生産と消費の現場としての，大都市とその郊外が該当する。

文　献
ギデンズ，アンソニー著，松尾精文・小幡正敏訳(1993)：『近代とはいかなる時代か？　モダニティの帰結』而立書房．
鍬塚賢太郎(2004)：インドにおけるIT産業の成長．地理，49-6：25-51．
コーエン，ロビン著，駒井洋監訳・角谷多佳子訳(2001)：『グローバル・ディアスポラ』明石書店．
サクセニアン，アナリー著，酒井泰介訳(2008)：『最新・経済地理学——グローバル経済と地域の優位性』日経BP社．
サッセン，サスキア著，森田桐郎訳(1992)：『労働と資本の国際移動』岩波書店．
サッセン，サスキア著，伊豫谷登士翁訳(1999)：『グローバリゼーションの時代』平凡社．
サッセン，サスキア著，田淵太一・原田太津男・尹春志訳(2004)：『グローバル空間の政治経済学　都市・移民・情報化』岩波書店．
サッセン，サスキア著，伊豫谷登士翁監訳(2008)：『グローバル・シティ——ニューヨーク・ロンドン・東京から世界を読む』筑摩書房．
澤　宗則(2007)：外国人労働者．上野和彦・椿真智子・中村康子編著『地理学概

論』朝倉書店，118-122.
澤　宗則（2008）：日本のインド人社会．山下清海編『エスニック・ワールド』明石書店，239-249.
澤　宗則（2010）：グローバル経済化下のインドにおける空間の再編成—脱領域化と再領域化に着目して．人文地理，62（2）：132-153.
澤　宗則・南埜　猛（2003）：グローバリゼーション下の在日インド人社会—エスニック集団と「場所」との再帰的関係．秋田茂・水島司編『現代南アジア6 世界システムとネットワーク』東京大学出版会，347-367.
澤　宗則・南埜　猛（2008）：グローバル経済下の在日インド人社会における空間の再編成—脱領域化と再領域化に着目して．高原明生・田村慶子・佐藤幸人編『現代アジア研究1 越境』慶應義塾大学出版会，269-295.
澤　宗則・南埜　猛（2009）：グローバルシティ・東京におけるインド人集住地の形成—東京都江戸川区西葛西を事例に．国立民族学博物館調査報告，83：41-58.
友枝俊雄（2007）：モダニティの社会学理論—ギデンズを中心にして．友枝俊雄・厚東洋輔編『社会学のアリーナへ—21世紀社会を読み解く』東進堂，3-33.
友澤和夫（2003）：自動車工業の発展．岡橋秀典編著『インドの新しい工業化—工業開発の最前線から』古今書院，21-33.
入管協会（2009）：『平成21年版在留外国人統計』.
ハーヴェイ，デヴィッド著，吉原直樹監訳（1999）：『ポストモダニティの条件』青木書店.
バサント（2008）：インドのバンガロールにおけるクラスターの形成—進化，成長，課題．山下彰一・S.ユスフ編『躍進するアジアの産業クラスターと日本の課題』創文社，139-168.
日野正輝（2005）：インドにおける経済自由化に伴う外国直接投資の増大と国土構造への影響．地誌研年報，14：1-20.
ポーター，マイケル著，竹内弘高訳（1999）：『競争戦略論Ⅱ』ダイヤモンド社.
南埜　猛・澤　宗則（2005）：在日インド人社会の変遷—定住地神戸を事例として．兵庫地理，50：4-15.
Sawa, M. and Minamino, T. (2007): Emerging of An Indian Community in Tokyo: A Case Study of Nishikasai, *The Indian Geographical Journal*. 82 (1): 7-26.

column 東京在住のインド人のアイデンティティ

　東京で構築されるインド人のアイデンティティの形成基盤としては次の3つがある。第一に宗教である。スィク教徒とジャイナ教徒は，それぞれ寺院を作りあげ，宗教に基づくアイデンティティ形成の基盤を有するに至った。第二に，出身州と母語である。母語集団（出身州）単位でメーリングリストを作るとともに，集会（宗教儀式と食事）により，同一母語集団・同一州出身者としてのアイデンティティを再確認しようとしている。3つめは，インド本国や神戸と異なり，ナショナリティに基盤を置くものである。江戸川区西葛西における集住地の形成により，インド人同士の相互扶助的なコミュニティが形成されている。またこの周辺にインド人学校が設立されている。これらはいずれもインド国内の特定の言語や宗教に偏らず，本国から離れた地でインド国民としてのナショナル・アイデンティティの形成装置となっている。東京のインド人のアイデンティティは，上記の宗教・母語・出身州・ナショナリティが重層性をもちながら形成されている。　　　　　（澤　宗則）

東京江戸川区のインド人学校
（2006年12月，筆者撮影）

第14章
東京都在留中国人の増加と分布の変化

山下清海

1 はじめに

　最近，日本国内で多くの外国人を見かけるようになってきた。外国人旅行者だけでなく，日本で生活している在留外国人が増えてきている。『在留外国人統計　平成22年版』(入管協会，2010年) によれば，2009年12月末現在，日本に在留する外国人人口は2,186,121人である。これは，日本の総人口の1.7％に相当する。国籍別にみると，中国人が680,518人と最も多く（総数の31.1％），次に韓国・朝鮮人の578,495人（同26.5％）となっている。戦後一貫して在留外国人のなかで最大多数を占めてきたのは韓国・朝鮮人であったが，2007年末の統計で中国人に抜かれ，それ以降，中国人が日本で最も多い外国人となっている。

　日本国内で在留中国人が最も多いのは東京都である。2009年12月末現在，156,844人（総数の23.0％）の中国人が東京都に居住している。ちなみに，以下，神奈川県55,095人，大阪府49,946人，愛知県47,099人，埼玉県46,556人，千葉県44,458人の順となっている。

　このように，日本で最も多くの中国人が居住しているのは東京であるにもかかわらず，これまでは，横浜，神戸，長崎などの伝統的な中国人集中地区への関心が高かった。言い換えれば，いわゆる「老華僑」に焦点を当てた研究が多く，中国の改革開放政策の実施後，急増した「新華僑」に関する研究は乏しかった。日本の中国人社会について論じる際には，老華僑と新華僑の2つのグループに分けて比較考察することは有効な方法である。

そこでここでは，新華僑に焦点を当てて，第二次世界大戦後，東京在留中国人の人口増加と分布の変化について考察することにしたい。

まず，外国人登録人口に関する統計に基づいて，戦後から今日に至るまでの在留中国人の人口増加について時期区分を行い，彼らの出身地の変化について分析する。つづいて，東京都区部における在留中国人の分布の変化について検討する。

本章では，外国人人口に関する統計として，東京都が発行する『東京都統計年鑑』第6回（昭和29（1954）年版）から第56回（平成16（2004）年版）に記載されている「外国人登録数」を用いた。なお，第5回以前は，外国人登録者数は掲載されていない。第56回以降の最新の統計については，東京都の公式ホームページ掲載のものを使用した。この統計は，外国人登録制度に基づいて，市区町村で外国人登録を行った者（外国人登録者）の人数である。また，法務省でも，同じく外国人登録法に基づいて，毎年『在留外国人統計』（入管協会）を刊行しており，在留中国人の出身地については，『在留外国人統計』に掲載されている「本籍地別外国人登録者」の統計を利用した。

2　東京都在留中国人の人口増加

まず，戦後，今日に至るまでの在留中国人の人口の推移を，在留韓国・朝鮮人と比較しながらみていこう。図14-1をみると，1954年時点で，韓国・朝鮮人（49,633人）は，外国人総数（71,264人）の69.6%を占めた。これに対して，中国人は外国人総数の18.4%（13,102人）を占め，外国人のなかでは人口規模で第二の集団であった。しかし，1954年から55年を経た2009年末には，在留中国人人口は680,518人になり，52倍にも増加していることになる。

戦後の在留中国人の人口増加は，以下のように3つの時期に区分することができよう。

(1) 第1期：停滞期（第二次世界大戦終了〜1978年）

戦後の東京都在留中国人人口はおおむね微増を続け，1971年には16,078人

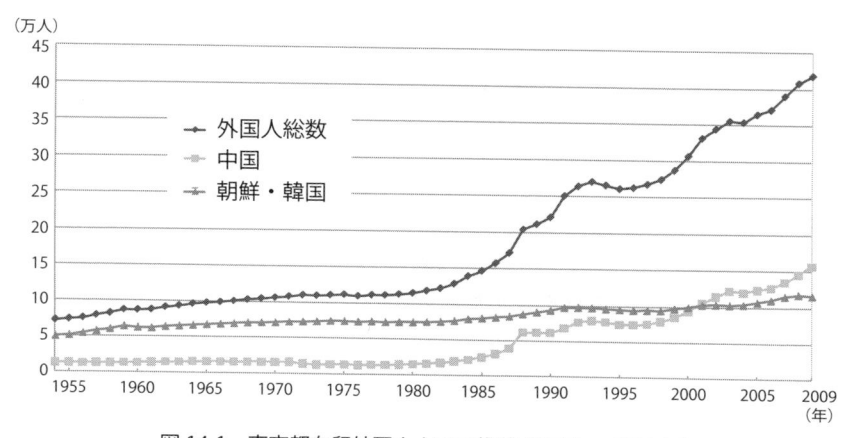

図 14-1　東京都在留外国人人口の推移（1954 〜 2009 年）
資料）『東京都統計年鑑』各年版ほか

に達し，最初のピークを迎えた。しかし，翌1972年には，一挙に13.0%（2,092人）も減少し13,986人となった。この原因は，次のとおりである。1972年9月に日中国交正常化が行われ，日本は中華人民共和国を中国の唯一の政府であることを認め，世界で79番目の中国承認国となった。これを嫌った台湾支持派の中国人が，大量に日本への帰化，あるいは帰化する前段階として無国籍になったためである。以後，在留中国人人口は1976年（13,016人）まで減少を続け，その後再び増加に転じた。

(2) 第2期：急増期（1979〜1988年）

東京都在留の中国人人口は，1979年から1988年まで急激な増加を示した。特に1980年代半ば以降の増加が著しく，1987年に38,693人であった在留中国人人口は，翌1988年には，60.0%（23,235人）もの高い増加を記録し61,928人となった。これについては，以下のような背景がある。

1980年代に入り，中国政府は，国費あるいは各種公費による留学生を日本へ多数派遣するようになった。1984年，中国政府は「私費留学生の出国に関する暫時規定」を交付し，留学（就学も含む）がほぼ完全に自由化された。一方，日

本政府も，1983年に「留学生10万人計画」を開始し，就学生の入国手続きを簡素化した。さらに中国政府は，1986年に「公民出境管理法」を施行し，私的理由による出国も認めるようになった（伊藤，1995）。これらを契機に，これまで出国の機会がなかった中国人が，日本語学校や各種学校で学ぶための就学ビザを取得して大量に来日し，上述のように1987～1988年の在留中国人の激増を招いた。当時，日本語学校の多くは東京に集中しており，特に日本語学校が多数立地し，アルバイトの機会が多い新宿や池袋周辺に，中国人就学生が多数居住するようになった。

(3) 第3期：成長期（1989年～現在）

　1977年から連続して増加してきた東京都在留中国人は，1988年には61,928人に達した後，1989年および1990年には，わずかながら減少した。これには，以下のような背景がある。

　1988年10月に法務省がビザ発給の審査基準を強化したところ，日本にある日本語学校に入学金や授業料を払い込んだにもかかわらず，日本入国のビザが発給されないことに怒った数百人が，上海の日本総領事館に押しかけるという事件が起こった。また，1989年に発生した天安門事件による出国制限の影響で，日本へ新たに来住する中国人が急減したため，1989～1990年には61,800人台で停滞した。

　しかしながら，1991年から増加に転じ，1993年には79,386人に達したが，日本政府が就学・留学ビザの資格審査を厳しくすると，在留中国人人口は減少した。1997年からは再び増加し，2001年には，東京都在留の中国人人口が初めて韓国・朝鮮人人口を超え，在留中国人人口は10万人に達した。2004年には前年より2,050人減少したものの，以後は増加傾向にある。

3　東京都在留中国人の出身地の変化

　図14-2は，在留中国人の出身地の変化をみるために，各年の『在留外国人統計』に掲載されている在留中国人の「本籍地」データを地図化したものであ

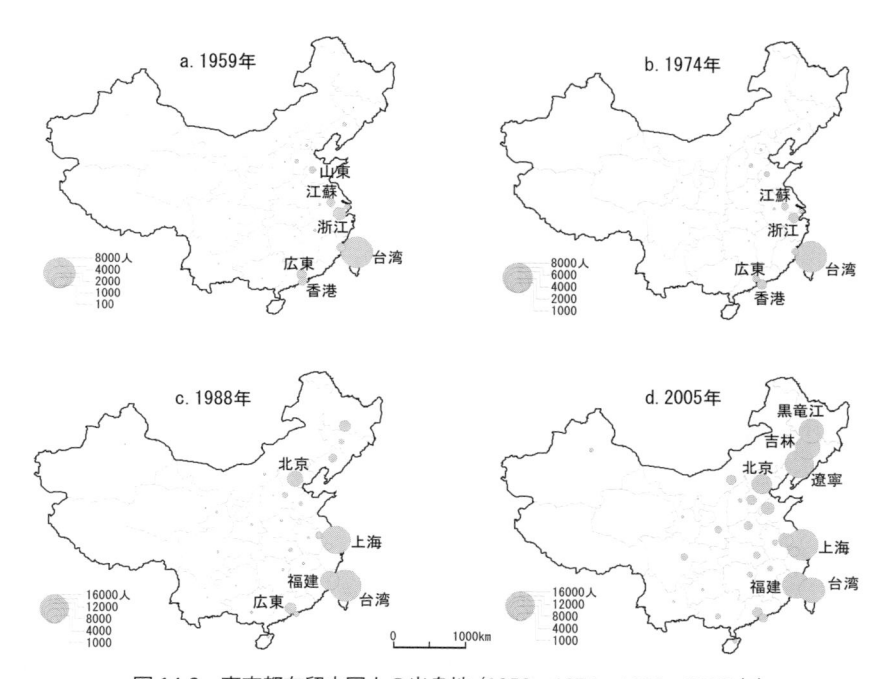

図 14-2 東京都在留中国人の出身地（1959, 1974, 1988, 2005 年）
資料）『在留外国人統計』昭和 49 年版，平成元年版，平成 18 年版により作成．ただし，1959 年のみ，長田（1963）掲載の法務省入国管理局資料を使用

る．本論では，この「本籍地」を出身地とみなして論を進めることにする．

1959 年当時，東京都在留中国人の出身地は，日本における老華僑の特色を反映している．すなわち，東京都の伝統的な中国人社会は，台湾人が総数（13,294 人）の 58.2％（7,735 人）を占め最も多く，これに浙江省・江蘇省・江西省・上海付近出身のいわゆる三江人（2,043 人，15.4％），および広東省・香港出身の広東人（1,374 人，10.3％），そして人口はあまり多くないが，山東人（363 人，2.7％），以上 4 つの集団から主として構成されていた．横浜や神戸に集中している広東人あるいは神戸，京都，長崎をはじめ全国各地に分散する福建人は，東京都在留の中国人社会では，有力な集団ではなかった．

1959 年以降も中国からの新たな来住者は少なかったため，1974 年において

も，1959年とほぼ同様，第1期：停滞期の在留中国人の出身地と類似したパターンがみられた。その後，改革開放政策が進められるにつれ，中国から来日する者が増加した。これが，第2期：急増期である。この時期，在留中国人の出身地は劇的な変化を遂げた。1987〜1988年の1年間で，在留中国人は38,693人から61,928人に急増した。増加した在留中国人の出身地は，上海市や北京市の大都市，および福建省（その多くは福清出身者）などであった（山下ほか，2010）。1988年における在留中国人の出身地を多い順にみていくと，①台湾19,837人（総数の32.1％），②上海市15,820人（同26.2％），③福建省6,718人（同11.1％），④北京市4,584人（同7.6％）の順であった。

次に，第3期：成長期における在留中国人の出身地を示すものとして，この期間の最大の特色は，遼寧・吉林・黒竜江の東北3省の著しい増加である。2009年において，多い順にみていくと，①上海市（23,162人，総数の14.8％），②福建省（21,654人，13.8％），③遼寧省（20,704人，13.2％），④台湾（15,124人，9.6％），⑤黒竜江省（14,131人，9.0％），⑥吉林省（12,362人，7.9％），となっている。

東北3省出身者が増加したことについては，2つの理由が考えられる。ひとつは，中国残留日本人の肉親探しが1981年から日本で始まり，彼らやその家族が旧満州であった東北3省から帰国・来日するようになったからである。もうひとつの理由は，東北3省の朝鮮族が多く来日するようになったからである。東北3省は朝鮮族の集中地区であり，朝鮮語と日本語は言語学的に類似点が多く，朝鮮族にとって，日本語は学習しやすい外国語である。また，東北3省はかつて「満州国」であり，中国国内において日本語学習が最も盛んで，日本への留学熱も高い地域である。東京在留中国人のなかでは，遼寧省の瀋陽や大連，吉林省の長春や延辺朝鮮族自治州，黒竜江省のハルビンなど東北3省出身の朝鮮族の就学生や留学生の増加が著しい。

4　東京都区部における在留中国人の分布の変化

次に，東京都区部（23区）に絞って，在留中国人の分布の特色や変化について考察する。

東京都区部においては，第二次世界大戦後，1960年まで，在留中国人が最も多く居住したのは港区であった。終戦後，在留中国人は戦勝国民となり，彼らのなかにはアメリカ軍から特別配給された物資を利用して，やみ市などで多くの利益を得た者も少なくなかった。とりわけ台湾人には，それらの資金を用い，銀座，新橋，新宿，池袋などの繁華街・歓楽街で，飲食業，映画館やパチンコ店経営などの娯楽業などに進出する者が目立った。港区に在留中国人が最も多かった理由については不明な点も多いが，港区に属している新橋付近に台湾人を中心とする在留中国人の集住化がみられたこともそのひとつの要因であろう。

東京都区部の中国人人口が急増するのは，1980年代後半以降である。**図14-3**は，1985年から2009年まで，主要8区の在留中国人人口の推移をグラフにしたものである。ここでいう主要8区とは，2009年時点で在留中国人が多い順に8つの区を選択したものである。この図を分析すると，いくつかの興味深い傾向が認められる。

新宿区は，渋谷区および豊島区にわずかに抜かれた1978年を除き，1961年から1987年まで，東京都区部において在留中国人が最も多い区であった。1987～88年には豊島区の在留中国人は，5,394人から9,330人に激増した。これは，池袋周辺に中国人就学生が集中したためである。

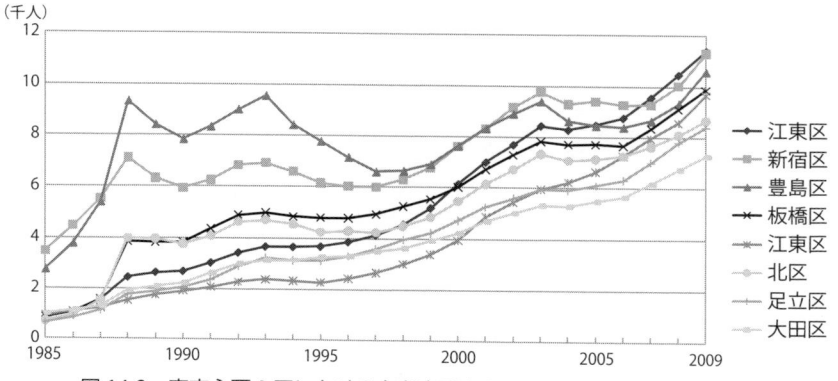

図14-3　東京主要8区における在留中国人人口の推移（1985～2009年）
資料）『東京都統計年鑑』各年版および東京都総務局統計部ホームページにより作成

1988年から2001年までは，東京都区部において豊島区が最も多くの在留中国人を有した。2002年以降は再び新宿区が第1位となった。豊島区で在留中国人が急増した1987〜1988年には，隣接する北区や板橋区でも同様に急増している。

2003年以降，在留中国人の集中地区であった新宿区および豊島区，さらには板橋区で，在留中国人人口の減少あるいは停滞の傾向がみられるのに対して，江戸川区，江東区，足立区，大田区などでは，増加の傾向がみられる。すなわち，在留中国人の東部および南部への居住の拡大傾向が認められる。2007年以降は，8区のすべてにおいて急増している。

図14-4は，在留中国人の分布の変化をより空間的に把握するために，東京都区部における在留中国人の分布を地図化したものである。1985年は，大量の中国人就学生が流

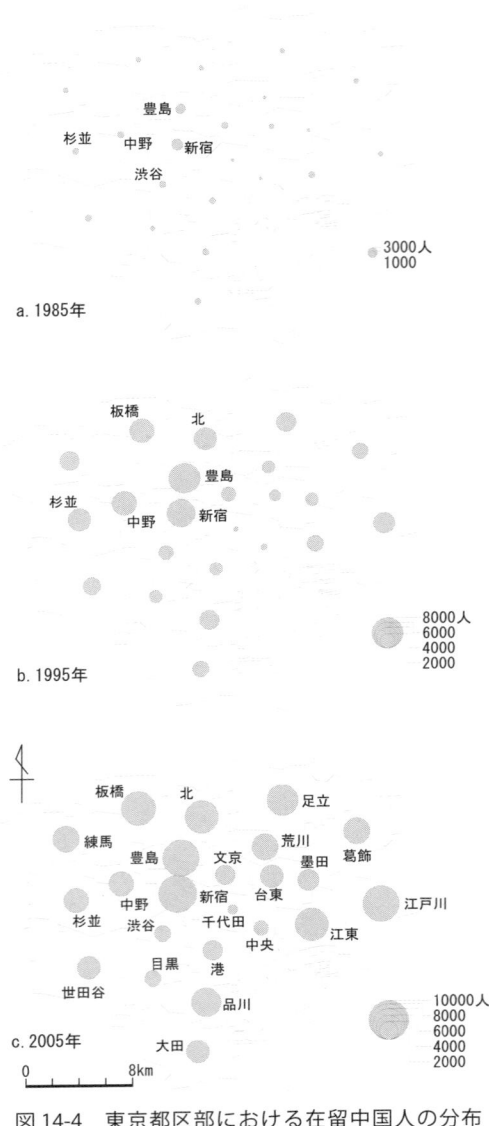

図14-4 東京都区部における在留中国人の分布
（1985，1995，2005年）
資料）『東京都統計年鑑』各年版掲載の在留中国人人口により算出して作成

入する直前の状態を表している。1985年時点では，①新宿区（3,479人）と②豊島区（2,758人）で在留中国人が多いものの，その集積度はあまり高くはない。1995年には，①豊島区（7,771人），②新宿区（6,137人）が群を抜いて多く，③中野区（4,958人），④板橋区（4,790人），⑤杉並区（4,240人），⑥北区（4,231人）など，豊島区と新宿区を核として，その隣接する区に集中する傾向が認められた。東京都区部の西北部への集中が特色としてあげられる。

2005年になると，①新宿区（9,410人）に次いで在留中国人が多く居住するのは，②江戸川区（8,481人）であった。以下，③豊島区（8,455人），④板橋区（7,716人），⑤北区（7,140人），⑥江東区（6,636人），⑦足立区（6,096人）の順となっており，東部および北部への居住の拡大が認められた。

しかし，新宿区や豊島区およびその周辺の区では，在留中国人の人口増加が鈍化あるいは減少するなかで，台東区，荒川区，江東区，江戸川区，および墨田区など区部の東部において人口増加率が高い。これは，1980年代半ばに大量に来住した単身の在留中国人の定住化および郊外化の傾向を反映したものといえよう。一方，中央区や千代田区でも在留中国人の増加が著しい。在留中国人のなかでも，比較的富裕層が都心のマンションに居住するようになったことを示している。

図14-5は，2007年1月1日時点において，各区の人口総数に対する在留中国人人口の割合を示したものである。ここでいう人口総数とは，住民基本台帳人口（日本人）と外国人登録人口を合計したものであり，当該区に居住している総人口のことである。

最も高い値を示したのは，①豊島区（3.3%）で，つづく②新宿区（3.0%）とともに，3%を超えている。以下，③北区と③荒川区がともに2.2%で高くなっている。これに対して，人口総数に占める在留外国人が非常に低い区もみられる。世田谷区は0.4%であり，区部のなかで最も低い。次に，目黒区と練馬区がともに0.6%で続いている。杉並区も0.7%と低く，比較的地価が高い東京都区部の西部において，人口総数に占める在留中国人の比率が低いことが明瞭である。

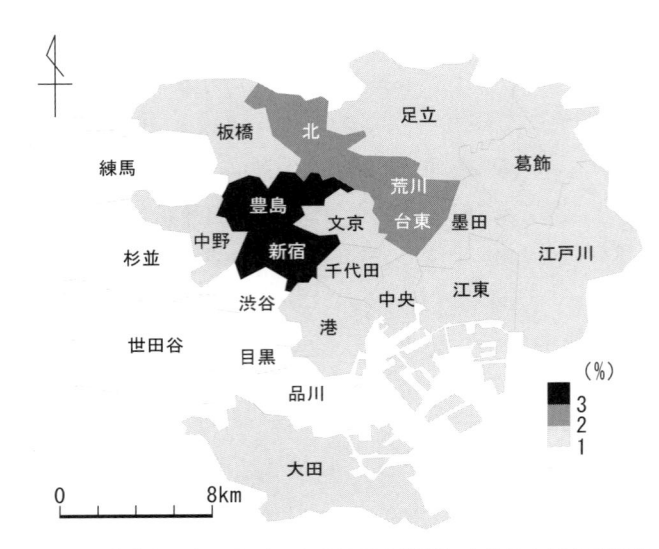

図 14-5　東京都区部における在留外国人総数に占める中国人の割合（2007 年 1 月 1 日）
資料）東京都公式ホームページ掲載の「東京都の統計」以下の統計表より作成
　　　http://www.toukei.metro.tokyo.jp/juukim/2007/jm071a0000.xls
　　　http://www.toukei.metro.tokyo.jp/gaikoku/2007/ga07ea0100.xls

5　まとめ

　以上，戦後の東京都在留中国人の人口の推移，分布，および出身地の変化などについて検討してきた。最後に，それらを総合的に考察して，東京都在留中国人の人口変化の特色について論じることにする。

　これまで明らかになったことは，**表 14-1** のようにまとめることができよう。

　第 1 期は，在留中国人人口の変化が少ない時期であった。1972 年の日中交正常化の際に，台湾人および国民党支持派の在留中国人が大量に中国籍を離れ，その後，中国から国費・公費留学生などが派遣されて来たが，量的には多くはなく，東京都在留中国人人口は 13,000～16,000 人くらいで推移していた。この時期の在留中国人の出身地をみると，台湾人が最も多く，その次に上海周辺の三江人が多かった。台湾人は，日本統治時代に日本語教育を受けた者が多く，日本社会への同化が進み，彼らの居住地も分散し，明瞭な集住地区はみられな

表 14-1　東京都在留中国人人口の変化

時期区分	第1期：停滞期 （第二次世界大戦終了〜 1978年）	第2期：急増期 （1979〜1988年）	第3期：成長期 （1989年〜現在）
出身地	台湾人中心 ＋ 三江人	上海・福建出身者の急増	東北地方出身者の増加
分布	分散	集住地区の形成 （池袋，新宿）	郊外化・定住化の進展
構成	老華僑	老華僑＋新華僑	新華僑中心

（筆者作成）

かった。当時の中国人社会は，老華僑中心であった。

　第2期は，中国の改革開放政策の進展にともない，在留中国人が増加していった時期である。とりわけ1980年代後半は，上海市や福建省出身者などを中心に，中国人就学生が多数来日し，1987年に38,693人であった東京在留中国人は，翌1988年には61,928人に急増した。この際に，日本語学校が多数立地し，アルバイトの雇用も多い豊島区の池袋周辺や新宿区の大久保周辺において在留中国人の集住がみられるようになった（**写真14-1**）。筆者は，両地区をそれぞれ池袋チャイナタウン（山下，2010），大久保エスニックタウン（山下ほか，1997），とよんでいる。特に池袋周辺の老朽化したアパートが多い地区には，福建省出身の就学生が集中するようになり，そのような地区は「福建村」ともよばれるようになった。この時期の中国人社会は，老華僑の一部は，同胞として中国人就学生の身元保証人を引き受け，明治以降日本への出稼ぎ者が多かった福建省福清市からは，同郷人のネットワークを頼りに来

写真14-1　池袋駅北口近くの中国食品店
（2003年6月，筆者撮影）

日するものが多かった（山下ほか，2010）。人口的には新華僑が老華僑の2～3倍に増加していくなかで，相互の交流はあまりみられず，老華僑のなかには，急増する新華僑に戸惑う者も少なくなかった。

第3期は，在留中国人が増え続け，特に中国東北3省出身者が著しく増加し，現在に至っている。池袋や大久保周辺などでは，最近，「中国東北料理」の看板を掲げる中国料理店や吉林省延辺朝鮮族自治州出身者による延辺料理専門店が多数みられるようになってきた（**写真14-2**）。一方，中国の改革開放政策の実施以後，1980年代半ばに多数来住した新華僑は，20年前後を経過した今日，多くは40代，50代に達し，日本に定住した者も多い。日本政府も，外国人でも有能な人材であれば定住や帰化を積極的に認めていこうという姿勢をとるようになってきている。来日当初，新宿区や豊島区，およびその周辺のアパートに居住していた在留中国人は，結婚や子どもの誕生などで，より広い住宅を求めて埼京線や京浜東北線沿線に沿って埼玉県などの郊外に移動する傾向がみられる。とりわけ埼玉県川口市の川口芝園団地への在留中国人の集住化は，在留中国人の郊外化の代表的な例である（江・山下，2005）。最近における，江戸川区，江東区，北区，足立区など東京都区部のなかでも北部および東部における在留中国人の増加も，このような郊外化を反映したものである。今日の東京の中国人社会をみると，もともと老華僑は，日中国交正常化直前の在留中国人人口である15,000人くらいと考えてよい。これに対して，東京都の外国人登録人口の統計をみると，2010年7月1日における東京都在留中国人の人口は161,262人となっている。老華僑は，今や在留中国人の1割あまりにすぎず，9割近くは新華僑であり，東京の中国人社会は新華僑が中心となっているといえる。

写真14-2　JR新大久保近くの中国朝鮮族経営の料理店　　（2009年11月，筆者撮影）

文　献

伊藤泰郎(1995)：中国人の定住化―いわゆる「新華僑」をめぐって．駒井洋編『定住化する外国人』明石書店，199-226．

江　衛・山下清海(2005)：公共住宅団地における華人ニューカマーズの集住化―埼玉県川口芝園団地の事例―．人文地理学研究，29：33-58．

長田五郎(1963)：〔統計〕留日華僑の人口と職業(2)．経済と貿易，83：46-54．

山下清海(2010)：『池袋チャイナタウン―都内最大の新華僑街の実像に迫る』洋泉社．

山下清海編(2005)：『華人社会がわかる本―中国から世界へ広がるネットワークの歴史，社会，文化―』明石書店．

山下清海・秋田大学地理学研究室学生(1997)：横浜中華街と大久保エスニックタウン―日本における新旧二つのエスニックタウン―．秋大地理，44：57-68．

山下清海・小木裕文・松村公明・張貴民・杜国慶(2010)：福建省福清出身の在日新華僑とその僑郷．地理空間，3(1)：1-23．

column 大久保コリアタウン

　2010年11月に私は『池袋チャイナタウン』(洋泉社)という本を出した。しかし，私が最初に注目していたエスニックタウンは池袋チャイナタウンではなく，大久保エスニックタウンであった。1980年代終わりころから，JR山手線新大久保駅から歌舞伎町に近い職安通りあたりに韓国人，中国人，タイ人などのアジアからのニューカマーの集住がみられるようになった。同胞相手の各国料理店ができ，東南アジアや中国の研究をしていた私は，日本化していない現地の味のメニューには，なつかしさを覚えて通った。

　当時，この地区はまだコリアタウンではなかった。1996年にこの地区を調査したが，106軒のエスニック系店舗のうち，韓国系50軒，中国系30軒，東南アジア系16軒などとなっていた(山下清海・秋田大学地理学研究室学生，1997)。私は，この地区を「大久保エスニックタウン」とよんだ。

　この地区に大きな変化の波が押し寄せたのは，2002年であった。この年開催されたサッカーの日韓共催ワールドカップでは，韓国系の店舗が多いこの地区が，テレビ報道の格好の舞台となった。テレビリポーターは，「コリアタウン」の呼称を多用し，大久保コリアタウンの知名度は全国区となった。その翌2003年には，韓国のテレビドラマ「冬のソナタ」が日本で放送され一気に韓流ブームとなり，大勢の観光客が訪れるようになった。韓国料理店や韓流スターのグッズを扱う店などが急増する一方で，中国人経営の店舗は目立たなくなった。中国人ニューカマーの中心は，池袋チャイナタウンに移ってしまったのである。　(山下清海)

JR新大久保駅近くの韓流スター関連の店
韓流人気で多くの日本人が訪れる。(大久保通り)
(2010年5月，筆者撮影)

エスニック社会に関する基本的文献

〈一般的な文献〉

青柳まちこ編・監訳（1996）：『「エスニック」とは何か——エスニシティ基本論文選』新泉社.

綾部恒雄（1993）：『現代世界とエスニシティ』弘文堂.

石井久生（2010）：バスク地方におけるバスク語の再活性化. 新地理, 58 (2), 30-41.

伊豫谷登士翁（2001）：『グローバリゼーションと移民』有信堂高文社.

伊豫谷登士翁（2002）：『グローバリゼーションとは何か——液状化する世界を読み解く』平凡社（平凡社新書）.

伊豫谷登士翁（2007）：『移動から場所を問う——現代移民研究の課題』有信堂高文社.

エリクセン, T. H. 著, 鈴木清史訳（2006）：『エスニシティとナショナリズム——人類学的視点から』明石書店.

大津留厚・野村真理・森 明子・伊東信宏・岡本真理・進藤修一（2003）：『民族（近代ヨーロッパの探求 10）』ミネルヴァ書房.

キーリー, B. 著, OECD 編, 濱田久美子訳（2010）：『よくわかる国際移民（OECD インサイト 3）——グローバル化の人間的側面』明石書店.

キング, R. 著, 蔵持不三也監訳（2008）：『図説　人類の起源と移住の歴史——旧石器時代から現代まで』柊風舎.

黒田悦子編著（1994）：『民族の出会うかたち』朝日新聞社.

サクセニアン, A. 著, 酒井泰介訳（2008）：『最新・経済地理学——グローバル経済と地域の優位性』日経 BP 社.

サッセン, S. 著, 田淵太一, 原田太津男, 尹　春志訳（2004）：『グローバル空間の政治経済学——都市・移民・情報化』岩波書店.

杉浦　直（2011）：『エスニック地理学』学術出版会.

関根政美（1994）：『エスニシティの政治社会学——民族紛争の制度化のために』名古屋大学出版会.

トッド, E. 著, 石崎晴己・東松秀雄訳（1999）：『移民の運命——同化か隔離か』藤原書店.

スチュアート・ヘンリ (2002)：『民族幻想論――あいまいな民族　つくられた人種』解放出版社．
水内俊雄編 (2005)『空間の政治地理（シリーズ人文地理学）』朝倉書店．
宮島　喬・梶田孝道編 (2002)：『国際社会〈4〉マイノリティと社会構造』東京大学出版会．
山崎孝史 (2010)『政治・空間・場所――「政治の地理学」にむけて』ナカニシヤ出版．
山下清海編 (2008)『エスニック・ワールド――世界と日本のエスニック社会』明石書店．

〈地域関連の文献〉

フェルナンデス＝アルメスト，F. 著，木畑洋一・小松久男・庄司博史・増田一夫・宮崎和夫ほか訳 (2005)：『タイムズ　ヨーロッパ民族事典』東洋書林．
飯田耕二郎 (2003)：『ハワイ日系人の歴史地理』ナカニシヤ出版．
イチオカ，ユウジ著，富田虎男・粂井輝子・篠田左多江訳 (1992)：『一世――黎明期アメリカ移民の物語り』刀水書房．
江原裕美編 (2011)：『国際移動と教育――東アジアと欧米諸国の国際移民をめぐる現状と課題』明石書店．
ウェザーフォード，J. M. 著，小池佑二訳 (1996)：『アメリカ先住民の貢献』パピルス．
エラン，F. 著，林昌宏訳 (2008)：『移民の時代――フランス人口学者の視点』明石書店．
大泉陽一 (2007)『未知の国スペイン――バスク・カタルーニャ・ガリシアの歴史と文化』原書房．
大島規江 (2009)：アムステルダムの景観を歩く――都市発展と移民から読み解く景観．阿部和俊編『都市の景観地理――大陸ヨーロッパ編』古今書院，34-46．
加賀美雅弘編 (2004)：『「ジプシー」と呼ばれた人々――東ヨーロッパ・ロマ民族の過去と現在』学文社．
加賀美雅弘・川手圭一・久邇良子 (2010)『ヨーロッパ学への招待――地理・歴史・政治からみたヨーロッパ』学文社．
古賀正則・浜口恒夫・内藤雅雄編 (2000)：『移民から市民へ――世界のインド系コミュニティ』東京大学出版会．
駒井　洋・江成　幸編 (2009)：『ヨーロッパ・ロシア・アメリカのディアスポラ（叢書グローバル・ディアスポラ 4）』明石書店．
サッセン，S. 著，伊豫谷登士翁監訳 (2008)：『グローバル・シティ――ニューヨーク・

ロンドン・東京から世界を読む』筑摩書房．

高原明生・佐藤幸人・田村慶子編（2008）：『現代アジア研究（1）越境』慶應義塾大学出版会．

竹中克行（2009）『多言語国家スペインの社会動態を読み解く——人の移動と定着の地理学が照射する格差の多元性』ミネルヴァ書房．

立石博高・中塚次郎（2002）『スペインにおける国家と地域——ナショナリズムの相克』国際書院．

チャン，スーチェン著，アーチディコン，T.J. 編，住居広士訳（2010）：『アジア系アメリカ人の光と陰——アジア系アメリカ移民の歴史』大学教育出版．

久武哲也（1999）：ホノルル大都市圏におけるエスニック構成——プランテーションの遺産と制度的人種主義．成田孝三編『大都市圏研究（上）——多様なアプローチ』大明堂，356-484．

原 聖・庄司博史編（2005）：『ヨーロッパ（講座　世界の先住民族 06）』明石書店．

町村敬志（1999）：『越境者たちのロスアンジェルス』平凡社．

森 明子編（2004）：『ヨーロッパ人類学——近代再編の現場から』新曜社．

矢ケ﨑典隆（1993）：『移民農業——カリフォルニアの日本人移民社会』古今書院．

矢ケ﨑典隆（2010）『食と農のアメリカ地誌』東京学芸大学出版会．

矢口祐人（2002）：『ハワイの歴史と文化——悲劇と誇りのモザイクの中で』中央公論社（中公新書）．

山下清海（2000）：『チャイナタウン——世界に広がる華人ネットワーク』丸善．

山下清海編（2005）『華人社会がわかる本——中国から世界へ広がるネットワークの歴史，社会，文化』明石書店．

山田史郎・北村暁夫・大津留厚・藤川隆男・柴田英樹・国本伊代（1998）：『移民（近代ヨーロッパの探求 1）』ミネルヴァ書房．

山中速人（1993）：『ハワイ』岩波書店（岩波新書）．

ヤノ，アケミ・キクムラ 編，小原雅代ほか訳（2002）：『アメリカ大陸日系人百科事典』明石書店．

米山 裕・河原典史（2008）：『日系人の経験と国際移動——在外日本人・移民の近現代史』人文書院．

おわりに

　本書を読み終えて，実際に各地のエスニック社会を自分の目で見て，確かめたいと思われた方も少なくないのではないだろうか。海外に出かければ，アメリカ合衆国はもちろん，ロンドン，パリ，シドニー，シンガポールなどでも，その地域がこんなにもさまざまなエスニック集団から構成されているのかと驚くはずである。しかし，海外に行かなくとも，日本国内にもエスニック社会を体験できる地区が増えている。最後に，このような地区を紹介して，本書を終えることにしたい。

　横浜中華街は，神戸南京町，長崎新地中華街とともに日本三大中華街とよばれ，世界で最も観光客が訪れるチャイナタウンである。最近の横浜中華街は急速に変容している。中国の改革開放政策実施後，海外に出て行ったいわゆる「新華僑」が経営する中国料理店や肉饅販売店などの開業が続いている。その結果，「老華僑」経営の老舗中国料理店などとの競合が激化している。

　東京のJR山手線の池袋駅北口周辺に広がる「池袋チャイナタウン」は，新華僑によって形成されたニューチャイナタウンである。日本三大中華街が老華僑によって形成されたオールドチャイナタウンであるのに対して，池袋チャイナタウンは新華僑がつくった日本最初のニューチャイナタウンである。観光地化はこれからの段階であるだけに，池袋チャイナタウンは今日の中国世界を知るには最適の場所である（詳細は山下清海『池袋チャイナタウン―都内最大の新華僑街の実像に迫る―』洋泉社，2010年を参照していただきたい）。

　東京のJR山手線の新大久保駅付近の「大久保コリアタウン」（大久保コリアタウン）は，2002年日韓共催ワールドカップサッカーや韓流ブームの影響を受けて，多数の日本人女性観光客が訪れる街になっている。しかし，この地区はコリアンだけの場所ではない。中国人や東南アジア系，インド系の人びとが経営するレストランやその他の店舗も多く，私は「大久保エスニックタウン」とよんでいる。

大阪環状線の鶴橋駅の西側に広がる「鶴橋国際市場」でもコリアン世界を味わうことができるが，鶴橋駅から南東方向へ 10 分ほど歩くと「生野コリアタウン」がある。大阪市生野区のかつて猪飼野（いかいの）とよばれた地区は在日コリアンが多く住む地区であった。生野コリアタウンは，御幸通（みゆきどおり）商店街周辺に形成されており，「猪飼野コリアタウン」ともよばれる。東京の大久保コリアタウンがニューカマーのコリアンによって形成されたのに対し，生野コリアタウンはオールドカマーのいわゆる「在日コリアン」が形成したコリアタウンである。

　日本におけるブラジル人の一大中心地は，静岡県浜松市であるが，ここには明瞭なブラジルタウンはない。これに対して，群馬県大泉町の中心部には，日系ブラジル人が経営するブラジル料理店，スーパーマーケットなどが多く，ブラジルタウン化している。東武鉄道小泉線の西小泉駅に近い，ブラジル人相手のショッピングセンターであるブラジリアンプラザは，まさにブラジル世界である。

　エスニック社会に興味をもったら，上述の日本国内のエスニックタウンを歩いていただきたい。そして，機会を見つけて海外に出て，多様なエスニック社会を体験していただきたい。本書がその指南書の役割を果たせれば幸いである。

　本書の執筆者は，日本学術振興会の 2006～2009 年度科学研究費基盤研究(A)「日本におけるエスニック地理学の構築のための理論的および実証的研究」(研究代表者：山下清海)の研究分担者であり，本書はこの研究プロジェクトの成果の一部である。

　本書の刊行に際しては，学文社編集部の落合絵理さんに編集の労をとっていただいた。心から感謝申しあげる。

2011 年 3 月

山下清海

索　引

あ行

アアラ地区　112
愛知県　189
アイヌ　2, 3
アイルランド　23
アイルランド語地名　23, 24
アーカンザス川（流域）　62, 63
アジア系　7, 97, 131
アジア系アメリカ人　3
アジア系移民　34, 60
アジア系社会　70
アソシエーション　120, 122
足立区　196, 197, 200
アドリア海　115
アナハイム　33
アフリカ系　131
　北アフリカ系　51
アムステルダム　54, 120-146
アメリカ合衆国　11, 35, 60, 175
アメリカ銀行（Bank of America）　38
アメリカ先住民　61
アメリカ太平洋岸北西部　80
アメリカンビートシュガーカンパニー　64
アラビア語　16
アラブ世界　133
アルプス山脈　115
アングロサクソン　23-24
アンティル系　132, 144
アンネ・フランク　146
イタリア語　115, 120
『怒りの葡萄』　62
イギリス　22, 23, 175
池袋　195, 199, 200
池袋チャイナタウン　199, 202

イスラエル　23, 48
イスラム　158
イスラム教　6, 50, 133
イスラム教圏　50, 132
イスラム系住民　16, 50, 134
イスラム社会　16
板橋区　196, 197
イタリア　51, 115, 123
　北イタリア　114, 115
イタリア化政策　115
イタリア銀行　38
イタリア系　115-117, 119, 120, 124-126, 128
イタリア人　38
イタリア併合　118, 126
イタリアンタウン　47
イヌイット　3
イベリア系牧畜経済文化地域　35, 36
イベリア半島　33, 130, 157
移民集団　39
移民ネットワーク　177
移民の集中居住区　70
EU　113, 122, 126
インターナショナル地区（International District）　47, 76, 95
Indian Community of Edogawa　181
インド　7, 168, 172, 175, 183
インド・ヨーロッパ言語　57
インド映画　181
インド系（人）移民　175, 178, 183
インド系移民社会　177
インド人　173, 175, 178, 179, 182, 188
インド人学校　180, 181, 188

インドネシア　5, 6, 130
インナーシティ　142
ウィーン　14-17, 19
ウィプロ　181
英語　67, 174
エスキモー　3
エスニシティ（ethnicity）　4, 20, 23, 25, 26, 39, 42, 44, 45, 47, 49, 95, 151, 167
エスニック・アイデンティティ　24, 42, 51
エスニック・エンクレイブ　48, 50, 52, 129, 130, 134-136, 142
エスニック・カテゴリー　97
エスニック景観　7, 10, 11, 17, 18, 70
エスニック・コミュニティ　44
エスニック集団（ethnic group）　3
　——の住み分け　6, 40
エスニック組織　35
エスニックタウン　7, 47, 69, 70, 76
エスニック地理学（ethnic geography）　4, 5, 7, 60, 69
エスニックビジネス　20, 70, 78
エスニック文化　11, 17, 122, 125, 126
エスニック・マイノリティ　3, 44
エスニック料理　2, 3, 47
エスノバーブ　45
エチェバリ　154, 155, 157, 159, 163-166
エチュ（Etsch/Adige）川　115, 117
江戸川区（西葛西）　180-182, 188, 196, 197, 200

エリサテ　157, 159, 164, 166
エンカルタシオネス　166
エンクレイブ (enclave)　6, 48, 49, 55, 134, 141, 144
延辺朝鮮族自治州　194, 200
扇形モデル　49
大久保エスニックタウン　7, 199, 202
大阪府　189
大田区　196
大手町　180
御徒町　180
オガララ淡水層　64
オクトーバーフェスト (Oktoberfest)　12
オーストリア　18, 19, 115, 123, 126
オチデント　50
オフショアー　176, 186
オランダ　50, 53, 57, 130, 132-134, 146
オランダ語　57, 132
オランダ人　55, 135-137, 140, 142, 143, 144
オランダ・モデル　136
オリエント　50
オレンツェロ　167
オンサイト　186

か 行

改革開放政策　189, 199
外国人居留地　6
外国人労働者　179
階層分化　41
カウボーイ　62
華人（中国系人）　2, 5, 7, 20, 45, 76
華人系ベトナム　47
カスティーリャ　156-158
カスティーリャ語　149, 153, 157, 159, 162, 163
カーストコミュニティ　179
ガーデンシティ　62-66, 68, 70-73, 75

カトリック　130
神奈川県　189
カナダ　27
茅場町　180
ガラスの天井　176
借り傘戦略　9
カリフォルニア　34-36, 80
南カリフォルニア　44
ガルダカオ　163, 166
カルチュラル・スタディーズ　23
カルナータカ州　176
川口芝園団地　200
韓国人　2, 8, 70
カンザス州　61, 62, 63, 64, 69
カンタブリア海　157
広東人　193
カンボジア人　65
官約移民　97
記憶の石　15
起源と伝播　5
基礎自治体名称変更法　151
北アメリカ　44, 142
北区　196, 197, 200
キャトルタウン　61
キャトルトレイル　61
9.11同時多発テロ　50
京都　193
業務委託サービス　174
キリスト教圏　50
キリスト教徒　72
銀座　195
均等性　40
クアラルンプール　7
空間的実践　22
空間的同化　43
空間的同化モデル　44
空間的ニッチ　70
グジャラート州　180
クラスター　177
クリスマス市　123
グレートプレーンズ　32, 60, 65
クロアチア　13

クロアチア人　13
クロアチア独立　13
グローバリゼーション　52, 129
グローバル化　168, 169
グローバル（化）経済　174, 177, 182, 183
グローバルシティ　172, 178, 182, 185
景観テクスト論　21-22
経済的ニッチ（モデル）　9, 36, 70, 73
京浜東北線沿線　200
ゲシュタポ　146
ゲットー (ghetto)　45, 48
ゲール語　24
ケルト語　24
ゲルニカ　29
ゲルニカ憲章　149
ゲルニカ評議会　158
ゲルマン系　32
言語景観　20-27, 29, 147
言語集団　180
原バスク語話者　160
郊外化　200
合計特殊出生率　53
構造化理論　169, 170
江東区　196, 197, 200
神戸　179, 181, 188, 189, 193
神戸南京町　95
公民出境管理法　192
黒人　8, 41, 97
国民 (nation)　3
国民国家 (Nation-State)　52
国民党支持派　198
コーシャ　14
コチア産業組合　35
コーヒー農園　35
コリアタウン　8, 202
コリアン　2
コールセンター　174
コロラド州　62, 64
コロンバス　41
混血先住民　98
混血ハワイ人　105, 107,

109, 111

さ 行

再埋め込み　170
在外インド人省　175
再帰エスニシティ　41
埼京線沿線　200
再国家化　169, 171, 175, 179, 183
埼玉県　189, 200
在日インド人　178, 181
在日インド人社会　179
在日コリアン　3
『在留外国人統計』　189, 190, 192
在留韓国人　190
在留中国人　189, 190
在留朝鮮人　190
再領域化　25, 165, 168, 170-172, 175, 179, 182, 183, 185, 186
サクセッション（succession）　43
砂塵あらし（ダストストーム）　62
砂糖きびプランテーション　96
差別（レイシズム）モデル　41
サルールン（Salurn/Salorno）　120
産業組合　34
三江人　193, 198
サンジェルマン条約　115
サンノゼ日本町　47
サンパウロ　35, 36
サンフランシスコ　38, 76, 95
サンベルト　75
シアトル　47, 76, 78-82, 84-86, 90, 95
シアトル大火　81, 85, 92, 95
シアトル反中国人暴動　84
シェンゲン協定　122, 123
ジェントリフィケーション　24
シオニスト　23
シカゴ学派　42-44
市場主導多元主義　41
システムアーキテクチャー　176
自然環境　6
自動車産業　174, 183
シナゴーグ　14, 15
渋谷区　195
ジャイナ教　179, 180, 188
社会環境　6, 7
社会空間的行動　44
社会経済的モデル　41
社会住宅　50
ジャーティ　175
ジャパンタウン　47
上海市　194, 199
シュヴァルツェンベルク広場　19
集塊性　41
就学生　194
集住地区　6, 49
集中　41
住民基本台帳人口　197
住民の交代　43
集約的野菜栽培　35
象徴資本　25
小農民　36
食肉工場　70-73, 75
シリコンバレー　175-177
新移民　34
新大久保　7
新華僑　189, 190, 200
シンガポール　5, 7
人種　4, 41, 42
新宿（区）　195-197, 199
シンティ　18
新橋　195
新文化地理学　22, 23
人文主義　22
シンボルゲーム　22
森林開拓文化　32
スィク教　179, 180, 188
水晶の夜　14
スカンジナビア系のモルモン教徒　33

杉並区　197
スコットランド系北アイルランド人　32
すし店（外国人経営の）　9
頭脳流出　175
スペイン　29, 130, 147, 148, 165
スペイン語　21, 57, 67
スペイン人　33, 103
墨田区　197
スラヴォニア地方　13
スリナム系　132, 133
スロヴァキア　126
成層化　41
正統性（authenticity）　23
西南アジア　16
世界各地のチャイナタウン　95
世界のオフィス　174
セグリゲイテッド・エリア（segregated area）　48, 49
セグリゲーション　6, 39-41, 42, 44, 45, 47, 49, 52
──の程度　43
浙江省　193
セルビア人（セルビア系住民）　13
選好モデル　41
先住民　33
前適応　31-33, 35
送金　185
ソフトウェア（開発）　174, 177, 186
ソ連　19
旧ソ連圏　173

た 行

第三次中東戦争　23
タイ人　7
台湾（人）　193-195, 198
タウンランド（呼称）　23, 24
多極共存主義（consociationalism）　130

多言語教育 (プログラム) 68
多言語表記 67
多元論 44
ダサラ 181
タタ・コンサルタンシー 181
脱埋め込み 170
脱国家化 169, 171
脱セグリゲーション 42, 43
脱物質化 171
脱領域化 168, 170-172, 175, 178, 179, 183, 185, 186
頼母子講 34, 38
多民族社会 96
多民族多文化 67
タルファー川 118
タロイモ 99
地域差 5
地域的特色 5
チェコ 18
地政学 23
千葉県 189
地名変更 147
チャイナタウン (中華街) 6, 7, 20, 24, 25, 47, 76-78, 80, 82, 84, 85, 88-92, 103, 111
チャイニーズ・ハリウッド 111
中華門 95
中国残留日本人の肉親探し 194
中国人 70, 76, 79, 80, 81, 97, 100, 103, 105, 107, 109, 111, 178
―― (系) の姓 79, 80
―― 居住地区 77, 78
―― 社会 78
―― 就学生 192, 195, 196, 199
中国東北料理 200
中心化 41
中東 173
長子相続の慣習 117
朝鮮人 2, 97, 100-101

朝鮮族 194
ディアスポラ 48, 182, 186
ティエラ・ジャナ 158
低所得者住宅地区 70
ティロール地方 115
 南ティロール (地方) 25, 115-116, 119, 122, 124, 127, 128
ティロール系 128
ティロール州 (オーストリア) 126
ディワリ 181
適応戦略 7, 9, 31, 34-36, 38, 70
―― モデル 68
テキサス (州) 60, 61
テキサスロングホーン牛 61
テクスト 21
データの地図化 8
デラウェア川 32
デラウェアバレー植民地 32
デリー 174, 175
テンサイ 62, 63, 64
デン・ハーグ 132, 134
ドイツ 13, 19, 51, 123, 130, 146
ドイツ系 63, 115-120, 124-126, 128
ドイツ系移民集団 (エスニック集団) 11, 114-115
ドイツ語 57, 63, 115, 120
ドイツ人 33
東欧 130
同化 41, 42
同化政策 119
同化論 44
東京 179-182, 188
同郷団体 180
東西線 180
同心円モデル 49
東南アジア系 65-68, 72
東南アジア系難民 66, 69
東南アジア互助協会 66, 67, 69-71

東北3省 (中国) 出身 194, 200
ドゥランゴ 29
都市空間的同化モデル 43
都市内居住地移動 55
豊島区 195-197, 199
Dog Year 174
トルコ 16
トルコ系 51, 132-134, 136, 137, 140, 142
トルコ語 16
トレンティーノ地方 115, 126
ドロミーテン (Dolomiten/Dolomiti) 山塊 123

な 行

長崎新地中華街 95
長崎 189, 193
中野区 197
ナショナル・アイデンティティ 22
ナチス 14, 18, 29, 146
ナバラ王国 158
難民 70, 73
二言語公用語化 122
二言語表記 120, 160
西ゲルマン言語 57
日系移民 35, 36
日系移民社会 35
日系エスニック組織 36
日系人 47, 179
日中国交正常化 191, 198, 200
日本語学校 192, 199
日本人 63, 70, 97, 100, 105, 107, 109, 111, 112
日本人街 (日本人町) 47, 112
日本人キャンプ (館府) 99
日本人駐在員 48
日本町 (Nihonmachi) 47
日本料理店 9
ニューオーリンズ 48
ニューカマー 179, 180,

182, 202
ニュースウェーデン　32
ニューヨーク　76
ネイティブアメリカン　3
ネイバーフッド　41
ネブラスカ州　60, 63
練馬区　197
ネルビオン川　155
農業協同組合　34, 35
日系農業協同組合　35, 36
ノルマン語　24

は行
バイエルン　11
パイオニア・スクエア　78
ハイデラバード　174
ハイパーモダン社会　169
ハイプレーンズ　60, 61, 62, 63, 70
バイリンガル（地名）　120, 122, 153, 154
牌楼（ぱいろう）　11, 95
白人（Caucasian）（系）　62, 97, 100, 103, 105, 107, 109, 111
白人オランダ人　131, 135
バークレー学派　22
バスク　25, 147, 151, 159, 167
バスク語　20, 21, 27, 147, 153, 154, 157, 163, 164
バスク語アカデミー　152, 157, 162, 163, 165
バスク語化　148, 159
バスク語（使用）正常化　147, 149, 151, 160
バスク語使用正常化基本法（バスク語基本法）　149
バスク語地名　156, 167
バスク語話者　160
バスク自治憲章　149
バスク自治州　21, 27, 29, 149, 154-156, 159, 164-166
バスク人　29
バスク地方　20, 21, 29, 167

バスク・ナショナリズム　21, 29
バスク・ナショナリスト　151
バックオフィス　174
バッファロー　41
ハプスブルク家　115
ハラール　6
ハリファックス　27
ハーレム　146
ハワイ人　105, 107, 109, 111
ハワイ先住民　96, 97, 101, 103
ハンガリー　18, 126
ハングル　8
バンコク　7
ハンザ同盟　130
パンジャーブ地方　180
反中国人暴動（Anti-Chinese riots）　81, 82, 92
韓流ブーム　202
東ヨーロッパ諸国　122
ピカソ　29
ビスカヤ　157, 158, 162, 166
――最高評議会　158
ヒスパニック　2, 3, 66, 67, 72
ビート（テンサイ）　64
ビーフ　64
PUMS（Public Use Microdata Sample）　44
ビルバオ　154, 155, 163
ビルマ（ミャンマー）人　72, 73
ヒンドゥー教　7, 179
フィードロット　64
フィリピン人　7, 97, 100, 103, 105, 107, 109, 111
フィンランド人　32
プエルトリコ人　97, 101, 103
フォー　47
福清出身者　194
ブダペスト　14
仏教徒　72

福建人　193
福建村　199
ブラジル　35
ブラジル人　2, 36
ブラスバンド　127
ブラック・スクール　131
フラマン語　24
フランコ　149
フランス　19, 51, 147
フランス語　24
プランテーション　96, 99
――経済文化地域　35, 36
ブリクセン　123
フリージアン　57
フリース語　57
フリースラント州　57
ブリティッシュ・コロンビア　80
ブルカ　133
プロジェクトベース　180
文化景観　7
文化生態学　31
文化地理学　35
文化変容（acculturation）　5, 43
文京区　180
分散と集中の二重性　172
文明の衝突論　50
米国国勢調査（U.S.Census）　96
ヘイト・クライム（憎悪犯罪）　50
北京市　194
ペスト焼き払い事件　112
ヘテローカリズム　44, 45
ベトナム語　67
ベトナム系　47
ベトナム人　65-67, 69-73, 75
ベトナム・ラオス系社会　70
ヘブライ語地名　23
ベルギー　51
ベンガルール（旧バンガロール）　174-177

索引 213

ペンシルヴェニア 32
ベンチャー型の産業 174
ベンチャーキャピタリスト 174, 175
宝石卸売行集積地 180
ポーランド 130
牧畜文化 33
母語 188
母語集団 188
ポストコロニアリズム 23
ホスト社会 20, 34-36, 39, 43, 48, 49, 51, 60, 67, 71, 129
ポストモダン社会 169
ボスニア・ヘルツェゴヴィナ 13
ボーダーランド 25-27, 147, 148, 154, 164, 165
ボーツェン 117, 123
ボトムアップ型 174
ホノルル 96, 97, 112
ポーランド 13, 18
ホーリー 181
ボルガージャーマン 63, 64
ホルコム 64, 65
ポルター・モデル 54, 136
ポルトガル人 57, 97, 100, 103
ホワイト・スクール 131, 132
香港 193
本質主義 23

ま 行

マイノリティ 40, 44, 51, 114, 132, 134
マグレブ系 144
マグレブ諸国 144
マジョリティ 40, 45, 51, 132, 134
マレーシア 5, 6
満州国 194
ミシシッピ川 48

ミックスド・スクール 132
民族 3, 4
無尽 38
ムスリム 72, 133
ムスリム系 144
ムンバイ 175
メキシコ人 8, 63
目黒区 197
メラン 123, 124
メーリングリスト 180, 188
モスク 16
モダニティの徹底化 169
モダン社会 169
モービルホーム（パーク） 66, 70, 72, 75
モーリシャス 175
モロッコ系（オランダ人） 52, 132-134, 136, 137, 140, 142, 144

や 行

やみ市 195
ユーゴスラヴィア解体 13
ユタ 33
ユダヤ人 13-15, 18, 48, 130, 131, 146, 186
ユダヤセンター 15
ユダヤ文化 23
ユダヤ教 23
ユトレヒト 132
ユーロリジョーン 126
横浜 6, 181, 189
横浜正金銀行 38
横浜中華街 95
ヨーロッパ 52, 113
　旧東ヨーロッパ諸国 126
　西ヨーロッパ 53
　北西ヨーロッパ 60
　北西ヨーロッパ系小農経済文化地域 35, 36
　南・東ヨーロッパ 60
ヨーロッパ系移民 30, 33, 34
ヨーロッパ系人の姓 80

ヨーロッパ文化 33

ら 行

ライフサイクル 143
ラウベ 117
ラオス人 65-67, 69-71
落書き（Graffiti） 29
ラティーノ 2
ラディン系 115-117, 119
ラテンアメリカ 60, 67
ラテンアメリカ系移民 33
ラントスタット（管状都市群） 134
立地のパラドックス 177
リトルサイゴン 47
リトルトーキョー 47
リトルマニラ 111
留学生 194
留学生10万人計画 192
領域化 165
ルーマニア 126
歴史地理学 73
連続占拠（sequent occupance） 73
老華僑 189, 193, 199, 200
ローカルホスト社会 60, 68-71, 73
ロサンゼルス 20, 47, 95
ロサンゼルス大都市圏 45
ロシア 19, 130
ロシア系ドイツ人 32, 63
露出 40
ロッキーフォード 64
ロッキー山脈 60, 62
ロッテルダム 132
ロマ 17, 18

わ 行

ワイン祭り 123
ワシントン準州 81
ワシントンDC（特別区） 24, 25, 95
和製漢語 3
ワルシャワ 14

【執筆者紹介】

(執筆順)

加賀美　雅弘（かがみ　まさひろ）（第2章，第10章）
　現職　東京学芸大学教育学部教授
　専門領域　エスニック地理学，ヨーロッパ地域研究
　主要著書　『ヨーロッパ学への招待 ―地理・歴史・政治からみたヨーロッパ』（共著　学文社　2010年）
　　　　　　『「ジプシー」と呼ばれた人々―東ヨーロッパ・ロマ民族の過去と現在』（編著　学文社，2005年）

石井　久生（いしい　ひさお）（第3章，第12章）
　現職　共立女子大学国際学部准教授
　専門領域　文化地理学，スペイン地域研究，ラテンアメリカ地域研究
　主要論文　「地理資料　バスク地方におけるバスク語の再活性化」（単著　新地理58(2)，2010年）
　　　　　　「バスク自治州におけるバスク語人口の地域的動態とその諸要因」（単著　地学雑誌122(1)，2003年）

矢ケ﨑　典隆（やがさき　のりたか）（第4章，第7章）
　現職　東京学芸大学教育学部教授
　専門領域　地理学，地誌学，南北アメリカ地域研究
　主要著書　『アメリカ（世界地誌シリーズ4）』（編著　朝倉書店，2011年）
　　　　　　『食と農のアメリカ地誌』（単著　東京学芸大学出版会，2010年）

杉浦　直（すぎうら　ただし）（第5章，第8章）
　現職　岩手大学人文社会科学部教授
　専門領域　エスニック地理学，米国日本人街研究
　主要著書　『エスニック地理学』（単著　学術出版会，2011年）
　　　　　　『東北の農村家屋』（単著　大明堂，1988年）

大島規江（おおしま　のりえ）（第6章，第11章）
　現職　国際教養大学国際教養学部助教
　専門領域　エスニック研究，ヨーロッパ地誌，都市農村論
　主要論文　「アムステルダムの景観を歩く―都市発展と移民から読み解く景観」（共著　阿部和俊編『都市の景観地理―大陸ヨーロッパ編』古今書院，2009年）
　　　　　　「ウランバートルの生活環境の変容―都市化にみる市場化経済の光と影―」（単著　都市地理学6号）

飯田　耕二郎（いいだ　こうじろう）（第9章）
　現職　大阪商業大学総合経営学部教授
　専門領域　人文地理学，日本人移民史研究
　主要著書　『ハワイ日系人の歴史地理』（単著　ナカニシヤ出版，2003年）
　　　　　　『北米日本人キリスト教運動史』（共著　PMC出版，1991年）

澤　宗則（さわ　むねのり）（第13章）
　現職　神戸大学大学院人間発達環境学研究科准教授
　専門領域　人文地理学，インド研究，インド移民研究
　主要論文　「グローバル経済下のインドにおける空間の再編成―脱領域化と再領域化に着目して」（単著　人文地理62(2)，2010年）
　　　　　　「グローバル化にともなうインド農村の変容―バンガロール近郊農村の脱領域化と再領域化」（共著　人文地理58(2)，2006年）(2007年人文地理学会学会賞受賞)

【編著者紹介】

山下　清海（やました　きよみ）（第1章，第14章）

1951年福岡市生まれ
現職　筑波大学大学院生命環境科学研究科地球環境科学専攻（人文地理学分野）教授
東京教育大学理学部地学科地理学専攻卒業，筑波大学大学院博士課程地球科学研究科地理学・水文学専攻修了，理学博士
秋田大学教育学部教授，東洋大学国際地域学部教授を経て，2004年より現職
日本華僑華人学会会長
専門領域　エスニック地理学，華僑・華人社会研究，中国・東南アジア研究
主要著書
『池袋チャイナタウン――都内最大の新華僑街の実像に迫る』（単著　洋泉社，2010年）
『エスニック・ワールド――世界と日本のエスニック社会』（編著　明石書店，2008年）
『華人社会がわかる本――中国から世界へ広がるネットワークの歴史，社会，文化』（編著　明石書店，2005年）
『東南アジア華人社会と中国僑郷――華人・チャイナタウンの人文地理学的考察』（単著　古今書院，2002年）
『チャイナタウン――世界に広がる華人ネットワーク』（単著　丸善，2000年）

現代のエスニック社会を探る――理論からフィールドへ

2011年3月30日　第一版第一刷発行

編著者　山下　清海

発行者　田中　千津子
発行所　株式会社　学文社

〒153-0064　東京都目黒区下目黒3-6-1
電話 03（3715）1501㈹
FAX 03（3715）2012
http://www.gakubunsha.com

印刷所　新灯印刷

© YAMASHITA Kiyomi 2011
乱丁・落丁の場合は本社でお取替えします。
定価は売上カード，カバーに表示。

ISBN978-4-7620-2125-1